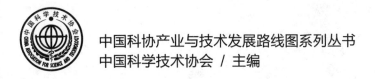

中国科协产业与技术发展路线图系列丛书
中国科学技术协会 / 主编

农机装备产业与技术
发展路线图

中国农业机械学会
江 苏 大 学 编著

中国科学技术出版社
·北 京·

图书在版编目（CIP）数据

农机装备产业与技术发展路线图 / 中国科学技术协
会主编 ; 中国农业机械学会 , 江苏大学编著 . -- 北京 :
中国科学技术出版社 , 2022.11
（中国科协产业与技术发展路线图系列丛书）
ISBN 978-7-5046-9500-0

Ⅰ. ①农… Ⅱ. ①中… ②中… ③江… Ⅲ. ①农业机
械—机械工业—产业发展—研究报告—中国 Ⅳ.
① F426.4

中国版本图书馆 CIP 数据核字 (2022) 第 042609 号

策　　划	秦德继
责任编辑	韩　颖
封面设计	中科星河
正文设计	中文天地
责任校对	焦　宁
责任印制	李晓霖

出　　版	中国科学技术出版社
发　　行	中国科学技术出版社有限公司发行部
地　　址	北京市海淀区中关村南大街 16 号
邮　　编	100081
发行电话	010-62173865
传　　真	010-62173081
网　　址	http://www.cspbooks.com.cn

开　　本	787mm×1092mm　1/16
字　　数	288 千字
印　　张	15.5
版　　次	2022 年 11 月第 1 版
印　　次	2022 年 11 月第 1 次印刷
印　　刷	河北鑫兆源印刷有限公司
书　　号	ISBN 978-7-5046-9500-0 / F·996
定　　价	96.00 元

《农机装备产业与技术发展路线图》
编委会

序

当今世界正经历百年未有之大变局，新一轮科技革命和产业变革重塑全球经济结构，全球范围内的产业转型调整不断加快，产业竞争已成为大国竞争的主战场。我国产业体系虽然规模庞大、门类众多，但仍然存在不少"断点"和"堵点"，关键核心技术受制于人等问题突出。科技是产业竞争力的关键。解决制约产业发展的关键核心技术，建设现代化产业体系，需要强大的科技支撑。

党的二十大开启了全面建成社会主义现代化强国、实现第二个百年奋斗目标，做出加快构建新发展格局，着力推动高质量发展的重大战略部署。习近平总书记在党的二十大报告中强调，必须坚持科技是第一生产力、人才是第一资源、创新是第一动力，深入实施科教兴国战略、人才强国战略、创新驱动发展战略，开辟发展新领域新赛道，不断塑造发展新动能新优势。这些重要部署为我国依靠科技创新引领和支撑经济社会高质量发展进一步指明了方向和路径。

中国科协作为国家推动科技创新的重要力量，积极探索新形势下促进科技与产业深度融合的工作新品牌和开放合作新机制，推动提升关键核心技术创新能力，助力打赢关键核心技术攻坚战。2020年，中国科协首次启动产业与技术发展路线图研究，发挥跨学科、跨领域、跨部门和联系广泛的组织和人才优势，依托全国学会组织动员领军企业、科研机构、高等院校等相关力量，汇聚产学研各领域高水平专家，围绕车联网、智能航运、北斗应用、航天、电源、石墨烯等重点产业，前瞻预见产业技术发展态势，提出全产业链和未来产业发展的关键技术路线，探索构建破解关键技术瓶颈的协同创新机制和开放创新网络，引导国内外科技工作者协同攻关，推动实现产业关键核心技术自主可控。

综观此次出版的这些产业与技术发展路线图，既有关于产业技术发展前沿与趋势的概观介绍，也有关于产业技术瓶颈问题的分析论述，兼顾了科研工作者和决策制定者的需要。从国家层面来说，可作为计划投入和资源配置的决策依据，能够在政府部门之间有效传达科技政策信息，识别现有的科技能力和瓶颈，为计划管理部门在公共项目选择中明确政府支持的投入导向。从产业层面来说，有助于产业认清所处的经济、社会、环境的变化，识别市场驱动因素，确定产业技术发展的优先顺序，突破产业共性技术的瓶颈，提高行业研究和应用新产业技术的能力。从企业层面来说，通过路线图可与企业战略和业务发展框架匹配，确定产业技术目标，识别达到市场需求所必需的产业技术，找到企业创新升级的发展方向。

在此次系列丛书付梓之际，衷心地感谢参与本期产业与技术发展路线图编写的全国学会以及有关科研、教学单位，感谢所有参与研究与编写出版的专家学者。同时，也真诚地希望有更多的科技工作者关注产业与技术发展研究，为路线图持续开展、不断提升质量和充分利用成果建言献策。

中国科协党组书记、分管日常工作副主席、书记处第一书记
中国科协学科发展引领工程学术指导委员会主任委员
张玉卓

前　言

当前，中国用全球 9% 的耕地供养着全球 20% 的人口，取得了举世瞩目的成绩。守住粮食安全底线成为中国农业生产面临的最大考验，解决问题的关键是保量、提质，具体措施是既要提高粮食单亩产量，又要实现粮食绿色化。但目前遭遇的难题是中国土地产权制度所造成的耕地细碎化、农业劳动力兼业化与老龄化趋势愈加显著。破解农业生产"谁来种地""怎么种地"难题，推动守住粮食安全底线和农民收入稳步增长的关键是"藏粮于地，藏粮于技"，做到粮丰民安、农机助力。

虽然中国已成为世界第一农机装备生产大国与使用大国，但农机装备产业仍处于全球产业链与价值链低端，是与世界悬殊的五类产业之一，面临严峻的国际市场与国内需求挑战，表现出创新能力严重不足、产品质量亟待提升、产业结构矛盾突出以及产业生态亟待优化等问题。为确保农机装备产业链安全与提升整体制造业高质量发展，农机装备被列入《中国制造 2025》十大重点突破发展领域之一。

面对复杂的内外局势，中国亟须进一步调整农机装备产业在全球产业体系中的发展方向，既要保持战略定力，又要能够适时应对，以推动农机装备高质量发展。为此，江苏大学依托中国农业机械学会，组织产业内权威专家、学者，聚焦江苏大学优势学科与重点研究领域，撰写完成《农机装备产业与技术发展路线图》。全文共分五章，依次按照国内外产业与技术发展背景与现状分析、产业与技术发展态势与需求分析、农机装备产业与技术瓶颈识别、产业与技术发展路线图制定以及促进产业与技术发展的政策建议展开，体现了立足现状、预测未来、识别瓶颈、突破发展和政策保障的分析逻辑。

《农机装备产业与技术发展路线图》是 2020 年度中国科协学科发展项目，是江苏大学重点关注项目，亦是江苏大学中国农业装备产业研究院重点工作项目。本书由陈学庚院士、罗锡文院士、赵春江院士和袁寿其研究员任顾问；李洪波教授、王博高级工程师为主编；罗建强教授为副主编；毛罕平教授、尹必峰教授、李红教授、李耀明教授、邱志鹏高级工程师、张咸胜研究员、胡必友高级工程师、洪暹国研究员、徐立章研究员、蔡继波高级工程师和魏新华研究员为编委会委员；陈天旻作为秘书协调。具体参加研究与撰写的博士与硕士研究生有（以章节为序）：第一章：马光秀、李丰源、杨子超、杨轩、吴操峰、姜亚文、郭亚涛、蒋倩雯；第二章：杨子超、潘蓉蓉；第三章：熊权；第四章：李丰源、张欣璞、姜亚文、袁鹏；第五章：杨子超、潘蓉蓉。

本书在研究与撰写过程中，一直得到中国科协、中国农业机械学会、中国农业机械工业协会、中国农业工程学会、中国农业机械化协会和中国农业机械流通协会等有关部门与领导的指导与关怀，得到了中国一拖集团有限公司、江苏悦达智能农业装备有限公司、雷沃重工股份有限公司、江苏华源节水股份有限公司、江苏沃得农业机械有限公司等龙头农机企业的鼎力支持，他们不仅对本书诸多关键问题给予了指导与帮助，还欣然同意担任本书编委，使得本书内容充实、数据准确、资料丰富，在此一并表示诚挚的感谢！

尽管参与撰写本书的专家、学者以及企业技术工程师都对相应的撰写内容进行了专业调查研究，但由于农机装备作业对象烦冗、产品种类多样、作业环境复杂等诸多问题，加之时间紧、工作量大、水平有限，因此，本书难免有不妥之处，敬请读者批评指正。

编委会主任：李洪波
2021 年 12 月

目 录

第1章

国内外产业与技术发展背景及现状分析

本书所研究的农机装备主要是指围绕农作物作业的动力装备（拖拉机）、管理过程（智能灌溉）以及收获环节（联合收获机）所使用的主要机械装备，兼顾畜牧养殖过程所使用的机械装备，同时考虑到支撑家庭农业或适合丘陵地区农业的微农机。根据农作物特点与耕种管收的特殊要求，可分为如下类别：为各种农业机械和设施提供动力的农用动力机械，用于平整土地、修筑梯田、开沟挖渠的农田建设机械，用于对土壤进行翻耕、松碎或深松的土壤工作机械，按一定农艺要求将作物种子、种苗等植物料播种在土壤中的种植和施肥机械，用于保护作物和农产品免受病虫害的植物保护机械，用于农田、果园、牧场等灌溉、排水作业的农田排灌机械，以及用于收取各种农作物与农产品的收获机械等。

1.1　背景与意义

1.1.1　背景

农机装备是提高农业生产效率、实现资源有效利用、推动农业可持续发展的不可或缺的工具，对保障国家粮食安全、促进农业增产增效、改变农民增收方式和推动乡村振兴有着非常重要的作用。习近平总书记强调，要大力推进农业机械化、智能化，给农业现代化插上科技的翅膀。农业机械化促进了农业现代化发展，缓解了青壮年劳动力短缺的突出矛盾，保障了农业稳定发展，挖掘了粮食增产潜力，引领了耕作制度改革，推动了农业技术集成、节本增效和规模经营，加速了农业现代化进程。近年来，中国农业机械化迈入了向全程全面高质高效转型升级的关键时期，农机装备的制造水平稳步提升，农机装备总量持续增长，进入了以智能化、服务化为主导的新发展阶段。为此，国家推出一系列加快农业机械化发展的新政策、新举措。

为培育农机装备产业核心竞争力，通过产业结构创新与优化，适应经济新常态的战略性调整，为行业注入新的能量，实现由制造大国到制造强国的跨越，《中国制造2025》将农机装备制造业作为十大重点发展的领域之一，提出要重点发展粮、棉、油、糖等大宗粮食和战略性经济作物育、耕、种、管、收、运、贮等主要生产过程使用的先进农机装备，加快发展大型拖拉机及其复式作业机具、大型高效联合收割机等高端农机装备及关键核心零部件；提高农机装备信息收集、智能决策和精准作业能力，推进形成面向农业生产的信息化整体解决方案。该战略通过瞄准高端农机装备的高安全性、高可靠性、高适应性技术难题，推动数字化、智能化技术与农机装备的深度融合，旨在实现农业生产的自动化、智能化、专业化，以发展先进适用、低排放、低污染、高能效、高效率的环保型农机产品为载体，提高农机产品的信息收集、智能决策和精准作业能力，提升现代农业生产水平，同时致力于推进基于农业生产的作业、服务、信息等多方位支持的全程解决方案，促进农机装备产业升级，并迈向农业机械装备制造强国。

为进一步加快推进农业机械化和农机装备产业转型升级，解决农机科技创新能力不强、部分农机装备有效供给不足、农机农艺结合不够紧密、农机作业基础设施建设滞后等问题，《国务院关于加快推进农业机械化和农机装备产业转型升级的指导意见》指出，农业机械化和农机装备是转变农业发展方式、提高农村生产力的重要基础，是实施乡村振兴战略的重要支撑，没有农业机械化，就没有农业农村现代化，因此要促进农机与农艺融合、机械化与信息化融合、农机服务模式与农业适度规模经营相适应、机械化生产与农田建设相适应，以科技创新、机制创新、政策创新为动力，加强薄弱环节农业机械化技术创新研究和农机装备的研发、推广与应用，推动农机装备产业向高质量发展转型，推动农业机械化向全程全面高质高效升级。该文件指明了中国农机装备产业未来发展方向，释放了全面推进农业机械化的重大信号，并明确建立了国家农业机械化发展协调推进机制，对加快推进农业机械化、支撑乡村振兴具有重大意义。

为在"十四五"时期通过农机装备产业科技创新加快农业农村现代化，将全面推进乡村振兴作为实现中华民族伟大复兴的一项重大任务，2021年中央一号文件《中共中央　国务院关于全面推进乡村振兴加快农业农村现代化的意见》提出，要强化现代农业科技和物质装备支撑，提高农机装备自主研制能力，支持高端智能、丘陵山区农机装备研发制造,加大购置补贴力度,开展农机作业补贴;同时,坚持农业科技自立自强,完善农业科技领域基础研究稳定支持机制,发展智慧农业,建立农业农村大数据体系,推动新一代信息技术与农业生产经营深度融合。由此可见,高端智能农机装备是未来农机行业的必然发展趋势,在适度规模经营发展加速的当下,中国农业越来越摒弃了"一亩三分地"的土地经营方式,越来越向欧美发达经济体的规模化、自动化方式靠拢。在经历过高端农机装备依靠进口阶段之后,国产自主品牌研制能力大大提升,并且未来还将进一步提高。

上述政策表明,农机装备是夯实农业生产能力的重要基础,持续推进农业全程全面机械化是助力乡村振兴的重要手段。在新一轮科技革命与产业变革不断深入的背景下,农机装备产业与技术发展正迎来科技、理念与模式的持续创新,改变着传统农业生产方式。然而,中国农机产品需求多样、机具作业环境较复杂、农业机械化和农机装备产业发展不平衡不充分的问题比较突出,农机装备产业与技术发展面临诸多挑战。

1.1.2 存在问题

目前,中国正处于从传统农业向现代农业转变的关键时期,然而与美国、欧洲诸国、日本与韩国等发达经济体的先进农机装备制造产业相比,中国农机装备发展存在产业整体大而不强的问题,体现为农机装备产品技术含量和可靠性偏低,高端产品供给不足,企业创新能力不强,产品核心零部件对外依赖性强;产业内农机与农艺融合性不高,跨域企业间协同研发与制造不强;技术与制造关键人才稀缺。

1.1.2.1 研发能力严重不足

(1)研发投入少。与发达经济体同产业相比,中国农机装备科研经费投入偏低,未能超过销售收入的3%,远不及发达经济体5%的水平,致使中国在农机装备产品上共性关键技术和基础零部件匮乏。农业机械化基础研究与关键技术研究薄弱,技术集成度不高,与农艺特殊需求衔接度不高,可持续发展能力弱,成为制约农机装备产业转型升级的短板和瓶颈。

(2)农机装备专业性研发人才缺口较大,研发创新与制造技术骨干双重缺失。据《制造业人才发展规划指南》预测,到2025年,中国农机装备产业人才缺口高达44万人。由于行业的特殊性,产业的年平均利润率不足5%,导致农机装备产业缺乏高端人才力量的支撑,高校招生难,所培养的人才向其他产业流失比较突出。

（3）产学研用协同性不强。创新主体自主创新能力不强，多数农机装备科研属于"跟踪式""模仿式"或"转化式"，原创性成果不足；重成果研究、轻技术集成，导致单项成果多、集成工程产业链的应用成果少；理论成果多，转化应用解决实际问题的成果少；资源投入多部门并行，缺乏整体协调，导致资源利用率偏低。

（4）农机装备产品研发空间大。中国已经成为世界农机制造第一大国，国产农机装备产品能够满足 90% 的国内农机市场需求，但仍以中低端产品为主，达到国际先进水平的不足 5%，高端农机装备严重依赖进口，如 300 马力以上的高性能 CVT 拖拉机国产空白；喂入量在 12 千克 / 秒以上的大型高效谷物联合收获机国产空白，无法满足城镇化后大规模高效农业生产的需要。

1.1.2.2　产品质量亟待提升

（1）农机装备产品可靠性差。中国农机装备产品故障率偏高，平均故障间隔时间仅为 300 小时左右，远低于国外先进农机装备产品 500 小时的平均水平，严重影响了抢农时段的作业效率和品牌认同度。

（2）制造工艺落后。中国农机装备产品主要以跟踪国外技术、模块化复制为主，对基础数据的积累和基础理论研究薄弱，关键核心零部件质量和可靠性差，作业质量不稳定，面向节能、环保和可靠的制造工艺及其调控能力有待提高。

（3）产品质量意识薄弱。农机装备制造企业缺少试验、验证与检测手段；产品与零部件生产的一致性差，不利于宜机化的实施；智能化与信息化的缺失导致无法实现产品售后状态的实时监控。

1.1.2.3　产业结构矛盾突出

（1）农机装备产业结构较为单一，以面向销售的产品制造为主；仍处价值链中低端，缺乏业务向前端研发以及后端市场延伸的动力；核心零部件对外依赖性强，装备制造水平、产品可靠性和农机作业效率等方面与发达经济体尚有很大差距；品牌集中度、知名度仍显不足，严重制约市场竞争力。

（2）农机装备产品供给侧同质化竞争严重。虽然中国农机装备产业内有 1 万余家制造企业，但多属中小型企业，产品同质化竞争日趋严重。如以需求量较大的旋耕机为例，目前全国有几百家旋耕机制造商，但产品大多性能相似、缺乏创新，基本维持在相同质量的低水平范畴内竞争，易导致农机装备产业内产品产能过剩、产业结构倾向失调，结果将造成农机装备企业间相互压价、利润空间受到挤压、产品创新投入比例持续降低的恶性循环。

1.1.2.4 产业生态有待优化

（1）农机装备产品服务的农作物对象复杂，而农户支付能力较弱。由于先进农机装备售价较高，加之不同区域农作物具有差异性，其应用与推广不足，贫困落后地区仍使用传统的低效率农机装备。尤其在农作物价格走低的情况下，农户不愿购买或更换农机装备。这种有需求无机型、有机型无需求的现象比较突出。

（2）农机装备作业环境恶劣，技术维修与作业人员短缺。农机装备维修与作业人员的素质和技能直接影响农机装备的作业质量、性能发挥及使用寿命，但由于农机装备作业环境恶劣，基层缺乏适时的培训，导致技术维修与作业人员短缺。

（3）主要农机装备同质化严重，关键技术得不到有效突破，产业内面向农机装备销售存在恶性竞争，互补性的共生、共存意识淡薄，农机装备产业生态亟须优化。

1.1.2.5 国际化与国际竞争力有待提升

（1）农机装备"引进来"的方式需改善。全球对农业关注度的提高加速了不同国家间农机装备资金与知识的流动，中国农机装备相较其他产业的"引进来"速度与成效不够显著，投资方面以合资或独资经营为主，核心部件为发达经济体所掌控，仅借助强大的结构组装能力完成农机装备的组装与销售。

（2）农机装备"走出去"程度不够深。中国对外出口的农机装备产品大都技术含量偏低、附加值不高，导致体量不够大，主要集中在购买力低下的发展中国家和地区，且产品多属中小机型，国际竞争力不强，难以分享国际市场蛋糕。

（3）进出口发生结构性差异。虽然中国已实现由进口为主向出口为主的扭转，出口贸易量不断扩大，且呈现进出口市场两旺的态势，但核心关键零部件仍依赖发达经济体进口，且出口仍以中小机型为主。

（4）具有国际品牌与竞争力的农机装备欠缺。随着全球农业集中化程度的提高，对高端智能化、耕种管收多功能大型农机装备的需求愈加增大，欧美、日韩等发达经济体与地区已经形成了极具区域特色和国际竞争力的农机装备产业。国际农机巨头在产业内的独占抑制了中国农机装备创新的积极性，易陷入模仿、跟踪的僵局。

1.1.3 意义

农机装备是转变农业发展方式、提高农业生产效率、推动农业可持续发展的重要物质基础，对保障国家粮食安全、促进农业农村现代化以及实施乡村振兴战略起着重要的支撑作用。

当前，中国农机装备及其配套产业已具备较好的产业基础与行业声誉，基本形成了以农业种植与收获装备为主体，以涉畜牧业、林业、渔业及农产品初加工所需装备为特色，门类丰富、稳步推进的产业格局。但受产业地位高、成本大、受众小等特点的影响，产业地域分散、企业间协同性不强、产品可靠性偏低。因此，以服务乡村振兴战略、满足亿万农民对机械化生产的需要为目标，以农机农艺融合、机械化信息化融合、农机服务模式与农业适度规模经营相适应、机械化生产与农田建设相适应为路径，以科技创新、机制创新、政策创新为动力，锻造产业链供应链长板，立足农机装备的产业规模优势、配套优势和部分领域领先优势，打造新兴智能农机装备产业链，对推动农机装备产业向高端化、智能化、绿色化和服务化转型，促进农业机械化向全程全面高质高效升级，实现农机装备制造业高质量发展具有重要意义。

1.2 国内外产业环境分析

1.2.1 国外产业环境

1.2.1.1 全球主要发达经济体农机装备产业发展历程

世界主要发达经济体于 20 世纪 60 年代已基本实现了农业机械化。其中，美国农业机械化始于 1910 年，于 1940 年基本实现农业机械化，60 年代后期实现了粮食生产从土地耕翻、整地、播种、田间管理、收获和干燥的全程机械化，70 年代初完成了棉花和甜菜等经济作物从种植到收获各环节的全面机械化，目前农业机械化率接近 100%。20 世纪 90 年代中期，美国将卫星导航系统安装在农机装备上，从而开启了农机装备高科技、高性能、智能化的先河。

1. 农业机械化发展历程

发达经济体，如美国、欧洲诸国以及日韩等国家虽在自然条件、农业生产、农作物种植、土地经营规模、农民经济收入以及使用的农机装备等方面具有一定差异，但农业机械化发展历程具有典型性与借鉴意义，这些国家农业机械化发展历程如表 1-1 所示。

表 1-1　发达经济体农业机械化发展历程　　（单位：年）

国家	开始发展阶段	基本实现阶段	高度发展阶段
美　国	1910	1940	1958
英　国	1931	1948	1964
德　国	1931	1953	1971
意大利	1930	1960	—
法　国	1930	1955	1968
日　本	1946	1966	—
韩　国	1962	1996	—

纵观发达经济体从开始发展到基本实现农业机械化的历程，一般需经历 20~30 年的时间。另外，发达经济体农业机械化起步较早，从 1957 年中国政府明确提出发展农业机械化起，发达经济体的农业机械化发展早于中国约 25 年；到 20 世纪 70 年代为止，发达经济体基本实现了农业机械化，但仍未停止和减缓发展步伐，而是根据农业发展需要和当代科技发展水平，继续向更高层次的农业机械化阶段迈进。

1）美国农业机械化

美国的农业从业人口占总人口的 2.0%，可耕地面积占总面积的 2.3%，人均耕地约为 0.6 公顷。美国农业生产一直沿用农场式运作模式，经营规模大都在 100~300 公顷。中小型农场一般不搞小而全，仅自备通用农业机械，因此，农机租赁和作业公司等专业化、社会化服务组织应运而生。作为世界上农业机械化程度最高的国家之一，美国的农机化发展过程如表 1-2 所示，1910 年田间种植农机化程度还不到 10%，但 1940 年农机化程度就达到 80%，1960 年农机化程度达到 100%，极大地提高了劳动生产率，并由此向其他作业拓展；20 世纪 60 年代后期，粮食农业就实现了耕种管收的全过程机械化，70 年代初完成了棉花、甜菜等经济作物从种植到收获各个环节的全面机械化。

表 1-2　美国农业机械化发展过程

	1910年	1920年	1930年	1940年	1950年	1960年	1970年
拖拉机 /10^6 万台	0.001	0.3	0.9	1.5	3.4	4.7	4.6
拖拉机动力 /10^6 千瓦	0.4	3.7	16.2	45.6	84.0	112.	149.0
种植业田间机械化程度 /%	<10	20~25	60~70	>80	>90	100	100

目前，美国在种植业、工厂化畜禽饲养、设施农业、农产品加工等方面保持着世界先进水平，已经进入全面机械化、自动化阶段（表 1-3）。农机装备制造企业的生产、科研部门正在研发把卫星通信、遥感技术、电子计算机等高精尖技术应用到拖拉机、谷物联合收获机、喷雾机、播种机等农机装备上，农业发展出现了向精准农业方向转型的趋势。

表 1-3　2000—2016 年美国农业机械化水平、播种与收获机械化面积、农机机械价值与增加值

年份	农业机械化水平/%	播、收机械化水平		农业机械价值/十亿美元	农业增加值/十亿美元
		播种面积/公顷	收获面积/公顷		
2000	53.7	58180023.0	51396689.9	90.1	204.3
2001	55.0	58242351.6	51364719.8	92.8	212.3
2002	56.4	57617921.7	52036497.9	93.6	201.9
2003	56.3	56048550.9	48667085.6	95.9	226.8
2004	59.1	63433658.4	56764035.1	149.3	261.8
2005	60.2	61581007.8	55541075.2	144.3	253.0
2006	61.4	58585666.6	50189108.2	155.3	255.8
2007	62.2	58849784.6	53693685.4	194.8	302.5
2008	63.6	60311913.7	53544356.4	189.1	336.0
2009	65.0	61750975.7	56269104.6	191.6	301.2
2010	65.5	61930656.1	56831212.9	207.6	328.2
2011	66.2	61695533.8	57636537.2	223.8	387.0
2012	67.3	61337387.0	57243587.5	244.0	400.9
2013	68.0	61696747.8	56972852.8	247.3	432.9
2014	68.7	62136641.1	57698454.1	245.7	437.4
2015	69.2	63042732.1	58098283.5	239.5	392.5
2016	71.5	62549420.4	57637751.3	—	368.2

2）欧洲农业机械化

欧洲的农业机械化起步较早，英国从第一次工业革命开始便大力推广畜力农具，到 19 世纪中叶，农场开始使用固定的蒸汽牵引车、脱粒机、摇臂收割机、绳索牵引犁等。第一次世界大战期间，英国为解决农业劳动力短缺、粮食不足等问题，开始从美国进口拖拉机，刺激了农业机械化转型。1969 年，英国的主要作物（谷物、土豆、

甜菜）以及牧草的收获、加工、运输已全部实现机械化。

从 20 世纪 50 年代中期开始，德国开展了农业技术革命，加快了农业生产过程中的机械化和电气化进程，农业生产得以迅速发展，劳动生产率成倍增加。到目前为止，德国的农业机械化程度较高，农产品的自给率达到 80% 以上；20 世纪 90 年代以后，德国开始研究在农业生产中采用地理信息系统、全球定位系统和卫星遥感等多项技术相结合的精准农业技术，极大提高了农业生产效率、增加了作物产量、降低了生产成本。

法国在发展农业机械化过程中，既重视提高劳动生产率，也重视土地的产出率。目前，法国农业机械化水平较高，农业生产从整地、播种、田间管理到收割、运输、加工、储存等几乎全部实现了机械化，其中小麦、玉米等谷物生产已实现了全过程机械化，农业机械正在向智能化、高效率和大型化方向发展。

意大利在 1930 年已有拖拉机 24000 台，1939 年农业生产中的机械动力已占农业总动力消耗的 15.7%，但 1930—1950 年机械化发展缓慢，在 1950 年拖拉机保有量达到了 56900 多台。从 20 世纪 50 年代起，意大利政府先后颁布了农业领域的相关政策，如十二年发展计划、农业贷款等，对促进大农场的机械化起到积极的助推作用，自此，意大利的拖拉机保有量开始迅速上升，到 1960 年达到了 248000 多台，十年间增长了 3.4 倍，初步实现了农业机械化。

3）日韩农业机械化

日本是一个工业、农业高度发达的国家，可耕地面积仅占总面积的 11.7%，农业人口占全国总人口的 3.2%，人均耕地仅 0.035 公顷，人均负担耕地 1.07 公顷，是典型的人多地少国家。日本的农机化发展过程及农机使用情况如表 1-4、表 1-5、图 1-1 所示，1940 年田间机械化程度还仅为 10%，1974 年田间机械化程度已达 100%，耕种管收全过程实现了机械化，设施农业很发达。目前，日本农业正在实现由机械化向自动化的转变。

表 1-4　日本农业机械化发展过程

	1900年	1920年	1940年	1955年	1965年	1974年
拖拉机 /10^6 万台	0	0	0.3	8.2	276.4	392.4
拖拉机动力 /10^6 千瓦	0	0	1.5	44.8	1560.0	2693.0
种植业田间机械化程度 /%		半机械化	10	20	70	100

表 1-5   1970—2010 年日本农业机械使用情况   （单位：万台）

年份	步式拖拉机	手扶拖拉机	水稻拖拉机	割捆机	联合收割打谷机	水稻烘干机	合计
1970	326.9	18.3	3.2	26.1	4.5	122.7	501.7
1980	275.2	147.1	174.6	161.9	84.4	152.4	995.6
1985	257.9	185.4	199.3	151.8	110.9	173.0	1078.3
1995	134.4	212.3	165.0	83.6	112.0	152.7	860.0
2005	—	194.3	124.4	—	99.1	—	417.8
2010	—	167.8	102.6	—	79.9	—	350.3

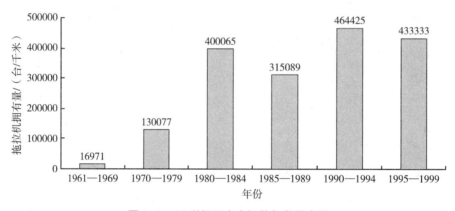

图 1-1   20 世纪日本农机装备发展水平

韩国的耕地面积占国土面积的 20.5%，农业人口占全国总人口的 10.9%，户均耕地 13 公顷。韩国农业属于小农体制下的家庭农业，小规模家庭经营占主导地位。农业机械以中小型、先进、适用为主。随着国家经济的发展和劳动力的转移，单户生产规模逐渐扩大。由于不少地区进行了大规模的平田整地，田间作业机具向大型化发展的趋势日益明显。虽然韩国农机化起步较晚，但农机化发展速度较快。在亚洲，韩国是继日本之后，率先实现农业机械化的国家。韩国的农机化发展如表 1-6 所示，1977 年机械化程度仅为 0.2%，1996 年机械化程度高达 97%，完成了水稻这一主要粮食作物生产的全过程机械化，并在水果、蔬菜、畜产品、农产品收获后的加工环节机械化程度显著。

表 1-6   韩国插秧机保有量和机械化程度

	1977年	1980年	1985年	1990年	1996年
插秧机保有量 / 台	121	11061	42138	138405	271051
机械插秧面积 / 公顷	218	66334	270000	1041000	922000
机械化程度 /%	0.2	5.4	21.9	78.0	97.0

2. 农机装备产业发展历程

世界主要发达经济体在 20 世纪六七十年代基本实现了农业机械化，目前仅以小于本国 5% 的劳动力支撑了本国发达的农业体系。主要发达经济体农业综合机械化完成时间及基本实现农机装备化时的农业劳动生产率情况如表 1-7 所示。

表 1-7　世界主要发达经济体农机装备发展历程

国家	农机装备化起始时间及历时			基本实现农机装备化时的农业劳动生产率			
	农机装备化开始年份/年	基本实现机械化年份/年	历时/年	农业人口占总人口比/%	农业劳动力占总人口比/%	人均劳动力负担耕地面积/公顷	人均劳动力生产粮食/千克
美　国	1910	1940	30	23.2	8.3	14.7	9800
加拿大	1920	1950	30	20.0	7.2	39.0	28200
英　国	1931	1948	17	—	2.5	5.9	5867
法　国	1930	1955	25	23.2	15.6	3.8	4375
德　国	1931	1953	22	—	12.5	1.3	1715
意大利	1930	1960	30	29.6	12.8	2.5	1915
日　本	1946	1967	21	29.9	10.6	0.6	1810
韩　国	1976	1996	20	11.3	6.2	0.6	3083

1）发达经济体主要农机装备产品种类

国外农机装备产品种类有 7000 余种，且农机装备制造水平与智能化程度高，如表 1-8 所示。

表 1-8　2012 年世界部分农机企业及产品情况

企业	所属国	主要农机产品	销售收入/亿美元	净收益/亿美元
约翰迪尔	美　国	拖拉机、联合收割机、耕作机械、播种机、植保机械、牧草机械、青饲收获机械、棉花采摘机以及相关配套的农机具等	335.0	30.7
凯斯纽荷兰	意大利/美　国	联合收割机、拖拉机、牧草机械、柴油机等	194.3	11.3
爱科	美　国	联合收割机、拖拉机、牧草机械、柴油机、农机具及零件等	99.6	5.2
久保田	日本	中小型拖拉机、水稻联合收割机、插秧机等	72.9	10.0
克拉斯	德国	联合收割机、拖拉机、牧草机械、甘蔗收割机、农用运输机械、割草机、搂草机、打捆机等	43.3	3.0
一拖集团	中国	履带拖拉机、轮式拖拉机、收获机械、粮食烘干机等	18.9	0.5

2）发达经济体农机装备产业特征及主要代表企业

当前，国际农机装备企业的集中度较高，欧美、日韩等发达经济体和地区已经形成了具有区域特色以及国际竞争力的农机装备产业。这些国家以实现农业机械化为基础，农机装备产品的研发与制造技术具有较高水平，形成了农机装备巨头霸占市场的特点。此外，美国和日本的农机装备产业相关法律体系也比较完善。发达经济体农机装备产业特征及主要代表企业如表1-9所示。

表1-9   发达经济体农机装备产业特征及主要代表企业

国别	特征	主要代表企业
美国	在种植业、农产品加工、工厂化畜禽饲养等方面世界领先； 农业和农村发展相关法律体系完整； 政府重视为农民服务，农机社会化服务体系较完整； 农业部级机构、州级机构和其他合作组织能充分发挥作用； 农艺和农机紧密结合，农业技术和农艺以实现机械化为前提； 重视农业产业化和工业化，机械化农业发展迅猛； 申请专利数量众多	美国凯斯纽荷兰 约翰迪尔 爱科 皮凯德 满胜 阿尔斯波
德国	农机产品制造水平高； 实现了自动化的在线检测和下线检测； 农机企业适应能力强，对市场需求反应灵敏； 出口额居西欧各国前列，出口量占本国全部农业机械的50%	德国道依茨 芬特 克拉斯
法国	机械化水平高，谷物生产和畜禽饲养已实现全过程机械化； 在作物育种机械和葡萄园机械方面表现优异； 葡萄园机械化作业世界领先； 重要的农机出口产品有拖拉机、柴油机、联合收割机、铧式犁、葡萄园机械、大型喷雾喷粉机等	库恩 格力格尔-贝松 布光
英国	种植业实现高度机械化； 以种植业和畜牧机械为主； 农机企业以小企业为主，但出口额大； 本国几大跨国企业的产值占总产值的6%	麦赛福格森 泼金斯 福格森
意大利	生产自动化程度高，重视新技术应用； 种植业生产全程机械化，养殖业也达到高度机械化； 出口额世界第二，部分农机产品在北美市场占有率高达30%~40%	菲亚特集团纽荷兰 沙姆道依兹法尔
日本	田间作业基本实现机械化； 水稻育秧、插秧、半喂入联合收获机械领先全球； 农机企业近千家，小企业居多； 农机供应主要集中在四大农机公司，形成了农机生产巨头； 农机巨头的市场占有率高，产品种类多，产品生产线完整； 全球化的销售网络和生产基地	久保田 洋马 井关 三菱
韩国	农业机械以中小型为主； 把中国作为主要出口市场，靠价格优势在国际市场立足； 主要产品有拖拉机、联合收割机、插秧机	国际综合机械株式会社 大同T.业株式会社 东洋株式会社

1.2.1.2 全球主要发达经济体农机装备产业政策

1. 政府支持和补贴力度较大

美国农业补贴政策主要集中在终端的农产品上。①直接补贴：每个农场每年最多可获得 4 万美元的直接补贴；②反周期补贴：每个农场每年最多可获得 6.5 万美元的反周期补贴；③作物与收入保险：国家为保险机构提供保费补贴，保险机构为生产者提供损失补贴；④交易援助贷款和贷款短缺补贴：允许生产者在市场价格低于贷款本息时以市场价格偿还，从而为生产者带来被称为"交易贷款收益"的好处。

日本农业补贴更高，农机补贴达到 50%。

法国在农产品价格、农业投资和农机资料购买等环节均有补贴。

2. 金融配套政策和系统完善

在农业信贷、商业担保和农业保险等方面，发达经济体在农业发展过程中均伴随国家的金融配套政策和扶持。

3. 社会化服务体系完善

日本的农协、法国的居马以及美国的社会化服务体系均涉及农业的耕种收、产供销等多方面，市场化运作快捷有效。中国的社会化服务体系近几年虽有较大增长，但仍处于孵化期，尚未成熟，缺乏体系设计和支撑。

1.2.1.3 全球主要发达经济体农机装备产业发展趋势

目前，全球发达经济体的先进农机装备制造企业通过投资、兼并、收购新技术，扬长补短，稳固自身龙头地位，加快布局全球市场。美国农机巨头约翰迪尔自 1837 年成立以来共完成 21 起收购，其中包括 2017 年 9 月以 3.05 亿美元收购一家计算机视觉与机器人公司 Blue River Technology，以及 1.46 亿美元收购美国著名播种机厂满胜；美国凯斯纽荷兰公司是全球最大的农机装备制造企业之一，在 15 个国家拥有 37 个生产基地、28 个研发中心和 19 个合资企业；日本久保田集团 1998 年就在苏州成立了久保田农业机械（苏州）有限公司，并于 2012 年收购全球最大的农机具生产商挪威格兰公司；美国爱科集团于 2009 年在常州投资建厂，于 2011 年 10 月收购谷物储藏和蛋白生产系统制造商 GSI；2016 年 6 月收购总部位于丹麦齐斯泰兹的 Cimbria，该公司是全球领先的种子处理和收割后谷物处理设备制造商，在丹麦、奥地利、捷克和意大利均设有工厂。

欧、美、日等发达经济体农业早已实现全面机械化，且智能化农机应用也具有相当高的水平。与传统的功能型农机相比，智能农机拥有功能多样化、通用性强、作业效率高、安全可靠等优点；在主要应用方向上，包括了智能化收获机械、智能化喷药机械、智能化施肥机械、智能化灌溉机械、智能化播种机械、智能化设施农机装备、农业机器人等。GPS 和机器视觉是自动导航中应用最为广泛的技术，此外还有激光导航、地磁导航、惯性导航、动态路径规划和避障技术等。美国、加拿大、日本等国家在农机装备智能导航方面起步较早，通过大学、实验室和企业合作，已经有成熟的商业化应用。

未来农机装备的发展趋势是智能化、无人化、数字化、绿色化。凯斯纽荷兰推出的新款甲烷动力拖拉机可将总体排放减少 80%、作业噪音分贝降低 50%。代表农机领域世界无人驾驶最高科技成就的凯斯 Magnum 无人驾驶概念拖拉机凭借新一代精准农业系统自动导航技术，驾驶员无须进行手动操作，拖拉机即可自动且可重复地完成转向工作，从而提高生产效率与准确性，并减轻驾驶员的疲劳感。此外，凯斯纽荷兰通过收购，获得了农业基因的相关资本和技术。农业基因是农场管理信息系统的全球领导者，已经为世界上超过 200 个国家和地区的 35 万多个农田提供管理方案。

1.2.2　国内产业环境

1.2.2.1　国内农机装备产业发展历程

农机装备是发展现代农业的重要物质基础，在中国正处于从传统农业向现代农业转变的关键时期，加快推进农机装备产业发展，对于提高农业机械化水平、改善农业生产条件、增强农业综合生产能力、推动乡村振兴等具有重要意义。1949 年以来，中国农机装备产业经历了从无到有、从小到大、从弱到强的发展历程，归纳起来可以分为五个主要阶段。

1. 1949—1979 年起步阶段

改革开放前的三十年，中国缺乏专业人才、行业技术、设施和技术装备等基础条件。因此，国家积极引进先进技术、大力仿制和研发农机装备，初步建立起农机生产、销售和使用维修及管理系统；推进科研、管理、培训和供销体系建设；提出"农业机械化发展"奋斗目标以实现农机装备的现代化发展。

1）改良农具，建设国有农场

1949—1957 年，国家对农机工业投资 3.24 亿元，建设了一批农机制造企业：对于拖拉机工业，早在"一五"时期的 156 个项目中就有洛阳第一拖拉机厂，该厂于 1955 年动工，1958 年生产出中国第一台东方红 –54 型履带式拖拉机；联合收获机工业于 1949 年以后逐渐起步，1958 年北京农业机械厂成功研制中国第一台牵引式联合收获机。1952 年，国家确认了"增补旧农具，发展新农具"总体思路，采用宣传、兴办工厂、发放贷款和设立农具推广站等工作方法。1957 年，农机制造企业发展至 276 家，固定资产总值 2.8 亿元；全国共设新农具推广站 591 处，推广新式畜力农具 511 万部，解决了农业生产工具严重缺乏的问题。1958 年，毛泽东主席在写给六级干部的公开信中提出"农业的根本出路在于机械化"的论断，并提出了创制新式农具的科学方法。在全国统一规划下，各省、地、县几乎普遍建成农业机械制造和农机修造厂。这些农机厂一方面为拖拉机生产配套机具，另一方面修理在用的拖拉机及其配套机具。1950 年，国家创办国营机械化农场，使用大型的农业机械，除完成自身农场的工作外，还为附近的农民代耕代种，为中国农业机械化起到了启蒙和示范作用。

2）科研、管理、培训和供销体系建设

农机生产体系建设过程中，国家开始布局农机科研、管理体系和产品供销体系。1952 年，中国首所农机高等院校——北京农业机械化学院成立，到 1969 年共建成 7 所设有农机设计和制造学科的高等院校，形成了较为完善的教育体系，为农机工业建设和发展提供了人才保障。为解决农机工业持续发展的需要，1956—1959 年先后建立了按产品分类的部属研究所，保障了农机产品技术的创新。到 70 年代末，国家在农业机械部的领导下，已经建成中国农业机械化科学研究院，各省甚至一些地市建有农机研究所；省、地、县三级设有农机管理机构；成立中国农业机械总公司，各省、地、县都有农机分公司。各公社几乎都成立了农机站。

这样，中国在改革开放前就建成了科研、鉴定、生产、供销、管理、修理和使用维护等功能齐全的一整套农机体系。可以说，农机工业是中国当时最齐全的一个工业体系。

3）提出"农业机械化发展"的奋斗目标

1966 年，国家提出"1980 年基本实现农业机械化"的奋斗目标，在财力物力供应困难的情况下，国家对农机工业的投资、贷款、钢材燃料等优先供应，农机装备获得快速发展，先后建立起 7 个重点拖拉机厂以及与之配套的 8 家内燃机厂，建立了 5 家重点联合收获机厂以及遍布全国各市县规模不等的农机修造厂。1949—1975 年中国农业机械总动力发展情况如图 1-2 所示。但由于中国基础农机工业较薄弱，农业发展进程以及农机综合实力倾向于被高估，1980 年农业机械化水平为 20%。

2. 1980—1995 年探索转制阶段

随着改革开放的推进和家庭联产承包责任制的确定，市场经济对农机装备发展作用逐渐增强，国家对农机行业的计划管制日益放松。

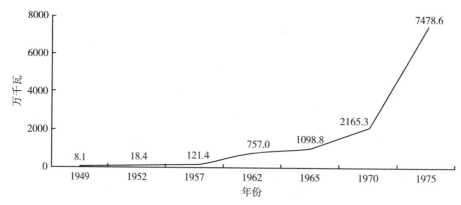

图 1-2　1949—1975 年中国农业机械总动力发展情况

1）调整产品结构，拓展农机装备范围

20 世纪 80 年代初，中国实行家庭联产承包责任制，大农机与小规模的矛盾凸显，农业经营规模变小，中国开始进入小型农机为主的发展过程。这一时期，农机装备的经营与使用分离，农机装备企业以市场需求为导向迅速调整产品结构：研制中小型农机装备代替大中型农机装备，小型拖拉机生产厂家（包括手扶和小四轮拖拉机）迅速发展并开始发挥巨大作用；从研制种植业农机为主调整为产品覆盖农业各产业，适应农村经营体制变化。1994 年较 1980 年相比，大中型拖拉机下降 7.2%，小型拖拉机增

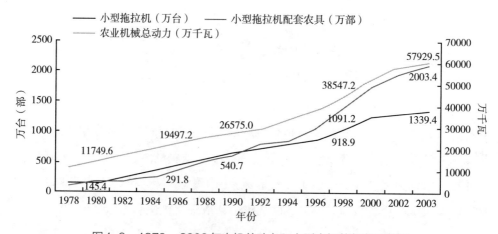

图 1-3　1978—2003 年农机总动力和小型农机装备发展状况

长了 336.5%，如图 1-3 所示。

80 年代中后期，中国由计划经济向市场经济转变，农机工业首先被推向市场。民营资本开始投向小型农机产品，企业家开始承包或者领办国有农机厂，旺盛的市场需求引发了中国小型农机市场的激烈竞争，小型农机及农机装备制造企业得到了前所未有的快速发展。该阶段中国手扶拖拉机年产量达到 100 万台，小四轮拖拉机年产量超过 100 万台，农用运输车年产量达到 300 万辆，社会保有量超过了 1500 万台（辆）。截至 1995 年，全国县级以上的农机装备制造企业 2120 家，职工 126.5 万人，固定资产原值 455 亿元，当年完成工业总产值 703.7 亿元，实现利润 23.1 亿元。

2）形成"计划 + 市场"运作机制

1982 年，国家对农业机械化发展提出政策：允许农民自主购买和使用农机装备，由此，出现国家、集体、个人和联合经营多种经营模式并存的格局。1994 年，农机装备原值为 1435.8 亿元，农民拥有 1134.6 亿元，比重超过 79%。一方面，随着经济体制改革的深化，国家对农机工业的指令性计划管理逐步弱化，优惠政策逐步取消，农民依据生产需求自主投资与选择；另一方面，国家继续对农机装备实行价格管制，采取价外补贴、减免税收、调拨平价物资等优惠政策。1987 年，农机工业平均利润率为 9.8%，比机械行业低 3.1%，比全国工业各部门低 12.1%。

3. 1996—2003 年起飞准备阶段

20 世纪 90 年代开始，中国工业化和城镇化进程加快，随着农村劳动力向非农业与城市转移，农村劳动力出现季节性短缺。在市场需求的拉动下，农机装备产业开始了新一轮的产品结构调整。

1）大中型农机装备快速发展

小麦"跨区机收"服务解决了小农民生产和农机规模化之间的矛盾，实现了大中型农机装备的恢复性增长，小型农机装备增幅缓慢，联合收获机成为农机工业发展的支柱产业，如图 1-4 所示。中国一拖、雷沃、沃得、东风农机等大型农机企业竞争格局基本形成，美国约翰迪尔、爱科，日本久保田、洋马等企业纷纷在国内投资建厂，拖拉机、收割机、插秧机、植保机等传统农机产品产销高速增长后趋于饱和。

2）多元企业结构共存促进农机装备技术进步

党的十四大提出中国特色社会主义市场经济体制政策，国际著名的跨国公司纷纷在中国独资或合资建厂，初步形成了国有或国有控股企业、民营企业、外资企业组成的农机多元化企业结构。国际著名农机企业落地中国实行本土化生产，对促进中国农

图1-4 1978—2002年大中型农机装备和联合收获机发展状况

机装备的技术进步、提高产品综合水平和增强农机工业实力产生积极影响。

4. 2004—2013年高速发展阶段

2004年,国家颁布并实施了《农业机械化促进法》等多项政策意见,推动农机装备产业进入"黄金十年"。2004年以来,中国耕种收综合机械化水平年均提高2.7个百分点,农机工业产值年均增长20.5%,这标志着中国农业机械化发展由初级阶段跨入中级阶段,机械化的生产方式逐渐占据主导地位。该阶段呈现出以下发展特征。

1)农机产业快速发展,基本满足国内市场需求

2014年,规模企业达到2200余家,规上企业主营业务收入3952.3亿元,是2004年的4.4倍左右,年均增长速度达25.8%。企业通过技术引进和自主开发,缩短与国外先进水平之间的差距,形成了一批科技含量高、产品结构多元化的农机装备,满足了国内市场90%的需求。

2)产学研用相结合,有效支撑产业发展

为了解决农机装备产业共性和关键技术瓶颈、培育重大产品创制的产业集群,2007年6月由中国农业机械化科学研究院牵头,15家骨干企业、高校、科研院所共同组建的农机装备产业技术创新战略联盟在北京成立。目前,联盟的成员数量已发展到42家,规模收入占行业的40%左右。

3)"引进来,走出去",国际化程度提高

该阶段,国际农机装备制造巨头企业纷纷进入中国市场,有效带动中国农机装备行业水平。与此同时,中国一拖集团、中联重科、雷沃重工等国内骨干企业采用收购、引进等方式,加快了农机装备企业国际化进程。截至2013年,中国农机装备行业规模以上外资企业已有147家,占行业规模总数的7.97%,其中工业总产值占全行

业的 12.06%。

5. 2014 年至今转型升级阶段

随着农业生产方式转变和农业产业结构调整，农机工业发展速度放缓（图 1-5）。2014 年，中国农机工业开始进入中低速增长、稳步健康发展的新常态。农机装备产业呈现出减量、提质、增效的阶段性特征。直至 2019 年上半年，1733 家规模以上农机企业的主营业务收入同比增长 –0.4%，实现利润同比增长 –0.76%。该阶段呈现出以下发展特征。

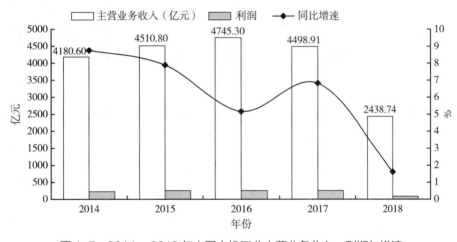

图 1-5　2014—2018 年中国农机工业主营业务收入、利润与增速

1）农机装备数量增速减缓，但农机装备结构显著优化

2004—2012 年全国农机总动力增速保持在 5%~7%，其中 2013 年、2014 年两年增速分别降到了 1.31%、3.55%，增速明显减缓。但是，农机装备结构不断优化，大中型拖拉机与小型拖拉机的比例由 0.08∶1 逐年提高到 0.3∶1。

2）发展智能农机装备，全程、全面机械化进程明显

目前，中国的农机技术仍处于轻型农机阶段，而发达经济体的先进技术已处于重型农机阶段，并正向全程、全面机械化以及智能农机方向发展。所谓智能农机是指自动化程度更高，并且具有学习功能和纠错能力的农机装备。将来的智能农机会大量应用物联网、大数据、云计算和新技术新材料等高新技术，将极大地改善农业劳动环境和作业条件。目前，加快实现农业关键核心技术攻关，强化创新驱动发展，培育农业战略科技创新力量，推动生物种业、重型农机、智能农机等领域自主创新，打造智能农机与全程、全面机械化典型区域示范是今后发展的方向。在 2016 年首批 28 个基本

实现主要农作物生产全程机械化的示范县基础上，2017 年全国共推出 122 个全程机械化示范县。各示范县主要粮食作物、经济作物耕种收综合机械化率分别超过 90%、80%。全程机械化的推进显著推动了农业生产上规模、降成本、增效益，为智能农机装备发展和农业现代化增添了新动能。

1.2.2.2　国内农机装备产业政策

党的十八大以来，随着中国成为世界第一农机装备生产制造和使用大国，农机装备"大而不强"的局面日益明显，为了加快促进农机装备产业的高质量发展，国务院、农业部（农业农村部）、工业和信息化部等中央部委相继出台了多项政策，鼓励中国农机装备产业更好、更快发展。如中国从 2004 年开始实施农机购置补贴政策，且一直延续至今。农业部（农业农村部）发布的数据称，16 年来，中央财政累计投入资金 2000 多亿元。农机购置补贴政策推动中国农机化率由 2002 年的 32.47% 上升至 2020 年的 71%。梳理近年来国家出台的相关政策，重点集中于以下几个方面（如图 1-6 所示）：

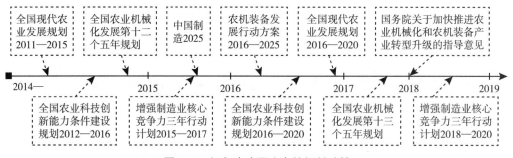

图 1-6　近年来中国出台的相关政策

1. 加强农机装备科技创新

科技创新是决定中国农机装备产业是否能够"由大转强"的关键因素，因此，国家政策多次强调加大对农机装备产业研发创新的投入力度，并指明了科技创新的主要领域和方向。包括：

（1）中高端农机装备研发创新。新型高效拖拉机、播种移栽机械、精量植保机械等智能化、综合型、多功能农机装备是未来农机装备产业的发展方向，也是目前中国农机装备产业发展的主要短板。为此，国家多次出台政策，力求提升农机装备创新的薄弱环节，填补农机装备的科技空白，提高中国农机装备的科技含量。

（2）适用性农机装备研发创新。中国地域广阔、地形复杂，农作物多样，虽然目前中国整体农业机械化水平超过 70%，但区域分布和行业分布不平衡，丘陵、山区、特色农作物、特产养殖的适应性农业机械发展不足，制约了中国农业机械化水平的进一步提升。

（3）关键核心零部件研发创新。中国农机装备的整机制造能力较强，但是核心关键零部件长期依赖进口，对外依存度高于 80%，严重制约了中国农机装备产业的高端化发展。为此，国家政策要求加快高精度、高质量零部件的实验研究、生产制造、质量检测、计量检验等，提升中高档零部件的进口替代水平。

2. 主要农作物生产全程机械化

虽然目前中国整体机械化水平已经较高，但是针对主要农作物，在育种、栽培、深耕深松、机收等部分环节的机械化水平仍有较大提升空间。由于主要农作物生产全程机械化对于进一步快速提升中国农业机械化作业水平具有重要影响，为此，国家政策强调要加快补齐全程机械化生产短板，协同构建高效机械化生产体系，推进粮、棉、油、糖等农作物和饲草料机械装备的集成配套以及全过程各环节的技术配套，支持部分有条件的省份和垦区率先基本实现全程机械化。

3. 农机装备的社会化服务

农机装备的社会化服务是适应中国"大国小农"特点、促进小农户与现代农业发展有机衔接的重要手段。随着农机装备产业的快速发展，在国家政策的鼓励下，截至 2018 年，中国已有农机专业户 500 万户、农机合作社约 20 万个，农机社会化服务呈现主体多元、模式多样、服务专业、内容综合等趋势和特征。但是，中国农机社会化服务整体上处于探索阶段，在资金、技术、管理等方面还比较薄弱，为此，国家出台政策进一步培育和壮大农机大户、农机专业户、农机合作社等服务组织，推动农机服务机制创新，开展高效便捷服务，引导农机社会化服务组织实现规模经营和品牌化发展，不断提高农机社会化服务的质量和效益。

4. 农机装备的先进技术应用

随着农机装备的大型化发展，农机装备的能耗和碳排放问题日趋重要，坚持生态优先，发展高效低污染农机装备，促进农机装备研发生产和推广应用的绿色化，推动智慧农业的示范应用，促进物联网、大数据、智能控制等先进信息技术在农机装备产业的应用，推动精准耕作、智慧养殖建设，实现智能农机与智慧农业、云农场等融合发展，建设农机装备的信息化服务平台等是近年国家政策鼓励的重要方向。

5. 农机装备产学研用的深度融合

农机装备的技术链条长、应用范围广、面对的作业环节多且应对的地形和气候复杂，决定了农机装备产业的快速发展离不开产学研用的深度融合。为此，国家出台政策加强农机装备的学科建设、健全人才培养体系，加大对高端农机人才培养的支持力度，鼓励依托农机装备创新中心、产业创新联盟、重大农业科学工程、农业科学实验室等相关单位来提升农机装备产业的创新能力和创新条件，推动产学研用协同创新，加大对农机大户、农机合作社的扶持力度，鼓励企业主动对接新型农业经营主体，运用新模式、新方式促进农机装备的示范应用和推广。

6. 农机农艺融合发展

在农业生产中，因作物品种、耕作制度、种养殖技术等不适应农机装备的作业要求，导致"有机不能用"的现象时有发生，农机装备物化农艺能力不足，适用性不强，种养标准化程度低等问题突出。因此，国家政策鼓励加强标准农田建设，提升农田的"宜机化"水平，对丘陵山区进行"宜机化"改造；改善农机装备配套设施条件，鼓励打造多学科一体化技术集成示范，通过农业工程重点学科实验室、农业工程科学试验站等的建设，提升中国农机农艺融合能力；并制定农机装备研发和技术评价体系，引导农机农艺融合。

7. 其他政策

农机装备产业与技术发展的其他政策主要包括：①农机装备的安全发展，通过健全法规标准，建立农机装备产业安全生产长效机制；②扩大农业机械装备补贴省份，将大马力农机装备逐渐纳入补贴范围；③促进农机装备流通业发展，优化农机装备产业结构，支持农机装备市场发展，培育大型农机流通企业。

1.2.2.3 国内农机装备产业发展趋势

未来，国内农机装备产业将向集约化、大型化、信息化、智能化方向发展。关于集约化，首先要实现农机功能的集约化，通过全程机械化实现配套技术体系的集成，提升农机装备质量水平；其次是生成农机解决方案以及农机作业的集约化，实现装机装备产业关键核心技术的互享。例如，使拖拉机同时牵引犁和耙两种机具，完成两种作业，提高作业效率。

在大田种植方面，国内重点聚焦农田资源环境信息、农田小气候、土壤肥力、土壤含水量、土壤温度、农作物长势、病虫害、农机作业信息的全面感知，通过对所采集信息的分析决策，指导灌溉量、施肥量的精准调节，更好地实现作物高产高效栽培、病虫害综合防治以及产后农机指挥调度等。例如，国家农业信息化工程技术研究中心研发了基于 GNSS、GIS 和 GPRS 等技术的远程监控指挥调度系统，有效避免了农机装备的盲目调度，极大地优化了农机资源的调配。

关于大型化，近年来随着土地流转的加速，"土地托管"模式逐渐兴起，国内平原地区的土地打破了"小块分割"的局限，正逐步适宜专业化农业生产；加上受农机专业户、农户等新型农业经营主体对农机装备效率提升的需求影响，国内平原地区的农机装备产业正向农业机械大型化趋势发展。

关于信息化与智能化，习近平总书记提出，要大力推进农业机械化、智能化，给农业现代化插上科技的翅膀。农机装备产业的智能化发展是大势所趋，从政策层面上看，国家相关部门正在加快推动数字农业、智慧农业的发展，对智能农机装备有需求；从技术层面上看，卫星导航技术、电液控制技术、作业监测技术等现代农机装备技术已有一定的技术基础。2020 年，以产品升级和短板补齐为主要方向的农机装备产业技术创新步伐仍持续加快，传统农机装备产品进入存量市场，需要向大型、高端、智能、高可靠性持续方向升级；以国产化替代更多进口产品，畜牧机械、园林机械、经济作物收获机械，以及以丘陵山区特需的小型机械、特色机械，新农村建设的设施农业机械等小众产品为代表的相关农机装备品类持续崛起、进步、成长，全面满足新形势下国内农机装备产业环境发展的新需求。

1.3 产业链现状

1.3.1 产业规模现状

1.3.1.1 全球农机装备产业规模

2020 年全球农机装备产业市场规模约为 1290 亿美元，同比 2019 年下降 1%。中国是农机生产额最高的国家，约占全球总产值的 28%；农机生产额位居第二的是美国，占全球 14% 的份额，主要以大型农业机械为主，如拖拉机、联合收获机等，主要有约翰迪尔、爱科等大型农机装备制造企业；第三名为德国，占 9% 的全球份额，以拖拉机及附挂式机械、收获机械与播种机械为主要的农机装备产品；第四名为印度，市场份额占 8.6%，农机装备产品主要为中耕机、耕耘机、喷雾机、挖孔机以及其他农机零件，以发展小型农业机械为主；另外，巴西、意大利、日本与法国分别占 6%、

5.1%、5.0% 与 4% 的市场份额，其中意大利和法国以发展大型农业机械为主，日本则是农用引擎全球最重要的供应国之一。

近年来，全球农机装备产业市场的增长动力主要来自中国、印度、巴西等发展中国家和地区。伴随全球农业机械化进程的加快，未来全球农机装备产业市场整体将呈现波动增长的态势，预计到 2022 年，全球农机装备产业的市场规模将达到 1332 亿美元，未来三年的年均增长率约为 0.7%。

1.3.1.2 国内农机装备产业规模

国家统计局数据显示，2020 年 1—9 月，1769 家规模以上农机装备制造企业的主营业务收入总额达到 1828.61 亿元，同比增长 3%，全年主营业务收入总额预计约 2500 亿元。其中，骨干企业收入同比增长 20.33%，行业利润总额同比增长 24.37%，拖拉机制造和棉花加工机械制造子行业表现尤为抢眼；其次是畜牧机械制造、机械化农业及园艺机具制造、农用及园林用金属工具制造行业。据中国农机工业协会统计，行业内 71% 的骨干企业主营业务收入实现正增长，半数以上骨干企业实现 20% 的增长，43% 的骨干企业增长超过 30%。

1.3.2 产业链分布现状

经过改革开放 40 年的培育和发展，中国农机装备制造业整体技术水平持续提升、产业规模持续扩大、产品种类持续丰富，正在向智能化、全程化、多样化发展。自 2004 年实施农机购置补贴政策以来，中国农机工业经历了"黄金十年"的高速发展，国内农机装备制造企业增加到 2000 多家，形成了数个规模巨大的产业集群，主要有齐鲁产业集群，河洛产业集群，京津冀产业集群，沿太湖流域苏、锡、常产业集群，芜湖地区产业集群。成长起一批初步具备国际化、全球化竞争能力的大企业，如超百亿级的雷沃重工、一拖股份等，超 50 亿级的江苏沃得等，此外还有 20 多家产值超 10 亿的整机制造企业。全国农机（整机）制造企业分布见表 1–10。

1.3.2.1 齐鲁产业集群

主要指山东省，共有规模农机企业 326 家，居全国之首，是国内最大的拖拉机、小麦联合收获机、玉米联合收获机、农用车、三轮车、农用工程机械、畜牧养殖机械等装备制造产业集群。大约有 90 家拖拉机企业、30 家联合收获机企业和 20 家农用车企业，该产业集群产值超过 1500 亿元。主要产品有拖拉机、联合收获机、玉米收获机、三轮汽车、农用工程机械、农机具、植保机械。代表企业有雷沃重工股份有限

表 1-10　全国农机（整机）制造企业分布

地理区域	省/市（农机企业数量）	总计
东北	黑龙江省（119家）、吉林省（49家）、辽宁省（98家）	266家
华东	上海市（44家）、江苏省（280家）、浙江省（212家）、安徽省（163家）、福建省（64家）、江西省（48家）、山东省（326家）	1137家
华北	北京市（37家）、天津市（28家）、山西省（27家）、河北省（177家）、内蒙古自治区（74家）	343家
华中	河南省（193家）、湖北省（124家）、湖南省（136家）	453家
华南	广东省（77家）、广西壮族自治区（61家）、海南省（3家）	141家
西南	四川省（93家）、贵州省（31家）、云南省（59家）、重庆市（124家）、西藏自治区（1家）	308家
西北	陕西省（73家）、甘肃省（78家）、青海省（7家）、宁夏回族自治区（13家）、新疆维吾尔自治区（118家）	289家

公司、山东时风（集团）有限公司、山东五征集团有限公司。此外，科乐收农业机械（山东）有限责任公司、马斯奇奥（青岛）农机制造有限公司、雷肯农业机械（青岛）有限公司、乐星农业装备（青岛）有限公司等外资企业也落户山东。

1.3.2.2　沿太湖流域苏、锡、常产业集群

主要指沿太湖流域浙江和江苏的农机产业集群，主要分布在苏州、常州、无锡、湖州、宁波等地，共有规模农机企业280家，是国内最大的水田拖拉机、插秧机、水稻联合收获机、水稻直播机产业集群。主要产品有水稻收获机、插秧机、拖拉机、农机具、烘干机。产业集群内约有拖拉机企业40家、水稻联合收获机企业50家、水稻插秧机企业30家，水田机械的龙头企业几乎全部位于该产业集群。代表企业有常州东风农机集团有限公司、江苏常发实业集团有限公司、江苏沃得农业机械有限公司、常柴股份有限公司、江苏丰尚智能科技有限公司等。此外，日本久保田、美国爱科、日本洋马等外资企业也落户江苏。

1.3.2.3 河洛产业集群

主要指河南省,共有规模农机企业 193 家,是国内第二大的拖拉机、小麦联合收获机、玉米联合收获机、液压翻转犁产业集群,实力仅次于齐鲁产业集群。主要产品有拖拉机、联合收获机、农机具。代表性企业有中国一拖集团、郑州龙丰、洛阳辰汉、洛阳四达等。

1.3.2.4 京津冀产业集群

主要分布在京津冀地区,共有规模农机企业 242 家,是以约翰迪尔为中心逐渐起步的产业集群。主要产品有拖拉机、玉米收获机、青贮收获机、旋耕机以及秸秆还田机,制造能力非常强大,但核心优势是零部件的配套能力。代表企业有勇猛机械股份有限公司、河北农哈哈机械集团有限公司、河北英虎农业机械制造有限公司、河北圣和农业机械有限公司等。此外,全球农机排名第一的美国约翰迪尔也在天津设立工厂。

1.3.2.5 芜湖地区产业集群

主要指安徽省,共有规模农机企业 163 家。主要产品有拖拉机、联合收获机、烘干机、植保机械。代表企业有中联重机股份有限公司。此外,韩国大同农机在安徽设立工厂,主要生产插秧机和收获机。

1.3.3 农机装备产品发展现状

2012 年,中国已成为世界第一农机装备制造大国,形成了 65 个大类、4000 多个机型品种的产品系列,具备了较为完整的农机装备制造体系,为推动农业现代化发展、保障国家粮食安全和深入实施乡村振兴战略提供了有力支撑。

1.3.3.1 动力机械(拖拉机)产品发展

拖拉机是用于牵引、推动、携带和驱动配套农机具进行作业的自走式动力机械,一般用途拖拉机主要用于耕整地、播种、收获、运输及农田基本建设等作业。拖拉机作为农业机械的重要组成部分,在农业机械化和农业现代化建设中起着举足轻重的作用。截至 2018 年,全国耕地面积达到 20.23 亿亩(1 亩 = 666.6 平方米),农用总动力达到 9.99 亿千瓦,单位耕地面积农用动力投入为 0.48 千瓦 / 亩左右,高于实现机械化的国家(如美国的 0.07 千瓦 / 亩,日本的 0.33 千瓦 / 亩)。作为农用动力装备的主要构成部分(其他农用动力装备还有自走式农机,如自走式收获机械等),截至 2018 年,中国拖拉机保有量超过 2400 万台,其中,20 马力以上的大中马力拖拉机超过 650 万台。从单位耕地拥有的农用动力功率上看，中国的拖拉机动力存在动力利用率低的问题。从拖拉机保有量看，中国小型拖拉机和大中型拖拉机比为3.7∶1，存在中小马力拖拉机过剩、大于150马力的拖拉机保有量不足的问题。拖拉机为中国农业机械化做出了重要贡献，经过多年发展，随着土地流转集中的深入，连片大规模农田增加，农田种植科学水平提高，农田作业对拖拉机技术需求正不断变化，国产拖拉机面临严峻挑战和机遇。

拖拉机除发动机外，传动系统、转向系统、液压系统和农具提升悬挂系统是影响整机综合性能的关键决定因素。现存的主要问题有如下几个方面。

1. 核心技术匮乏，整体技术水平低

与发达经济体相比，中国拖拉机在核心技术、制造工艺等方面存在很大差距，拖拉机产品整体性能差、可靠性水平低，少量国产高端产品的关键部件也完全依赖进口。

2. 核心基础零部件是主要短板

由于制造工艺和机电液集成开发能力的限制，国内尚无法生产带有阀芯位置反馈控制的液压比例阀、负载反馈变量泵和HST总成等核心基础液压零部件。车速传感器、耕深传感器、牵引力传感器等作业参数感知部件国内虽有研发，但大都处于样机或原理机状态，少量产品的可靠性与国外产品也有很大差距。而在拖拉机整机电控系统和专用控制器方面，尚无国产产品。

3. 大工业技术尚无法解决国产拖拉机的问题

电控比例液压阀和负载反馈变量泵等核心基础液压零部件在国内大工业上也尚未解决，属于中国工业的基础共性问题。而拖拉机车速传感器、耕深传感器、牵引力传感器和电控控制器等属于拖拉机特有的零部件，需要根据拖拉机作业环境和作业特点单独开发。

1.3.3.2　种植机械产品发展

2018年，中国玉米播种面积最大，共计4.2×10^7公顷，占比36.0%；稻谷和小麦种植面积分别为3.0×10^7公顷、2.4×10^7公顷，分别占比25.8%、20.7%；豆类、薯类种植面积较少，占比不足10%。在国家惠农政策的推动下，中国种植机械化水平快速提升，为主要粮食作物连续多年保持丰产丰收、保障粮食战略安全做出了突出贡献。经过多年的发展，主要粮食作物品质不断提升，市场步入理性调整阶段，面临新的资源聚集和能力突破。大田粮食作物主要种植机械包括播种机、插秧机和移栽机，由于中国种植机械产品结构齐全、机型繁多、原理多样，总体可靠性低、通用性和适应性差的问题比较突出，具体产品特征、性能与问题如下。

1. 播种机

1）加工工艺和材料技术的落后是造成可靠性低的重要因素

排量稳定性、各行排量一致性、排种均匀性、播种均匀性、播深稳定性是播种机的主要性能指标，取决于排种器的作业性能。中国目前还是以机械式排种方式为主，排种部件的材料和加工精度直接决定作业性能。国外播种机机具质量较轻、强度高、使用寿命较长，这得益于轻型冷弯钢材、含稀有金属合金的复合材料以及先进表面涂层与精密模锻技术的使用。

2）机械式传动和播种作业方式造成漏播率和籽粒损伤率高

国内排种器传动系统都是机械传动，由行走轮带动排种器运转，其缺点是地轮容易打滑，导致丢转，易造成种子的漏播现象，进而影响播种机播种的均匀性。国外普遍采用气力式排种器，虽然结构相对复杂，但能有效克服机械式播种装置的缺点，对种子几何尺寸要求不严，无须精选分级，易实现单粒点播，通用性好，更换不同大小和数量的吸孔可以适应不同作物的种植要求，具有作业速度高、种子损伤率小的优点。

3）智能化监控技术的落后导致综合作业性能难以稳定提高

排种器缺乏对排种过程的检测、控制是造成综合作业性能难以稳定的重要因素。因此，研发与电控技术相结合的排种器能提高播种机械的智能识别、控制和环境适应能力，更能提高播种机械的播种速度和播种质量。

2. 插秧机

1）总体技术水平已达日韩水平，但无故障作业时间仍有差距

水稻机插秧需要实现农机与农艺的紧密结合。中国水稻农机装备以机插秧为主，分手扶式与乘坐式两种机型。手扶式插秧机国产率100%，但作业效率低，仅适合小地块作业。乘坐式高速插秧机作业效率高，主要以日韩产品为主。近几年多种自主品牌的高性能插秧机发展迅猛，整机零部件均已实现国产化，总体技术水平已达到日韩插秧机水平，但在无故障作业时间等可靠性指标方面仍有差距，其主要原因是国产皮带、齿轮、轴承等基础传动件与标准件的性能不及日韩插秧机采用的零件，整机装配水平不及日韩水平。

2）乘坐式高速长秧龄毯苗插秧机和乘坐式钵苗插秧机无机可用

为缩短茬口配合期，中国南方水稻多熟制地区需要使用苗高350毫米左右的长秧龄毯苗，而现有乘坐式高速插秧机都是针对短秧龄小苗（苗高200毫米以下）设计，无法适应作业需求，只能采用手扶式插秧机低效作业。为扩大乘坐式高速插秧机的秧苗适应范围（苗高350毫米以下），必须攻克长秧龄毯苗高性能分插机构、深泥脚水田专用动力底盘等关键技术。

随着超级稻的种植推广，配套超级稻的大苗大株距、每穴1~2株栽插要求的专用插秧机有需求但无机可用，亟须开发乘坐式钵苗水稻插秧机。对此，部分高校开展了水稻钵苗插秧回转式非圆齿轮传动栽插机构等核心部件的研究，但目前仍处于实验室或田间测试阶段，有待进一步的实践检验和推广。

3）作业辅助人工较多，借助大工业技术可解决无人驾驶问题

插秧机作业除1名熟练机手外，还需1~2名辅助上秧工，农忙季节经常出现机手难求和用工短缺问题。为此，相关高校与企业研制了插秧机自动导航无人驾驶系统，插秧机对行后可自行直线驾驶，机手负责供秧，可减少1名供秧辅助工，对机手水平的要求降低。但现有自动导航无人驾驶系统的高速作业性能较差，调头对行仍需人工驾驶，制约了作业效率的发挥。借鉴军工全地形无人战车和汽车自动驾驶等大工业相关技术，可提高高速直线行驶的稳定性和调头对行的精度。

3. 移栽机

移栽机是油菜等蔬菜经济作物种植过程中的核心装备，主要有半自动和全自动移栽机两大类。国外移栽机已得到普遍应用，依据不同作物选择不同机型。中国移栽机近几年才有所应用和发展，但实际机械化应用水平不到20%，国产自动移栽机还处于空白。

1）整体技术水平落后国外

国产半自动移栽机的技术水平与国外进口移栽机不相上下，但标准化水平低，制造质量不稳定，缺乏完善的质量控制管理，核心部件栽植器材料寿命期短；中国全自动移栽机尚处于研发试验阶段，产品主要依靠进口，如日本洋马公司、意大利法拉利公司制造的自动移栽机在中国规模种植农场中有所使用。

2）缺乏系统研究及关键核心技术

造成中国自动移栽机落后国外的主要原因有三个方面。一是育苗与移栽机技术不配套，国外普遍使用硬质泡沫盘，质量好，强度高，定位精度好，可多次使用；而

国内受成本因素考虑，大多使用一次性塑料穴盘，强度低，定位精度差，取苗精准度不高。二是自动取苗作为全自动移栽机的核心技术，国外普遍采用顶杆式和夹拔式组合取苗，对苗的损伤小，取苗成功率高；而国内受制于硬质塑料的苗盘材质，只能采用夹拔式取苗，对苗的损伤大。三是国外自动移栽机普遍带有主动仿形机构，液压驱动，保证栽植深度一致；而国内在地面仿形技术方面几乎空白。

3）大工业技术尚无法解决移栽机产业化问题

目前，制约中国蔬菜移栽机械发展的技术瓶颈是：蔬菜种类繁多，种植制度复杂，市场空间较小，大型农机企业涉足不多，中小农机企业研制能力弱；农机农艺融合较差、机型少；半自动移栽机虽已逐步推广，但省力不省工；全自动移栽机国外进口昂贵，国产机型尚处于研发试验阶段，缺乏无损高效取苗、配套漏苗检测、智能补苗及自适应仿形栽植等智能化精准控制技术。

1.3.3.3　收获机械产品发展

中国收获机械主要产品是联合收获机。在国家惠农政策推动下，收获作业的机械化水平以及大田粮食作物的机收率快速提升，全国小麦机收率达95%以上、水稻机收率达70%、玉米机收率保持在65%以上。经过多年的发展，小麦、水稻和玉米等主要粮食作物的机械化收获装备基本实现国产化且机械品质不断提升，市场正步入理性调整阶段，面临新的资源聚集和能力突破。然而，由于中国面积辽阔，不同区域种植方式和生活环境、气候条件等存在差异，对收获机械的性能要求各不相同。因此，适应性强、性能可靠、作业质量高的联合收获机亟须研发。联合收获机作为谷物机械化生产的核心装备，喂入量、损失率、破碎率、含杂率、作业效率、通过性等是衡量整机性能的重要指标。当前产品主要存在如下问题。

1. 核心技术发展缓慢，自主创新能力薄弱

欧美联合收获机以大型为主，具有喂入量大、智能化程度高、可靠性好等特点。中国谷物收获机械产品同质化严重，低端产品过剩，高端产品严重不足，且功能单一，受制于中国农业生产模式，产品主要以中小机型为主。收获机械用大排量HST、低速大扭矩液压马达、高强度传动带、高效节能环保型发动机、高承载四轮驱动底盘、高性能橡胶履带等核心部件与国外同类产品相比差距巨大，主机厂忙于批量生产，零部件厂自主创新能力弱，核心技术发展缓慢，产品缺乏国际竞争力。

2. 关键零部件制造水平低下，新材料研究应用不足

受制于农机行业盈利能力较弱的特点，国产农机企业先进制造技术和装备转化应

用能力薄弱，产品制造工艺相对落后，发动机、变速箱、驱动桥、液压元件等关键零部件的可靠性和寿命不能得到有效保证，机具作业故障率高，严重影响整机的作业效率和可靠性。此外，收获机械作业环境恶劣、负荷波动大，传统车用三角传动带不能满足收获机械高强度传动、高性价比等要求。收获机械等农机产品对价格的高敏感度也制约了高强度钢、铝镁合金等新材料在收获机械上的大量应用。

3. 大工业技术尚无法解决国产收获机械的问题

收获机械作业对象是复杂的生物体，品种繁多、属性差异巨大，因此大工业控制技术无法直接用于收获机械，需要对此展开针对性的研究。此外，收获机械用损失传感器、含杂率破碎率传感器、谷物流量传感器、割台仿行控制器、湿烂田块高精度导航等收获机械特有的零部件需要根据收获机械的作业环境和作业特点单独开发。

1.3.3.4　植保机械产品发展

当前，中国植保农机装备产品的发展方向主要包括大型喷杆喷雾机、轻型水田喷杆喷雾机、智能化果园喷雾施药机、航空精准喷雾施药机和多功能田间施药机械等。从技术角度看，主要向各类动力机械驱动的自走式、牵引式或悬挂式等高效智能化植保喷施技术方向发展。

1. 总体发展状况及与国外同类产品的主要技术差距

目前，国内企业能够生产包括大型喷杆喷雾机、水田喷杆喷雾机、果园喷雾施药机和多功能田间施药机械等在内的各类地面植保装备，但中国此类装备普遍存在系列化不足、核心部件依赖进口、智能化程度低和产品质量参差不齐等问题，技术水平和性能指标均落后于国外同类型产品。近几年来，在极飞和大疆等国内专业无人机企业的推动下，中国植保旋翼无人机领域发展迅猛，产品保有量全球第一（超过3万架），并且在飞控系统、喷雾技术、定位操控、路径规划、田间避障以及系统集成技术等领域已处于世界领先水平，但在电机、GPS定位和雷达传感器等高端核心部件领域，国内产品的品质和可靠性还落后于国外产品。

2. 与生产需求和国外同类产品的核心差距

当前，对大型喷杆喷雾机、水田喷杆喷雾机、果园喷雾施药机和多功能田间施药机械而言，国外的植保机械产品普遍采用全液压底盘、静液压驱动、电液控制系统、激光传感器、高速电磁阀、多传感器融合和智能传感控制等技术；而中国的地面植保机械产品大多以传统机械传动、开关控制和人为操控为主，导致国产植保装备作业指标和性能总体落后。同时，由于中国农业发展模式和农户购买力的限制，销售市场对此类农机装备价格敏感，国内的植保农机装备制造企业在产品和技术方面缺乏改进的动力，使得国内企业在装备加工工艺、材料品质和核心部件质量方面均落后于国外同类企业。

3. 国内大工业技术可支撑该类装备的发展

目前，植保装备的动力和传动系统用发动机、全液压底盘、静液压驱动、电液控制系统等技术和产品可以依赖大工业技术解决和提升，尤其可借助国内工程动力机械领域的发展成果，推动植保机械在动力和传动系统方面的发展。在激光传感器、高速电磁阀、多传感器融合和智能传感控制器等领域，则需要在通用电气信息产业技术的基础上进行专门的产品开发和改进，以形成适用于植保机械特定信息传感和控制需求的专业化产品。在喷雾系统方面，国内在专业喷头、高精度液泵、高速开关电磁阀和数字式流量阀等核心部件领域还存在很大空白，国产的专业喷头和液泵部件普遍存在易磨损和使用寿命短等问题，这类问题可以依赖工艺改进和技术创新加以解决，但在高精度液泵、高速开关电磁阀和数字式流量阀方面基本依赖进口产品，还需要进行专门的产品研发和改进。

1.3.3.5 丘陵及特种经济农作物机械产品发展

中国包括高原和丘陵地区在内约有山地面积 6.7×10^8 公顷，占国土总面积的 69.4%，主要包括以山地为主要生产、生活场所的区域。中国丘陵山区县级行政区数占全国的 2/3，拥有全国 54.2% 的人口，地域广大、人口众多、自然资源丰富、特种经济作物种植面积广，但 GDP 仅占全国的 30%。原始而脆弱的生态环境、低值的开发利用、落后的经济状况，使丘陵山区成为亟须大力发展的区域。

丘陵山区农机装备产品发展滞后，严重影响中国农机装备化乃至农业现代化的总体推进和协调发展。因此，研究分析丘陵山区农机装备化的发展现状与特点，找出发展滞后的根源，提出行之有效的扶持政策与措施，对加快推进中国特色农机装备化和农业现代化具有重要历史意义。制约丘陵及特种经济农作物机械产品发展的主要原因有以下三方面。

1. 基础设施薄弱成为制约山区农机化发展的短板

丘陵山区地形复杂、坡度陡，道路通过条件差，农业基础设施落后，可发展的资源设施相对薄弱，多年来存在农业投入不足、缺少机耕道、地块小不连片、机械作业场地狭窄、转场困难等问题。山区多数村落几乎没有机耕道，能通行的"羊肠小道"也基本是承袭过去的道路式样，路面窄、基础差、坡度陡、距离远，体型稍大的农机装备无法进山使用；加之丘陵山区农民收入不高，自身没有能力建设机库棚，作业机车转移、存放困难，作业空转时间长、实际作业时间短，农闲期间机具通常露天存放，农机装备效能得不到正常发挥，严重影响农业机具的作业效率和使用寿命，同时也在一定程度上影响了农民自发使用农机装备的积极性。

2. 土地分散经营制约了丘陵山区经济作物机械化的实施

丘陵山区地块小、耕地分散、地势不平，机械化受到制约。分散经营使单户农民购置农机成本加大、农机使用率低、机具配套难，影响了农机的推广，制约了山区农机化发展的进程。因此，土地规模化经营是加快山区农机化的关键环节。

3. 农机推广服务能力薄弱制约丘陵山区农机化发展

丘陵山区的基层农机技术推广机构非常薄弱，农机推广服务体系建设薄弱，技术人员普遍匮乏，多数乡镇的农机技术与管理人员奇缺，农机专管人员长期匮乏，即便有一名农机站长也是职务挂靠、身兼数职，主要工作仍不是农机管理，且不具备农机技术业务水平，影响了农机化工作的正常开展，新机具、新技术的推广应用严重受限。

1.3.4　农机装备国际化发展现状

1.3.4.1　利用外资水平逐渐提高

近年来，中国农机装备市场的快速发展吸引了众多国际农机装备企业来华投资拓展业务，外资进入中国加速，并且农机装备行业利用外资水平逐渐提高，具体表现如下。

1. 农机装备利用外资比例上升，规模扩大

据统计，到 2011 年年底，全国外资独资、控股农机制造企业有 159 家（包括港澳台控股企业 40 家），外资企业数占全国规模企业数的 8.68%，外资企业总产值占全国规模以上企业总产值的 11.5%。在 2019 年的众多农机展会上，国内农机企业参展数量、规模、机具数量都有所调减；外资农机参展企业不但规模不减，反而呈现出参展企业数量、参展产品数量双双增长的态势。

2. 农机装备利用外资的项目范围扩大，渠道多元化

2019 年《鼓励外商投资产业目录（征求意见稿）》第 175 条涉及农业机械制造设备中，明确指出中国鼓励外商投资 11 类农业机械装备的制造，包括农业设施设备、低油耗低噪音低排放柴油机、高性能水稻插秧机等，这为外资企业提供了更多的机遇，并且鼓励采取融资租赁、合作开发、跨国并购、BOT 等多渠道引进外资项目。

3. 农机装备利用外资质量和效益明显提升

外商投资项目具有示范和带动作用，如在 2019 年内蒙古农机展会上，外资企业拿下大部分订单，包括凯斯纽荷兰的拖拉机、打捆机、割草压扁机、青贮机，奥地博田的播种机，阿玛松的自走式喷药机等产品，凸显了外资产品的竞争实力优势，而国产产品仅有河南龙丰的翻转犁等入选。

1.3.4.2　"走出去"速度加快

近年来，中国农机装备企业积极参与全球产业分工，开始利用国内外两种资源开拓两个市场，主动融入并积极参与国际市场竞争。农机装备企业"走出去"速度不断加快，主要表现为以下两方面。

1. 推进多渠道"走出去"战略

随着中国"走出去"及"一带一路"倡议的推动，中国农机装备企业在实行"走出去"战略中打通了多条路径：一是收购外资企业，二是在外建厂，三是国际合作，四是产品出口，如表 1–11 所示。

表 1–11　中国农机装备产业"走出去"的典型案例

主体	事件	途径
中国一拖集团	收购意大利 Argo 集团旗下法国 McCormick 工厂	收购外资企业
	收购阿波斯、马特马克和高登尼，形成全价值链的业务运营平台	
中国农机院	构建国际联合研发平台——中美农产品加工联合研发中心	在外建厂
中联重科	入驻中白工业园，与白俄罗斯 MAZ 卡车集团合作，研制本土化产品	国际合作
	2017 年出口总额 297.5 亿美元，同比增长 8.72%	产品出口

2. 打造深层次"走出去"战略

打破以往的收购模式，实现从区域性到全球性转变的"走出去"新模式，带动企业甚至国家农机装备的全面进步。如雷沃重工创新了海外业务的发展模式：在国外建立研发中心，以研发中心为平台横向拓展营销和服务等业务，并且全方位整合全球高端资源进行属地化运营管理，最大限度控制海外收购风险，进而收购欧洲高端农机装备企业，使企业的全球市场竞争力得到提升。

1.3.4.3　进出口发生结构性变化

2005 年以来，中国农机装备出口额总体呈上升趋势，进口额在经历一段时间的上升后，从 2011 年起出现下滑态势，进出口结构发生变化（图 1-7）：由过去以进口为主扭转为以出口为主。进出口市场表现强劲，但核心关键零部件仍然依赖进口；出口贸易量虽然不断扩大，但仍以中小型农机装备为主。根据海关统计口径（农业机械按商品编码 133 种，其中主机产品 102 种、零部件 31 种）与数据显示，中国农机装备产业进出口在经历了 2015—2016 年的较大幅度下滑后，于 2017 年扭转出口下滑态势，进出口市场表现强劲。

1. 2017 年农机装备进出口情况

中国农机装备进出口在经历了 2016 年的下滑后，于 2017 年扭转了下滑态势（图 1-7），进出口贸易顺差 163.76 亿美元，产品出口结构有所改善，但不均衡的问题仍未得到根本解决。

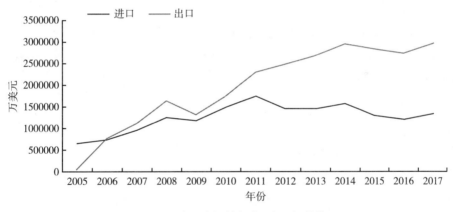

图 1-7　中国农机装备进/出口额趋势

1）2017 年农机装备进口情况

据《中国农业机械工程年鉴》数据统计，以 2017 年为例，农机装备行业进口额达 133.7 亿美元，同比增长 10.60%（表 1-12）。其中拖拉机（包括轮、履及履带牵引车、手扶）进口总量 1619 台，同比增长 10%；联合收获机进口 400 台，同比下降 56.6%。进口主要源自欧洲和亚洲，其中德国、日本、韩国的进口总额占比超过 50%（表 1-13）。目前，中国农机装备国内市场供给率超过 90%，进口主要以大型、高端、复合作业的农机装备机以及配套农机具、大型联合收获机、打捆机等为主，如 200 马力以上动力换挡、无级变速拖拉机、采棉机、青饲机、打捆机、液压翻转犁等。

表 1-12　2017 年中国农机进口市场分布情况

地区	进口额（万美元）	进口额占比（%）	进口额同比增长（%）	进口量（件/台/套）	进口量占比（%）	进口量同比增长（%）
全　球	1337498.7	100	10.6	620160329	100	9.4
亚　洲	5327520.0	39.8	8.2	344477808	55.6	4.5
东　盟	28666.4	2.1	16.8	57659713	4.5	21.3
中　东	6573.5	0.5	−25.4	1386053	0.2	75.4
非　洲	3385.8	0.2	12.5	4601217	0.7	−10.6
欧　洲	558075.2	41.7	12.7	177331353	28.6	12.9
欧　盟	534733.6	40.0	13.7	173581287	28.0	12.9
拉丁美洲	23539.2	1.8	10.7	23742989	3.8	57.2
北美洲	217892.3	16.3	11.0	69231510	11.2	16.5
大洋洲	1793.5	0.1	4.4	748499	0.1	42.1
国际组织	59.6	<0.01	49	26953	<0.1	215.7

表 1-13　2017 年中国从各国家（地区）进口农机装备情况

国家	进口额（万美元）	进口额占比（%）	进口额同比增长（%）
德　国	281371.4	21.0	4.0
日　本	317083.9	23.7	−6.2
俄罗斯	2877.8	0.2	27.6
印度尼西亚	3055.2	0.2	−2.5
越　南	3241.6	0.2	−9.9
土耳其	5250.8	0.4	21.3
印　度	18099.0	1.4	−0.8
澳大利亚	1308.6	0.1	45.3
泰　国	17014.0	1.3	−1.2
意大利	45077.1	3.4	14.2
英　国	46376.9	3.5	4.5
墨西哥	13523.5	1.0	19.2
韩　国	128819.0	9.6	−11.0
法　国	33321.0	2.5	4.5
巴　西	9896.1	0.7	13.2
加拿大	11369.8	0.8	11.5
荷　兰	16616.3	1.2	31.9
其　他	176673.4	13.4	

2）2017年农机装备出口情况

在出口方面，据《中国农业机械工程年鉴》数据统计，2017年中国农机装备出口贸易总额达到297.5亿美元，同比增长8.7%；农机装备主机产品出口额为92.5亿美元（共含86种产品，内燃机、发电机组除外），仅占出口总额的31.1%，同比略有下降。其中亚洲市场占较大份额，占比高达37.2%，增长总体幅度较缓（表1-14）。在欧美市场，美国依然是中国农机装备出口的主要对象，出口贸易总额占总出口贸易额的21.6%，同比增长17.6%（表1-15）。对北美出口总额同比增长18.4%，对欧洲出口总额同比增长13.5%，但主要以零部件、附加值较低的小机具和合资企业出口为主。

表1-14　2017年中国农机出口市场分布情况

地区	出口额（万美元）	出口额占比（%）	出口额同比增长（%）	出口量（件/台/套）	出口量占比（%）	出口量同比增长（%）
全　球	2975090.1	100	8.7	4075720541	100	11.8
亚　洲	1107631.7	37.2	1.8	1298117336	31.8	8.2
东　盟	402903.5	13.5	−3.8	359027771	8.8	3.8
中　东	145365.7	4.9	−6.1	191484037	4.7	1.2
非　洲	198683.3	6.7	−9.2	297345038	7.3	1.8
欧　洲	666399.8	22.4	13.5	943978382	20.2	16.3
欧　盟	535181.1	18.0	10.0	823402872	15.5	14.9
拉丁美洲	227220.5	7.6	13.0	375821984	9.2	15.5
北美洲	683462.5	23.0	18.4	1075971817	26.4	12.3
大洋洲	91713.2	3.1	43.2	84475984	2.1	48.8
国际组织	0	<0.01	—	<0.01	—	—

表1-15　2017年中国从各国家（地区）出口农机装备情况

国家	出口额（万美元）	出口额同比增长（%）
美　国	642121.3	17.6
德　国	125499.0	4.0
日　本	114592.5	−6.2
俄罗斯	95389.0	27.6
印度尼西亚	82669.3	−2.5
越　南	82244.2	−9.9

续表

国家	出口额（万美元）	出口额同比增长（%）
巴基斯坦	80365.6	21.3
印　度	7985.1	−0.8
澳大利亚	75880.4	45.3
泰　国	70832.1	−1.2
意大利	68671.9	14.2
英　国	62091.1	4.5
墨西哥	60352.9	19.2
其　他	1406396.9	—

中国农机装备的出口统计范围包含水泵、拖拉机、收割机、农机具、牧草机械、粮食加工机械、乳品加工机械、饲料加工机械、农业用内燃机和发电机组，以及用于上述设备的零配件。其中收获机械出口额同比增长41.7%，拖拉机出口额同比增长11%，牧草机械出口额同比增长20.1%，表现较为突出。其中主机（不含内燃机和发电机组）出口额92.5亿美元，同比增长4.9%，占出口总额的31.1%；但出口价格依然下滑，同比下降2.8%，主机出口产品分布不均。其中，泵类产品出口20种，占主机产品出口总额的46.7%，泵类产品质量与国际水平存在差距，高附加值、高技术含量的泵类产品仍以进口为主。在生产成本上涨的情况下，农机装备制造企业盈利压力增大，产品分化尚不明显，价格战场依然硝烟弥漫。零部件出口总额144.6亿美元，同比增长11.4%，占出口总额的48.6%，主机出口增长速度依然低于零部件出口增长速度。

2. 2018年农机装备进出口情况

2018年，中国农机装备产品进出口总额为435.4亿美元，同比增长11.3%，农机贸易顺差160.4亿美元，但总体表现为国内外农机市场需求乏力，东盟及欧洲市场尤其低迷，对中国农机装备制造企业产品外销影响较大。东盟作为中国农机的主要销售市场，连续几年粮价下跌，农民收入减少，购买力下降。全球贸易政策环境日趋恶化，外贸风险增加，国家市场需求波动，技术性贸易措施频出，进口国外汇不足；新兴市场的货币贬值、汇率波动等，严重影响着农机的出口。

1）2018 年农机装备进口情况

在进口方面，2018 年中国农机进口额 137.48 亿美元，同比增长 13.8%。进口市场集中在欧洲、亚洲和北美洲，在同期农机进口总额中占比约为 98.2%。自欧洲进口额约 58.0 亿美元，同比增长 15.4%，占同期农机进口总额的 42.2%；自亚洲进口额约 54.8 亿美元，同比增长 15.5%，占同期农机进口总额的 39.9%；自北美洲进口额约 22.2 亿美元，同比增长 7.4%，占同期农机进口总额的 16.1%（表 1-16）。

在主要的进口国家中，排名前三位的是日本、德国和美国。三个国家进口额合计 82.1 亿美元，约占所有国家进口总额的 59.7%。其次是韩国、英国、意大利，从这三个国家进口额合计 21.6 亿美元，约占所有国家进口总额的 15.7%。

表 1-16　2018 年中国农机进口市场分布情况

地区	进口额（万美元）	进口额占比（%）	进口额同比增长（%）	进口量（件/台/套）	进口量占比（%）	进口量同比增长（%）	进口价（美元）	进口价同比增长（%）
全　球	1374845.5	100.0	13.8	479732215	100.0	4.3	28.7	9.1
欧　洲	579521.5	42.2	15.4	155762935	32.5	2.1	37.2	13.1
亚　洲	548076.3	39.9	15.5	244033891	50.9	11.0	22.5	4.0
北美洲	221699.9	16.1	7.4	64098483	13.4	-1.1	34.6	8.6
拉丁美洲	22802.3	1.7	1.8	14335402	3.0	-32.8	15.9	51.5
非　洲	1044.4	0.1	57.0	614486	0.1	16.2	17.0	35.2
大洋洲	1578.0	0.1	-10.4	875711	0.2	18.0	18.0	-24.0

2）2018 年农机装备出口情况

在出口方面，2018 年中国农机全球出口额 297.9 亿美元，同比增长 10.2%。其中，亚洲区域作为中国农机装备的传统出口市场，出口额以 105.3 亿美元位列第一，占当期农机出口总额的 35.4%，同比增长 2.0%；其次是北美洲市场，出口额 69.9 亿美元，占比 23.4%，同比增长 18.2%；位列第三的是欧洲市场，出口额 65.6 亿美元，占比 22.0%，同比增长 9.5%；增长最快的是拉美市场，出口额 25.9 亿美元，占比 8.7%，同比增长 24.3%；非洲市场出口额 21.0 亿美元，占比 7.0%，同比增长 11.9%；大洋洲出口额 10.2 亿美元，占比 3.4%，同比增长 18.7%（表 1-17）。

在主要出口国家中，排名前十位的是美国、德国、日本、俄罗斯、印度尼西亚、印度、澳大利亚、越南、墨西哥、泰国。

表 1-17   2018 年中国农机出口市场分布情况

地区	出口额（万美元）	出口额占比（%）	出口额同比增长（%）	出口量（件/台/套）	出口量占比（%）	出口量同比增长（%）	出口价（美元）	出口价同比增长（%）
全　球	2979067	100.0	10.2	4005663878	100.0	10.4	7.4	-0.3
欧　洲	656159	22.0	9.5	853046225	21.3	1.8	7.7	7.6
亚　洲	1053321	35.4	2.0	1211113003	30.2	5.6	8.7	-3.4
北美洲	698648	23.4	18.2	1090922325	27.2	13.3	6.4	4.4
拉丁美洲	258546	8.7	24.3	468653472	11.7	42.9	5.5	-13.0
非　洲	210083	7.0	11.9	281490825	7.0	2.5	7.5	9.2
大洋洲	102310	3.4	18.7	100438028	2.5	29.7	10.2	-8.5

3. 2019 年农机装备进出口情况

据中国海关的数据统计，与"十二五"末相比，2019 年中国农机进出口总额从 414.5 亿美元增长到 431.5 亿美元，其中出口额从 284 亿美元增长到 300 亿美元，进口额保持在 130 亿美元左右，贸易顺差从 153.5 亿美元增长到 169.8 亿美元。但随着全球贸易环境的不断恶化，农机装备产业出口日趋艰难，出口产品利润水平低下。

目前，中国已经实现了由过去以进口为主向以出口为主的转变，出口贸易量不断扩大，且呈现出进出口市场两旺的态势，尤其是农机装备具备轻便、灵活、性价比高等优势，便于家庭以及中小型农场作业，在海外中低端市场占据一席之地，如中小马力拖拉机及农机具、联合收获机、烘干机、植保机械等产品在亚洲、非洲等地区拥有一定市场基础，但中国农机装备在高端市场表现不足，国际竞争力依然不强。

1）2019 年农机装备进口情况

在进口方面，2019 年中国农机产品进口额 130.8 亿美元，同比减少 4.8%。进口来源集中于欧洲、亚洲和北美洲。其中，自欧洲进口 56.9 亿美元，占比 43.5%，同比减少 1.8%；自亚洲进口 50.8 亿美元，占比 38.8%，同比减少 7.3%；自北美洲进口 20.6 亿美元，占比 15.8%，同比减少 6.9%（表 1-18）。进口来源国排名前三位的是日本、德国、美国，中国从这三个国家进口农机及零部件 78.8 亿美元，占进口总额的 60.1%；其次是韩国、意大利、英国，从这三个国家进口农机产品约 19.6 亿美元，占到进口总额的 14.9%。

表 1-18　2019 年中国农机进口市场分布情况

地区	进口额（万美元）	进口额占比（%）	进口额同比增长（%）	进口量同比增长（%）	进口价同比增长（%）
全　球	1308387.7	100.0	-4.8	-11.4	7.4
欧　洲	569125.6	43.5	-1.8	-20.0	22.7
亚　洲	508072.7	38.8	-7.3	1.2	-8.4
北美洲	206374.1	15.8	-6.9	-35.6	44.5
拉丁美洲	21754.0	1.7	-4.6	-26.3	29.4
非　洲	748.2	0.1	-28.4	2.1	-29.9
大洋洲	2205.6	0.2	39.8	33.7	4.6
国际组织	107.5	0.01	-12.7	63.8	-46.7

2）2019 年农机装备出口情况

在出口方面，农机装备的国内市场低迷，但国外出口贸易量却逆势增长。2019年在中美贸易战和整体出口趋缓的大背景下，中国农机出口大幅度逆势攀升，出现了11 个子行业的出口贸易多增少降的特点。2019 年中国农机出口额 300.6 亿美元，同比增长 0.9%，其中主机产品出口 168.6 亿美元，同比增长 0.4%；零部件出口 132.0 美元，同比增长 1.6%。从 2019 年中国农机出口市场分布看，出口市场主要集中在亚洲、欧洲和北美洲，出口到亚洲的总额为 105.1 亿美元，占我国农机出口总额的 35.0%；其次是欧洲和北美市场，占比分别是 24.0% 和 19.4%（表 1-19）；对北美的出口降幅较大，而非洲市场出口量加大，其中美国、德国为主要出口国家；非洲和拉丁美洲市场均占到 8% 以上，大洋洲占比 4.3%。

表 1-19　2019 年中国农机出口市场分布情况

地区	出口额（万美元）	出口额占比（%）	出口额同比增长（%）	出口量占比（%）	出口量同比增长（%）	出口价同比增长（%）
全　球	3006240	100.0	0.9	100.0	3.6	-2.6
亚　洲	1051161	35.0	-0.2	28.9	-0.9	0.7
东　盟	393663	13.1	-0.9	8.3	-17.0	19.4
中　东	159164	5.3	19.5	5.1	24.5	-4.0
非　洲	254400	8.5	21.1	7.9	16.4	4.1
欧　洲	720301	24.0	9.8	26.2	27.2	-13.7

续表

地区	出口额 （万美元）	出口额占比 （%）	出口额同比 增长（%）	出口量占比 （%）	出口量同比 增长（%）	出口价同比 增长（%）
欧　盟	575328	19.1	11.0	22.0	22.9	-9.7
拉丁美洲	266238	8.9	3.0	10.3	-9.2	13.4
北美洲	584230	19.4	-16.4	23.7	-10.0	-7.1
大洋洲	129911	4.3	27.0	3.1	26.9	0.1

1.4　产业关键技术

为有效满足主要经济作物的生产机械化需求，提升农机研发制造水平和产品质量，扩大重点主机产品与关键零部件的市场份额，形成具有较强国际竞争力的行业领军企业，我国农机装备产业面临多项关键技术的攻关，包括提升甘蔗收获机的研制技术以基本满足甘蔗生产需要，提升300马力智能拖拉机、高速智能精密播种机等高端农机装备的制造技术，提升国四排放农用柴油机、液压机械式无级变速箱、高强度农机车轮、农机自动驾驶导航系统等关键部件和系统的研发技术以填补国内空白，提升智能农机物联网平台、农机运维大数据平台开发技术以投入联网运行。

1.4.1　重大农机装备研制技术

以高效智能、资源节约农机装备为重点，构建高端和适用型产品共同发展的产业格局，满足我国不同区域、多种农业生产模式需要。主要发展新型高性能拖拉机及复式作业耕整地机械、高速智能精量播种机械、移栽机械、智能变量多功能植保机械、高效低损谷物收获机械、大型高效联合收获机、甘蔗收获机、马铃薯等块茎联合收获机、高效果园和园艺作业机械、优质畜牧和饲草机械、高效秸秆收集利用装置、地膜残膜回收装备等产品的研制技术。

1.4.1.1　甘蔗收获机相关技术

突破相关核心技术瓶颈，提高收获作业性能，使切断式甘蔗收获机总损失率不高于7%、纯工作小时生产15吨及以上，整杆甘蔗收获机蔗茎合格率不低于90%、纯工作小时生产8吨及以上，满足雨后、坡地机收需要方面的技术。

1.4.1.2 大马力智能拖拉机相关技术

重点突破拖拉机智能生产线、零部件智能仓储系统及备件调配系统、远程服务平台建设等技术，聚焦300马力以上、达到国四排放标准、无级变速的拖拉机升级技术，实现自动导航定位精度达±2.5厘米，具有典型障碍及边界识别和避让、智能整机管理、云服务系统实时交互、故障在线监测诊断等功能。

1.4.1.3 高速智能精量播种机相关技术

攻克精量排种、播深精确调控、种肥同步施用方面的技术，研发播种行数达到12行以上、作业时速超过10千米以上的大型精量播种机相关技术，同时实现播种参数自动检测、报警与远程控制、自动测量亩播量等功能，形成批量生产能力。

1.4.1.4 高效低污染植保机械相关技术

攻克自动变量对靶施药等技术，采用四轮驱动和转向、静液压行走底盘、密封式驾驶舱、自主导航等系统部件，攻克实现最高作业时速超过4千米以上、喷雾半径超15米以上的自走式风送果园智能植保机相关技术。

1.4.1.5 高性能牧草收割机相关技术

攻克激光切割、机器人焊接、喷粉表面涂装等技术，聚焦研发80马力以上、每小时喂入量98吨以上、集收割压扁晾晒等功能于一体的高性能牧草收割机相关技术。

1.4.2 关键核心零部件制造技术

聚焦发动机、传动系统、电液控制系统、智能系统等核心零部件技术的研发与产业化，提升全产业链协同集成能力。重点发展高效、智能、低排放国四阶段柴油机，动力换挡和无级变速传动系统，大马力拖拉机悬浮桥、动力换向及Hi-Lo装置、液压机械式无级变速器、自动换挡同步器、电动精密排种器、高端液压翻转犁犁体、尾气后处理装置、捡拾方捆机打结器、高强度车轮、高地隙车轮、高性能橡胶履带等核心关键零部件的研发制造技术，以及农机自主导航、作业监控、精准作业等控制操作系统的开发技术。

1.4.2.1 国四排放农用柴油机相关技术

建设国四发动机开发台架、自动化装配线、试验检测等设施，突破电控系统等核心技术，研制可达到国四排放标准、无故障时间达8000小时、升功率达30千瓦以上的农用柴油机的相关技术。

1.4.2.2 液压机械式无级变速箱相关技术

研发先进机械加工技术和液压控制技术，建设加工制造和试验验证设施，生产制造配置静液压传动装置、一体化变量泵、定量马达等部件，促进各挡位区间内无级变速、空载磨合噪声小于 88 分贝的无级变速箱相关技术的实现。

1.4.2.3 高强度农机车轮相关技术

研制变截面碾旋无缝焊接等技术，建设车轮生产线和检测试验中心，聚焦可实现生产轮辋最大直径达 52 英寸（约合 1.32 米）的高强度系列车轮的相关技术，以满足200 马力以上拖拉机和大型收获机配套需要。

1.4.2.4 自动换挡同步器相关技术

研发先进摩擦材料和技术，建设摩擦材料性能试验台、同步器总成试验台、变速箱总成试验台，研发可实现传递扭矩 27000 牛米以上、换挡次数 150 万次以上的自动换挡同步器的相关技术。

1.4.3 面向产品制造与服务管理的智能技术

针对农机装备产品制造技术，推动农机智能工厂、数字化车间的建设，提高产品在线监测、控制和全寿命周期质量保障能力；强化智能无重力吊装系统、机器人作业系统等数字化制造技术的应用，建设智能化与柔性化产线；采用制造执行系统、整机及零部件在线测试系统、过程质量数据分析系统等，建设智能检验检测系统；采用智能仓储管理系统、物料分拣和搬运系统等，建设智能物流系统。

针对农机装备服务管理技术，推动骨干农机企业产品虚拟验证、试验、检测和服务管理平台建设，建立面向行业服务的关键零部件检测中心，加强第三方和认证机构产品检验检测平台建设。开展农机产品虚拟工程技术研发、拖拉机变速箱试验验证和在线监测、大型收获机械脱粒分离系统和清选系统等核心模块试验，以及大型收获机线下检测、智能化农机装备控制技术的匹配和验证等。利用互联网、云计算、大数据等新一代信息技术开发并组建农机装备网络服务平台，提供农机装备远程维护、运行监管、田间作业供需对接等服务。

1.4.3.1 农机自动驾驶导航系统相关技术

利用北斗定位定向技术建设北斗前装农机自动导航系统研发实验室、生产基地和产品检测平台，研制农机用自动导航系统。装配自动导航系统的农机能够在多种复杂土壤条件下自动驾驶，实现直线、圆圈、对角线等多种作业模式。

1.4.3.2　智能农机物联网平台技术

利用互联网、云计算、大数据等新一代信息技术搭建精准农业大数据平台。制定标准接口支持多种智能农机和设备接入，连接10万台农机、5万名客户，采用高速缓存、消息队列、解析集群等技术提供数据传输和信息查询服务。

1.4.3.3　高端智能农机装备研发检测平台技术

建设综合实验室，研发检测设施及软件系统的相关技术，构建农机装备研发检测平台。主要针对拖拉机、收获机等整机和关键核心零部件开展油耗、排放、耐久、耐泥水、耐冲击等关键性能检测检验，满足高端智能农机产品开发需求。

1.4.3.4　农机运维大数据平台技术

研发农机大数据共享平台技术，安装部署农机大数据采集装置，建设农机运维数据中心，满足10万台以上终端接入需求，开展数据采集示范应用，探索商业服务模式。研发深松作业监测平台技术，构建北斗实时定位的农机深松精准作业在线监测系统，开展作业质量监测、作业面积测算、作业任务调度等远程控制，为农机作业补贴提供基础依据。

参考文献

［1］2016年美国农产品行业市场现状及发展趋势预测［EB/OL］. http://www.chyxx.com/industry/201611/462740.html，2016-11-01.

［2］陈旭，杨印生.日本农业机械化发展对中国的启示［J］.中国农机化学报，2019，40（4）：200-207.

［3］陈志.中国农机工业纪念改革开放四十年报告会专家视野［EB/OL］. http://www.indunet.net.cn/staticpage/20181219/12194068.html，2018-12-19.

［4］高焕文.农业机械化生产学［M］.北京：中国农业出版社，2002.

［5］韩鹏云.农业现代化的实现路径及优化策略［J］.现代经济探讨，2021（6）：111-118.

［6］金瑛.韩国农业机械化的发展［J］.延边党校学报，2008（3）：55-58.

［7］李昱.基于节约型农机化发展战略研究［D］.杨凌：西北农林科技大学，2007.

［8］罗建强，姜亚文，李洪波.农机社会化服务生态系统：制度分析及实现机制——基于新制度经济学理论视角［J］.农业经济问题，2021（6）：34-46.

［9］农业部农机化管理司.中国农机化波澜壮阔六十年［J］.农机科技推广，2009（10）：12-15.

［10］农业部农业机械化管理司，中国农业机械工业协会. 国内外农业机械化统计资料 1949—2004［M］. 北京：中国农业科学技术出版社，2006.

［11］张蓝水. 农业机械化的闪光思想——1949—1966 年中国农业机械化历史钩沉［J］. 农业工程，2011，1（4）：9-13.

［12］中国机械工业年鉴编辑委员会，中国农业机械工业协会. 中国农业机械工业年鉴 2017［M］. 北京：机械工业出版社，2018.

［13］中国机械工业年鉴编辑委员会，中国农业机械工业协会. 中国农业机械工业年鉴 2018［M］. 北京：机械工业出版社，2019.

［14］中国机械工业年鉴编辑委员会，中国农业机械工业协会. 中国农业机械工业年鉴 2019［M］. 北京：机械工业出版社，2020.

［15］朱瑞祥，邱立春. 农机经营管理学［M］. 北京：中国农业出版社，2009.

第2章

产业与技术发展态势及需求分析

2.1 产业与技术发展态势

2.1.1 产业与技术创新发展趋势

现阶段，我国农机装备产业技术创新发展的结构性矛盾仍突出。从总量不够向水平不高、质量不好和能力不足过渡，应用基础研究弱、重大装备自主创新不足和创新体系不完善等制约我国农机装备科技向高水平、高层次转型升级。与领先水平相比，在产业竞争力、研发能力、关键核心技术自主化和制造装备水平等方面尚有较大差距，面临国内外双重压力和挑战。同时，我国农机装备产业科技创新发展也面临新机遇，习近平总书记指出"要大力推进农业机械化、智能化，给农业现代化插上科技的翅膀"，确立了新时代农机装备发展的目标。

加快农机装备产业技术创新，加速现代农业向智能化生产方式转变，要发展新一代智能农机装备技术、产品和服务，走出一条适合我国国情、农情和产业特点的创新发展道路。未来，我国农机装备产业技术创新要走战略引领、目标导向、全链统筹和国际视野的创新发展道路，推进产业基础技术、战略前沿技术、高效智能技术装备和绿色技术装备创新，发展新一代智能农机技术、产品、服务体系和产业链，构建支撑可持续发展的科技与产业创新体系。

目前，我国农机装备产业与技术创新发展呈如下态势。

2.1.1.1 农机装备创新体系初步形成

随着生产能力和技术水平的提高，我国农机装备产业已经初步形成了涵盖科研、制造、质量监督、流通销售、行业管理等各方面较为完整的研发和产业体系，拥有数千家不同规模类型的企业、30多家国家及省部级农机科研机构、40多所开设农机相关专业的高校，以及覆盖全国的部级、省级质量监督、鉴定推广等机构，共同支撑并形成了大中小企业融通发展、科技与经济融通发展、各类创新主体及要素融通发展的格局。科技创新能力和实力不断提升，布局建设了一批国家重点实验室、国家工程实验室、国家工程技术研究中心、国家级企业技术中心等国家级和省部级科技创新平台，以及国家农机装备产业技术创新战略联盟、国家智能农机装备产业技术创新战略联盟等国家级和省级产业技术创新战略联盟，培养了一支高水平科技创新队伍，初步形成市场导向、企业主体、产学研融合的产业技术创新体系，从产品开发、技术标准、检测测试、应用推广等方面将服务全面覆盖至骨干企业与中小微企业，研发规模世界第一，论文发表量世界第一，专利申请量世界第二。

2.1.1.2 主要粮食和经济农作物实现农机装备产品进口替代

我国现代农机装备产业从零起步，不断发展，特别是近 15 年来快速壮大，到 2018 年，我国农机装备产业内企业总数超过 8000 家，其中规模以上企业超过 2000 家，规模以上企业主营业务收入达到 2600 亿元，能够生产 4000 多种农机装备产品，市场规模占全球的 45% 以上，国际贸易总量占全球的 20%；制造能力和水平不断提高，"引进来"和"走出去"国际化步伐加快，生产效率和产品质量获得质的飞跃，成为世界农机装备制造和使用大国。研发生产农、林、牧、渔、农用运输、农产品加工等 7 个门类所需的 65 大类、350 个中类、1500 个小类的 4000 多种农机产品，主要农机产品年产量 500 万台左右，保有量超过 8000 多万台（套），农机总动力达到 10 亿千瓦，形成了与我国农业发展水平相适应的大中小机型和高中低档兼具的农机产品体系，满足 90% 的国内农机市场需求，农作物机械化水平达到 68%。三大粮食作物耕种收综合机械化率均超 75%，小麦生产基本实现全程机械化，主要粮食和经济农作物实现农机装备产品进口替代。

2.1.1.3 部分关键领域技术实现突破

经过多年研究，尤其是"十二五"以来，我国农机装备科技创新在关键核心技术及重大装备方面取得突出成效，构建了自主的农机智能化装备技术体系，推动农机装备信息化、智能化发展。动植物生长监测、智能感知与控制技术等应用基础及关键共性技术研究紧跟前沿，助推农业精细生产；攻克了精细耕作、精量播种、高效施肥、精准施药、节水灌溉、低损收获、增值加工等关键核心技术。200 马力及以上拖拉机、水稻精量直播机、60 行大型播种施肥机、精量植保机械、10 千克/秒喂入量智能稻麦联合收获机、6 行智能采棉机、高含水率玉米收获机等重大装备实现自主化生产，与国际先进水平持平，一批先进适用的农业机械化技术及高性能装备的应用推广和辐射扩散提升了产业整体水平，基本解决了水稻、小麦、玉米、马铃薯、棉花、大豆、油菜、甘蔗等主要农作物高质高效机械化生产技术瓶颈及装备制约难题，将有力促进农业机械化和农机装备高质量发展。

2.1.1.4　部分领域达到世界先进水平

我国在若干农机装备领域达到了世界领先水平。以我国灌溉机械为例，我国农用泵品种、型号、规格较为齐全。其中，井用潜水泵具有效率高、结构紧凑、级数少、成本和能耗低等特点，主要技术指标已达到国际领先水平。射流式自吸喷灌泵设计理论和方法也达到国际先进水平。

轻小型灌溉机组是我国具有代表性的节水灌溉装备，为适应不同区域的灌溉特点而开发出的轻小型喷滴灌两用灌溉机组及喷滴灌两用自吸泵总体上达到国际先进水平；开发的拥有自主知识产权的全射流喷头和变量喷洒全射流喷头总体位居国际先进水平；在隙控式射流元件结构方面达到国际领先水平。

卷盘式喷灌机还处于仿制赶超阶段，国内生产的主流产品多以仿制为主，高端产品主要依赖进口。根据我国当前的灌溉特点而开发出的光伏电驱动卷盘喷灌机总体达到国际先进水平。

2.1.1.5　建立了农机装备人才培养体系

我国农业工程学科经过几十年的发展，已从初期的农业机械院系农业机械化专业开始，演变为目前已形成具有农业工程一级学科下属农业机械化工程、农业水土工程、农业生物环境与能源工程、农业电气化与自动化等4个二级学科的完整体系。目前，全国有25个农业工程博士授权学科单位、27个农业工程硕士授权学科单位招收研究生，42所大学开设农业机械化及其自动化本科专业；农机专业职业教育招生规模进一步扩大，同时依托中国现代农业装备职业教育集团、国家和省级产业技术创新联盟，充分发挥各级各类工程创新基地、实践基地、实训基地、新型农机服务组织的作用，不断创新产教融合、校企合作、工学结合的农机职业教育人才培养模式。高等教育、职业教育和基层从业人员再教育等多层次的农机装备人才培养体系已初步建成。

2.1.2　产业与技术创新发展方向

2.1.2.1　夯实产业科技发展基础

加强典型区域农机化与土壤、环境和生产等影响因素的长期监测与评估，构建农业机械化、智能化生产系统基础数据平台。构建企业、产品、标准和专利等产业数据库，建立产业研发、设计及服务平台，提升研发设计、科技服务、检验检测和信息服务等公共技术服务能力。构建完善全产业链技术标准体系，形成适合我国农情和产业发展阶段的机械化、智能化作业，以及智能农机装备零部件、关键系统和整机产品等全面的技术标准体系，不断提升产业链现代化水平。

2.1.2.2 构建农机装备产业技术创新体系

统筹创新战略、创新体系和创新能力建设，依托产业技术创新战略联盟形成的产学研合作体制机制，支持国家重点实验室不断提升行业基础研究、应用基础研究和战略前沿技术引领的能力和水平，打造具有国际一流研发能力和水平的国家技术创新中心，培育战略性科技力量。加快培育企业成为技术创新主体，打造具有国际竞争力的骨干企业，发展专精特新中小企业，构建适应国情、立足产业、协同高效和支撑发展的产学研用深度融合的产业技术创新体系，从协同研发、智能制造、多元推广到智慧服务的现代化产业链，形成上中下游、大中小企业和高中低端协同发展的产业新格局。

2.1.2.3 战略谋划产业科技创新重大任务

瞄准产业科技变革需求及技术发展趋势，围绕国家乡村振兴、创新驱动发展及制造强国战略需求和产业亟须，应对创新战略、创新链产业链等竞争新态势，以"引领创新、构建体系、发展产业、装备农业"为导向，以高效、自主和绿色智能为主线，战略谋划重大科技创新布局，结合基础研究和技术创新的高风险性、长期演化等特征，系统化、梯次化部署新一代智能农机装备、自主智能农机装备等未来 10~15 年重大科技创新任务。

2.1.2.4 打造自主可控的产业技术及产品体系

着力提升产业技术供给能力和创新发展水平，按照增强基础、强化功能、提升水平、拓展领域和延伸链条的技术需求，强化智能制造、智能装备、智能生产和智慧服务自主创新，形成农机农艺与生物、装备与信息、人机物共融的基础技术体系。以粮食作物和经济作物高效智能生产为核心，构建覆盖种子、生产、加工全链条的装备技术体系。以多元信息为核心，打造以信息感知、决策控制与智能执行为主线的智能技术体系，实现智能技术领跑、智能产业引领和农业智能生产。

2.1.2.5 建立支撑可持续创新发展的科技与产业政策体系

围绕创新驱动产业转型升级，打造引领性优势产业，从技术创新、生产制造和应用推广等维度形成新的、更有针对性的、相互衔接的科技与产业政策，发挥政策协同合力。从财政投入、基地平台等方面加大力度支持基础前沿技术、关键核心技术和重大装备等产学研协同、跨领域跨行业融合创新，形成以支持鼓励创新为重点的科技政策体系。进一步加大和优化农机购置补贴政策，拓展信贷、保险等政策，形成以优化结构、提升能力为导向的应用推广政策体系。优化投资、税收和金融等支持政策，引导社会资本参与重大科技成果产业化，鼓励企业技术创新和产业链发展，布局发展创新产业集群，形成以提升产业链水平为导向的工业政策体系。研究提出技术管理清单和信息安全审查制度，不断完善关税、贸易和知识产权等政策，构建安全可控的保障政策体系。

2.1.3　产业与技术创新重点任务

2.1.3.1　产业基础技术创新

针对土壤、动植物、环境和机器互作机理、路径、工艺，以及机械化、智能化和绿色化实现的方法、技术、模式等科学技术问题，研究不同农业生产特点、不同规模、不同种植制度条件下的大田及设施种养加高效作业高效化、绿色化、标准化和机械化生产工艺技术、作业装备和系统模式。研究新型底盘平台、高效驱动传动及耕种收作业等关键零部件高性能材料、智能设计制造和试验验证等技术，构建高效农业生产技术和装备系统。

2.1.3.2　战略前沿技术创新

围绕新一代人工智能、生物智造、物联网、基因组学和合成生物学等技术发展及引发的未来生产方式、生产模式及动植物品种重大变革，研究智能传感、机器决策、人机物交互、边缘协同、环境建构、靶向定位、跨媒体数据融合和智慧管理等技术。开发动植物生命、对象与环境传感、工况及作业质量传感控制系统以及协同、集群自主作业系统，研发机器人作业装备、生物智造设备及面向新型作物品种、天空及深海农业新业态的新型作业装备等，发展未来农业生产技术。

2.1.3.3　高效智能生产技术装备创新

针对人口规模持续增长、结构变动对食物供给的挑战，持续不断提高农业产出能力和水平，推进高效化、智能化生产，研发种苗高效繁育、多功能耕整地、高速精准栽植、精密施肥播种、精量变量施药、高效节水灌溉及籽实和秸秆高效智能收获等智能作业装备。研发高效节能设施、环境调控、个体精量饲喂和畜产品采集等智能养殖设备，研发农产品绿色杀菌、高效干燥、智能分选分级、精量包装、品质监测和生产溯源等智能加工装备，构建信息感知、智能决策、智能控制、精细作业、智能管理和智慧服务的全链条智能技术及装备体系与生产整体解决方案。

2.1.3.4　农业生产绿色技术装备创新

绿色技术是降低消耗、减少污染、改善生态、促进生态文明建设及实现人与自然和谐共生的新兴技术，已成为现代农业的重要新兴领域。面对资源、环境约束和气候变化等重大挑战以及山水林田湖草一体化、农业农村绿色发展需求，推进保护性耕作、水肥药减量施用、电动及氢能等清洁能源农机、农业废弃物综合利用等技术装备创新及提升，以及农田绿色保护、农林生态修复、农村环境治理、农业防灾减灾与应急生产装备等研发与应用，提升农业生产突发性重大旱涝、冰冻等气象灾害和病虫害、生物入侵等生物灾害防控能力和安全生产水平，构建可持续发展的种养绿色生态系统。

2.2　市场需求分析

近年来，农机市场的刚性需求不断加大。依靠市场需求的刚性增长和政策的强力推动，中国农机装备产业总产值已连续十年保持两位数以上的高速增长，成为名副其实的农机制造大国。随着我国农业生产和农村建设两个现代化进程的加快，农机市场需求一直呈现出迫切与旺盛的增长趋势，这是农机工业持续快速发展的基础。

目前，中国农机装备市场需求正经历大型化与高端化变迁，覆盖了包括拖拉机、收获机、种植机械、畜牧机械等在内的几乎所有细分市场，成为市场十分突出的特征。首先，传统大众农机市场大型化、高端化趋势进一步增强，大中型拖拉机和三大粮食作物收获机的市场表现尤为突出。如50马力以上的中型拖拉机和200马力以上的大型拖拉机同比分别增长40.9%和75.7%，分别高于平均增幅17.3和52.1个百分点，占比分别提升了5.0和1.9个百分点。再如收获机领域中，喂入量8千克/秒的轮式谷物联合收获机同比增长22.2%，占比高达92.0%；喂入量66千克/秒的履带式谷物联合收获机同比飙升615.6%，占比上升了36.4个百分点；4行玉米收获机同比增长21.2%，占比达到61.7%。其次，与大众市场同时出现的小众市场的大型化、高端化趋势表现也比较强烈，如薯类和棉花收获机、青饲料收获机、打捆机等。棉花收获机进一步向大型高端打包式机型发展，青饲料收获机逐渐向大型高端机型过渡。

2.2.1　中国农机产业市场营收分析

中国农机产业市场营业收入经历了十年攀升后，自 2015 年进入了低谷期，走势持续下行。2019 年主营业务收入在近 20 年来首次出现了负增长，市场低迷成为当前农机市场的新常态。至 2019 年 11 月底，我国农机产业累计实现主营业务收入 2054.4 亿元，同比下跌 0.2%；实现利润 84.9 亿元，同比增长 15.2%。出现上述变化的原因是三大粮食作物的耕种收环节机械化达到较高水平，与之相关的拖拉机、收获机、播种机市场趋于饱和；粮食价格波动、农户购买力下降、产品更新周期延长、企业投资收益缩水；新市场引擎尚处于培育阶段，不能有效支撑当前市场的新需求。农机装备市场需求表明：大型化将是农机发展的主要特点，截至 11 月，200 马力以上拖拉机已销售 8000 余台，同比大幅度攀升 131.7%；喂入量 6 千克/秒的水稻收获机销量同比增长 30.8%，5 行玉米收获机的销量同比增幅也高达 31.7%。大型翻转犁、播种机、青饲料收获机等市场同比出现不同程度的大幅度攀升。

虽然农机装备的市场需求大幅增长，但对经销商而言却陷入了低迷。由于绝大多数经销商的商业模式与利润模式依然陈旧，虽然营业收入大幅度增长，但纯利润率偏低，并没有从根本上改变经销商的艰难困境。在商业模式上，多数经销商未与时俱进，固守着传统的商业模式，基本围绕主机销售展开，通过销售主机获取利润，提升服务水平只是提升销售额的促销手段。在利润模式上，主要以农机销售为获利的单一手段，导致利润率低。多数经销商的毛利润率在 5%~8%。鲜有经销商把服务作为获取利润的主要方式去运营，服务仅为更好更多地销售农机的辅助手段。在经营产品的组合上，产品种类组合单一、雷同、缺乏创新；追求大品牌，排斥小品牌，低端客户流失，市场集中度分散；品牌单一的风险并没有引起品牌专营店的足够重视。

当前国际农机市场正迎来一个崭新的大型高端时代，高端化与智能化成为当前国际市场需求的主旋律，如约翰迪尔的大型高端采棉机；美迪、中机美诺等推出的高端青饲料收获机；洋马、久保田的高端乘坐式插秧机；巨明、英虎的高端玉米收获机等均供不应求。中国中联、雷沃也以高端产品作为发展战略。因此，农机装备市场由过去的规模化需求向碎片化需求转移，突出表现为客户的小众化，市场需求呈现出数量减少和质量提升的趋势。

2.2.2 农机市场需求主导影响因素分析

农业生产是一个复杂的系统工程，纵观我国农机装备产业的发展历程，不难看出政府行为以及农业生产主体间的互动是我国农机装备需求发展的环境基础，政府针对农业生产的有效诱导带来了农机工业以及农业机械化的新变革，结合土地、劳动力以及资本三大生产要素的更新升级，随着农机新技术投入，我国农业产业系统将面临新的结构调整，实现新的平衡。

分析我国农业产业与农机装备产业的发展脉络，结合我国农业机械化发展现状，从系统的角度，以环境和要素两个方面识别影响我国农机装备需求的影响因素，准确把握乡村振兴背景下的农业机械化推进和农机行业升级的发展方向。从环境的角度考虑，影响因素主要为农机购置补贴、农机价格、农机作业服务价格、农户收入以及农产品价格。其中，农机购置补贴是从政府诱导性角度考虑，代表政策环境；农机价格、农机作业服务价格、农户收入、农产品价格则是考量市场环境对农户农机选择影响。从生产要素角度考虑，影响因素主要为农业劳动力数量（代表劳动力要素）、农作物播种总面积（代表土地要素）以及农机总动力（代表资本要素）。

2.2.2.1 农机总动力

农机总动力指主要用于农、林、牧、渔业各种动力机械的动力总和，反映了我国农业机械化发展的总体水平，是衡量农业生产力的重要指标。全国农机总动力的取值可以体现现阶段我国农业生产过程中对农机具的需求量，体现了机械力与农业劳动力之间动态的替代平衡。因此，全国农机总动力可以充分体现我国农机需求现状。

2.2.2.2 农机购置补贴

这一指标代表了政府行为对农业的直接介入，政府行为主导了我国农业生产方式的现代化转变进程，生产主体的生产实践与政府行为的互动形成我国农业生产方式变革的推动力量，进而促进了我国农业机械化的发展。因此，农机购置补贴代表着政策环境的引导，在一定程度上影响了我国农机装备的需求。但从整体上看，农机购置补贴对农机需求的影响力较弱，具体有以下两点原因：一方面，农机购置补贴真正实现了惠农强农的目标，带动了大批农业生产经营者进行农机作业生产以及农机作业服务，同时针对经济能力一般的农户也提供了半机械化或小型农机具补贴，提高了农业生产能力，推动了农机需求；但另一方面，农机购置补贴采取先购后补的原则，各省市需要根据当地情况在中央财政资金核定的补贴范围内进一步细化补贴名录，范围的缩小大大降低了农机购置补贴对农机需求的影响力。同时，补贴金额根据同档产品上年市场销售均价测算，原则上比例不超过 30%，个人年补贴金额不能超过 20 万元，农业生产经营组织年补贴资金总额不超过 200 万元，一般农机具单机补贴金额不超过 5 万元，大型免耕播种机、大型联合收割机等设备单机补贴金额不超过 15 万元。这一补贴金额在农业机械化发展的推动期具有较高的影响力，对于有一定购买力且具有购买意愿的农业生产者有较大的影响，但对于大多数的农业劳动者，他们的购买力仅停留在小型机械的购买上；在农业机械化发展的平稳时期，尤其是现阶段国内农机市场需求趋于平衡，这种利用补贴进行推动的方式其持续力稍显不足，因此，农机购置补贴对农机需求的影响总体上较低。

2.2.2.3 农机价格、农机作业服务价格

要素相对价格的改变会诱致农业生产者选择节约稀缺要素的技术，农机价格、农机作业服务价格则是农业机械化发展进程中要素相对价格的直接体现。农业生产中机械动力对传统劳动力的替代成本很大程度上取决于生产期农机价格和农机服务价格。农机装备与农业劳动力具有生产要素的替代性和互补性，但对于农机装备的选择则是基于农业生产者对成本以及收益关系的考量。在 WTO 农业多边协议框架下，农机购置补贴等在内的农业支持"黄箱"政策有减让承诺限制，因此应更加侧重降低生产资料价格，推广生产技术等促进农业发展以及推动农业市场化的"绿箱"政策。随着土地规模化调整，影响农机生产成本的指标不仅是农机价格，还包括农机服务组织的农机作业服务价格，因此，在农业市场化发展的推动下，农机价格、农机作业服务价格直接影响我国的农机装备需求量。

就农机价格而言，农机价格越高，越不利于农机的实际需求，但其影响力相对较低。其原因主要在于农业生产收益较低，因此价格上涨会导致生产成本的升高，农机需求相应降低。但现阶段农机价格受农机购置补贴、农机服务价格等因素的稀释作用，降低了农业生产者对农机价格的敏感性，导致其影响力较弱。就农机服务价格而言，其对农机需求的影响更弱。一般来说，农机价格和农机服务价格具有一定的替代效应，农业生产者如果想进行机械化生产作业就只有购买农机或购买农机服务两个选择，无论是哪种选择，其价格都会影响农机需求。但农机服务价格影响不显著的主要原因可能是现阶段农机服务市场远不如农机购买市场需求大，由于产品需求的增长是技术变革与创新的主要因素，目前农机服务市场规模较小，导致其影响力相对较弱。与此同时，尽管农机服务价格也是农户的农业生产投入成本之一，但这部分支出相对

较少，其影响力被进一步削弱。

2.2.2.4 农户收入、农产品价格

农业生产过程中的成本收益不应仅局限于农业生产过程中的成本收益，更应该扩大至劳动力在非农业就业或兼业中产生的收益情况，以判断农业劳动力选择农业生产的机会成本。由此，农村居民人均纯收入（即农户收入）是农户考量劳动形式或劳动领域的重要原因，也是农业生产过程中是否选择农机（即农机需求）的重要原因。此外，农产品价格直接影响了农业生产收益情况，从成本收益的角度考虑，也是农业生产中农机装备需求的关键影响因素。可以认为在市场机制下，成本与收益间的平衡博弈是发展新的生产技术的有效手段，因此在考量农机价格以及农机服务价格后，涉及收入的农户收入、农产品价格也一并影响我国的农机装备需求。

首先，农户收入对农机需求影响显著，表明了无论是以何种方式获得的收入，农户可支配收入的多少始终是决定其农机需求的最重要因素，只有拥有较多的可支配收入，才会考虑投入生产资料扩大再生产。相反，如果农户的人均纯收入较低，农机需求将会受到较大影响。一方面，小农经济的弊端将加剧显现，生产经营规模小、技术条件要求低等问题易造成恶性循环现象，加剧农机需求的萎缩；另一方面，较低的农户人均纯收入会降低农户的风险承受力，可能会导致部分农户回归传统农业的耕作模式，因而降低农机需求。

其次，农产品价格对农机需求的影响效果较不显著，主要原因在于，一方面，农产品价格与实际上的农机需求关系并不直接，是农机需求的间接指标。近年来，为保障农民生产生活、减轻农民负担，我国实行"一免三补"政策，这在一定程度上稀释了农产品价格对农业生产的作用。另一方面，尽管现在农产品进入市场化运行机制，但为保障国家粮食安全，部分农产品价格始终在国家宏观调控的范围内，因此窗口期内数据波动较小，导致农机需求对农产品价格的敏感性较低。

2.2.2.5 农业劳动力数量

中国是典型的小农大国，在全国 2.6 亿农户中约有 2.3 亿为承包户，农户的耕地面积小、土地细碎化程度高等问题导致我国农业机械化发展不完全，部分地区仍以传统农业为主。根据马克思主义经典的小农经济理论，小农经济的衰亡是必然的但又是漫长的，尽管农业集体化发展不断推进，但是以家庭为单位的小农户生产始终是我国传统农村社会经济结构的基础。当前，机械化以及生产过程的社会分工已将农业生产的劳动强度大大降低，农业生产效率和经济收益的提高已不单依靠劳动力的密集投入

和精耕细作，劳动力数量对农业生产的影响更加微妙；同样，机械力和劳动力之间的替代关系也将产生新的平衡点。因此，农业劳动力数量对农机需求具有一定的影响。

2.2.2.6 农作物播种面积

土地是农业生产的首要条件，农业生产过程中对农机的需求离不开土地、资本和劳动力三要素的耦合。在乡村振兴背景下，农业规模化、集约化发展逐渐成为农业生产的主要形式，大马力农机装备、规模化作业机械和精准化、智能化植保机械需求不断提升并逐步成为未来农机装备企业生产发展的风向标。土地对农机的需求是硬性需求，土地与我国农业机械化发展存在相辅相成的关系，因此农作物播种面积同样也影响着我国农机需求，但影响程度较小。由于农户的耕地面积越大，农作物实际播种面积越大，越需要更多的劳动力，对农机的需求也会增加，但我国政府对耕地实行了较为严格的保护政策，耕地面积会在相当长时间内维持在当前水平，因此，农作物播种面积的增加仅存在于理论层面。

2.2.3 农机细分产业的市场需求分析

2.2.3.1 高标准农田建设创造极大需求

2016 年中央一号文件的第一条就是强调大规模推进高标准农田建设，对重金属污染区、生态退化区进行综合治理。中央政府从"十二五"期间开始发力进行农田建设整治和土壤管理，地方政府也有重大举措，"十三五"期间投入更大、面积更多。例如，辽宁省"十三五"期间计划围绕 14 个高标准基本农田建设重点县和 5 个基本农田示范区，投资 140 亿元，完成高标准基本农田建设工程任务 1174 万亩，同时实施节水灌溉、坡改梯、沙化盐碱整治、渍涝耕地整治等工程，全面提升耕地质量和产能。吉林省计划安排农田建设治理 200 万亩。河南省计划到 2020 年，在全省 95 个县（市、区）集中打造 6000 万亩的高标准吨粮田。

农田基本建设机具是归属农业机械的一类产品。农田整治和提升耕地质量与产能工程，特别是大规模推进高标准农田建设，都离不开农业机械这一重要实施载体和工具。大型拖拉机、农用运输车、农用型挖掘机、开沟机、履带式推土机与推土铲、清淤机、铲运机、激光平地机等农田基本建设需求一定会有所增长，尤其效率高、人力无法达到要求和完成作业所需的机具，如激光平地机会出现迅猛增长的趋势。当然，农田建设工程实施的方式多为工程承包，机具购置主体主要以团体方式采购，为此，要重视企业购置农田基本建设机具客户的开拓。

2.2.3.2 主要农作物全程机械化有新需求

农业农村部表示，2020年农作物耕种收综合机械化水平有望超过68%，其中粮食作物超过80%，在全国可建成500个以上实现主要农作物生产全程机械化的示范县，有条件的省率先基本实现农业机械化。为此，必须深入实施主要农作物生产全程机械化推进行动，重点突破油菜、棉花、甘蔗等作业瓶颈，进一步提升水稻机插、玉米机收比例。按照这一目标和问题双重导向，主要农作物全程机械化作业瓶颈环节的农机产品一定会有新增量的需求，并且各地都有针对性的综合施策。

江苏省每年省级财政用于粮食生产全程机械化的专项资金将不低于4000万元，并将组织实施"粮食生产全程机械化整省推进示范工程"，2016年启动了15个左右示范县（市、区）创建，提高整体推进水平。湖南省政府同意农机系统持续实施"千社工程"，打算再用5年时间扶持建设5000家现代农机合作社，引领全省水稻生产全程机械化快速推进；对满足条件的合作社，根据水稻生产全程机械化要求，新购农机装备100万元以上，按照3:3:4进行扶持，即享受30%左右的中央财政农机购置补贴，获得省、市县财政奖补30%，其中省里15万元、市县共15万元，合作社自筹资金只需40%。安徽省提出"十三五"期间粮食主产区实现主要粮食作物全程机械化。山东省提出小麦、玉米主产区围绕推进生产全程机械化，重点提升产前种子加工、产后干燥机械化水平和产中机械化作业质量，主攻高效低损收获、宽幅精量播种、干燥机械化、保护性耕作、秸秆综合利用和精准施肥、高效植保；畜牧养殖重点地区积极配合粮改饲，大力发展青贮玉米收获机械化；重点推广大棚温室集中育秧、乘坐式高性能插秧机、大型机械化干燥设备与技术，积极推广水稻精量播种机；集成示范小型马铃薯播种机、收获机。针对油菜和马铃薯等机具短缺、影响油菜和马铃薯推广全程机械化的情况，湖北省提出2016年重点支持增加马铃薯植栽机械；安徽省、湖南省强调加快发展油菜种植和收获机械，推动油菜生产全程机械化。这些举措对当地全程机械化需求特别是薄弱环节的农机装备需求将产生强有力的拉动。

2.2.3.3 保护性耕作机具需求仍较大

大力推广保护性耕作是我国在农业上贯彻落实绿色发展新理念的具体行动。农业农村部提出2016年大力推广保护性耕作等新技术，不少地方政府继续支持推广应用保护性耕作免耕播种技术。这是一个具有较大潜力、方向引领性带动农机装备需求市场的板块。

以吉林省为例，全省2016年将对应用机械化保护性耕作技术的地块实行每公顷

375元的作业补贴，同时要求作业技术应用地块必须要有30%以上的秸秆覆盖，所以普通播种机不能满足作业要求，必须装备对播种带秸秆具有分离功能的免耕播种机，才能达到作业要求。计划600多万亩的机械化保护性耕作技术应用面积，需要投入免耕播种机4000台以上。辽宁、黑龙江、内蒙古等地保护性耕作技术也是重点支持推广的重点，并且现有标准免耕播种机的保有量明显不足，需要增加机具数量，例如辽宁省北镇市提出推广保护性耕作10万亩，需要新增免耕播种机80台。同时，适应秸秆覆盖下作业的深松机、秸秆覆盖下玉米和小麦免耕播种机、带风幕的喷杆喷药机等都会有比较稳定的需求。

2.2.3.4 减量施肥施药机具将强劲增长

无论理论、实践还是国内外的经验都说明，通过优化施肥，通过综合体系的运用，完全可以做到化肥、农药减量而粮食不减产。农业农村部提出2020年我国化肥、农药使用量实现零增长，为此，必须扎实推进化肥农药使用量零增长行动。围绕这个目标，2016年农业技术部门积极推广减量施用化肥、农药田间管理技术，需要利用先进的农机技术减少种植过程中化肥、农药和除草剂的施用量，这对农机具提出了新的市场需求。

目前在这方面农业机械的保有量还不多。作为我国农业现代化标杆的黑龙江垦区，就提出为减少化肥投入量，要在原有高性能插秧机上加装侧深施肥装置，并全面引进带有侧深施肥装置的整机，最终通过农机技术来实现"减肥不减产"的目标。

可以预见，可以深松同时施肥、带侧深施肥装置的高性能插秧机等机具需求量将会有所加大；施药精准度相对较高或者采用精准变量喷洒系统的喷雾喷杆机、自走式喷雾喷杆机、电动喷雾器以及相对比较成熟的无人植保飞机等植物保护机械是需求的重点。此外，用有机肥替代部分化肥，则有机肥的撒施机、液态肥撒施机也会有一定销售量。

2.2.3.5 融合农作物栽培新技术机具成新亮点

融合深松技术、深施肥技术的精量玉米播种机在华北地区仍会是农民的首选播种机；在调减东北等"镰刀弯"地区玉米种植面积，发展种植大豆，适应大豆进行俗称"拐子苗"播种方法的精播机在这个区域将有需求。

创新农艺栽培技术是挖掘水稻增产的有效措施。按照新农艺、满足不同增产栽培技术要求的水稻插秧机产品，如既可插平盘秧苗又可插毯状钵苗秧苗的插秧机、适应宽窄栽培模式的水稻插秧机以及可以栽插全钵体即标准钵苗秧苗的插秧机，依然会保持增加态势，这也是部分区域市场需求的机会点。

除此之外，加强奶源建设，大力推进振兴奶业首蓿发展行动，加快推进畜禽标准化规模养殖、养殖业粪污专业化处理服务等，也会对农机装备产品供给产生新的需求。

2.2.3.6 特色产业、丘陵山区需求强劲

目前，农机装备产业"机器换人"是大势所趋，但影响国内农业机械化率提高仍存在诸多原因。一方面与国内农业以中小农户为主、地块小等客观因素有关，另一方面也缺乏符合国情需求的农机。

受疫情影响，农机装备产生了新的需求变动，即对植保无人机的需求增大。这是近年来无人机跟植保领域结合的结果，其最大的优势在于无人驾驶和远程操控，而且效果高。2018年12月12日国务院发布的《乡村振兴战略规划（2018—2022年）》也指出要推进我国农机装备和农业机械化转型升级，加快高端农机装备和丘陵山区、果菜茶生产、畜禽水产养殖等农机装备的生产研发、推广应用。我国农机装备产业高精尖、特色的农机产品严重不足，特色产业、丘陵山区的需求尤其强劲。从近年来农机购置补贴政策趋势也能看出，在种植业方面，拖拉机、联合收割机等传统大宗机具补贴资金使用占比稳中趋降，马铃薯、花生、油菜种植和收获机械以及棉花、甘蔗收获机械等特色产业、薄弱环节机具需求快速增长；畜牧业、渔业、农产品初加工业机具补贴资金占比虽然较小，但增长势头明显。从机具类型看，大型、高效、绿色化趋势明显，深松整地、免耕播种、畜禽粪污资源化利用等机具需求快速增长。在这样的背景下，农机装备产业必须关注新情况、新趋势，顺应形势需要。从需求看，农业各产业对机械化的需求如火如荼；从供给看，农机装备企业面对新形势左突右攻、主动求变；从政策看，农机购置补贴要稳定实施。

2.2.4 农机装备产品市场需求情况

以2020年1—9月为例，我国农机市场主营业务收入小幅增长，畜牧机械大幅增长54.6%，农副产品加工专用设备大幅下滑；农机利润总额回稳，同比增长29.1%。但农机工业亏损面加大，达到19.2%，在11个子行业中有5个子行业亏损额出现增长、3个子行业亏损额同比增幅下滑达两位数。

2.2.4.1 大中型拖拉机：市场竞争激烈，进入存量时代

据统计，2020年1—9月，拖拉机主营业务收入同比下降9.4%，创下新低，但

利润大幅增长 568.8%；亏损企业 41 家，亏损面达 36.0%。

市场呈现稳健增长态势，其中大中型拖拉机大幅增长，截止到 9 月底，累计销售大中型拖拉机 27.2 万台，同比增长 15.4%。中型拖拉机功率段上延趋势明显，大型拖拉机 147 千瓦（200 马力）以上机型增幅较大。多重因素拉升了大中型拖拉机市场的需求：一是更新需求拉动；二是疫情"促进"；三是政策助力；四是二手机市场活跃、报废更新政策推动；五是主流区域市场沉寂多年后大幅攀升；六是激烈的市场竞争推动市场增长。

目前，我国的拖拉机市场已经进入了存量时代，以更新需求为主，大型高端渐成市场主流，由单纯的耕作向复式作业、田间管理、园艺作业等各个方面拓展。区域市场集中度提高，2020 年 1—9 月，销量前十大区域累计销售 20.9 万台，同比增长 24.1%，占比 76.9%。主流区域全线飘红，黑龙江、甘肃、新疆飙升，内蒙古、河北大幅度增长，吉林、山东、安徽小幅攀升。深翻、深松政策推动主粮区域大型拖拉机市场强势增长，如黑龙江市场对大型拖拉机实行累加补贴。同时，受疫情和更新周期的影响，大中型拖拉机市场出现较大幅度增长，但这不是常态，大中型拖拉机市场或将进入常态化的下跌通道。

2.2.4.2 耕整地机械：市场大幅增长，区域集中度小幅下滑

2020 年 1—9 月，在补贴政策和春耕等各种利好因素助推下，耕整地机械市场需求出现大幅增长，累计销售 65.4 万台，同比增长 28.0%。市场需求主要集中在十大区域，累计销售 42.4 万台，同比增长 23.3%，占比 64.9%，但区域集中度小幅下滑 2.4 个百分点。十大区域市场中，除广西、山东、陕西下滑外，其他主流区域市场均出现较大幅度攀升。此外，耕整地市场大幅度增长很大因素来自深翻深松政策的推动，以及连续多年的下滑，市场出现周期性增长。从市场需求走势看，产品结构加剧调整将是未来发展的主流。

2.2.4.3 联合收获机：市场升温，需求转型

2020 年 1—9 月，联合收获机市场需求持续增长，累计销售各种收获机 20.0 万台，同比增长 13.8%。增长主要得益于市场周期、更新拉动，以及惠农和补贴政策的促进作用。

虽然三大粮食作物收获机械的市场需求大幅攀升，但占比仍不足 50%，已经进入存量时代，刚性需求下降。未来，除玉米收获机市场尚有一定的上升空间外，其他产品的增长并不具有持续性，市场占比会进一步下降，向经济类作物收获机械市场发

展是大趋势。另外，市场需求呈现新特点：即大型化趋势愈加明显；智能化、高端化产品受到用户青睐。十大区域市场累计销售 14.4 万台，同比增长 8.4%；占比 72.1%，同比下降 3.6 个百分点。除西藏市场大幅下滑外，其他市场呈现不同程度的增长，其中山东、河北、内蒙古、江苏、黑龙江市场呈现两位数的增长。

综合多种因素，转型期的收获机市场需求增幅趋缓将成常态，市场销量维持在 28 万台左右，同比增长 10% 左右。

2.2.4.4 播种机械：细分市场冷热不均，政策驱动作用明显

播种机市场需求大幅度增长，2020 年 1—9 月累计销售各种播种机 11.7 万台，同比增长 16.4%，但各细分领域市场冷热不均，免耕、精量、旋耕、根茎作物、水稻直播播种机械大幅度增长；穴播机小幅下滑；条播机、小粒种子、其他播种机械大幅下滑。这主要是受政策的引导，与保护性耕作相关的产品备受用户青睐。

销量前十大区域市场除山东市场小幅下滑外，其他市场需求均呈现不同程度的增长。十大区域市场累计销售各种播种机械 10.5 万台，同比增长 16.7%；占比 89.8%，与 2019 年基本持平。其中，河南、新疆、内蒙古、河北、吉林和山西市场增幅达到两位数。

播种机市场竞争激烈，新企业不断涌入，但市场集中度较高。从产品来看，重型播种机发展较快，2020 年全年播种机销售在 14 万台左右，同比增长约 20%。

2.2.4.5 插秧机：走出低谷，各品牌表现差异大

插秧机市场需求在经历了 2018 年、2019 年连续两年下滑后，逐步走出低谷，2020 年 1—9 月累计销售各种插秧机 7.0 万台，同比增长 9.3%。其中，手扶插秧机销售 4.9 万台，同比增长 4.5%；占比 68.9%，同比下降 2.9 个百分点。高速插秧机销售 2.2 万台，同比大幅度增长 20.3%；占比 31.1%，高于去年同期。

插秧机市场竞争加剧，各个品牌经营业绩冷热不均。市场调查显示，久保田、洋马、久富等几个品牌的市场表现较好，销量出现不同程度的增长，久保田、洋马均出现断货现象。

前十大主流区域市场累计销售 6.5 万余台，同比增长 9.1%；占比 91.9%，与去年同期基本持平。其中，黑龙江市场需求增势强劲，同比增长 13.0%；湖南市场需求虽大幅攀升 58.2%，但占比仅为 1.8%，市场贡献率较低。从全年走势分析，需求的增幅或将回落，2020 全年销售在 7 万台左右，同比增长 5% 以上。

2.2.4.6　喷雾机：发展机遇良好，高端化产品成主流趋势

在各种利好因素的推动下，喷雾机市场需求出现较好增长，2020 年 1—9 月累计销售各种喷雾机 3.5 万台，同比增长 8.7%。其中，喷杆、风送式喷雾机需求呈现大幅度增长，小型机动喷雾机大幅度下滑。

销量前十大区域累计销售 3.1 万台，同比增长 36.9%；占比 87.7%，同比增长 18.1 个百分点。除广西市场下滑外，其他市场均出现不同程度的增长，其中河南、山东、内蒙古市场增幅均达到三位数。

市场竞争的品牌众多，销量较分散，销量前十名企业占比仅为 17.7%。但从销售额分析，竞争集中度大幅度提高，前十名企业累计实现销售额 5.8 亿元，同比大幅增长 87.6%；占比 72.8%，同比增长 34.8 个百分点。说明市场需求的高端化、大型化趋势增强。其中，植保机械是一个具有战略意义的市场，面临着良好的发展机遇，2020年全年销量在 4 万余台，同比增长 10% 左右。

2.2.4.7　畜牧机械：市场持续发力

近几年，在传统农机市场需求总体呈现下滑趋势的背景下，一些被看成"窄门"的细分小众市场却出现需求上升的趋势。

2020 年 1—9 月累计销售各种畜牧机械 10.2 万台，同比增长 68.1%。前十大区域累计销售 8.7 万台，同比增长 73.6%；占比 85.5%，同比增长 2.7 个百分点。除宁夏市场小幅下滑外，其他区域均出现不同程度的大幅增长，其中山东、内蒙古、山西、河北 4 个市场增幅达到三位数。

从发展历程、环境、现状、空间及趋势分析，畜牧机械市场仍处于发展机遇期，市场需求结构性调整的方向是大型高端化。2020 年全年出现了较大幅度增长，销量约为 10 万台，同比增长 20% 以上。

2.2.4.8　水产养殖机械：市场需求大幅攀升

2020 年 1—9 月累计销售各种水产养殖机械 10.2 万台，同比大幅攀升 45.8%。前十大区域市场累计销售 10.1 万台，同比大幅增长 46.0%，占比高达 99.5%。除福建市场需求大幅下滑外，其他区域市场需求均呈现不同程度的大幅增长，其中江苏、山东、海南、安徽市场增幅达到三位数。

2.2.4.9　排灌设备：水肥一体化设备需求快速增长

2020 年 1—9 月，灌溉首部设备销售 3.2 万台，同比大幅攀升 82.0%，占比 55.3%，其中水肥一体化设备贡献较大，微灌设备也出现 25.4% 的增幅；而喷灌机、

离心泵和潜水电泵出现不同程度下滑。

销量前十大区域累计销售 4.0 万台，同比大幅增长 24.1%；占比 68.9%，同比下降 9.5 个百分点。销量前十大品牌累计销售额达 2.1 亿元，同比大幅增长 57.3%，占比 68.1%；累计销量 4.4 万台，同比大幅增长 151.7%，占比 74.9%。由此总结，排灌机械市场在 2018 年进入市场需求增长快车道，2020 年全年销售约为 7 万台，同比增幅 67% 左右。

2.2.4.10 秸秆处理机械：市场需求潜力巨大

1. 打捆机市场换挡

2020 年 1—9 月累计销售各种打（压）捆机 2.1 万台，同比增长 2.7%。销量前七大区域累计销售 1.6 万台，同比增长 0.6%，占比 74.5%。其中河北、河南市场需求大幅增长，内蒙古、辽宁市场稳健攀升，黑龙江、安徽、吉林市场则大幅下滑。

主流品牌继续保持一定的增长定力，小品牌市场需求则出现大幅下滑。从市场需求品类看，畜牧类打捆机、打包机或将继续保持增长势头。从捡拾宽度分析，2 米以上大型打捆机市场降幅或小于平均降幅，1.7 米以下产品大幅下降。2020 年打捆机市场销量在 3 万台左右，同比增长 10% 以上。

2. 秸秆还田机市场进入调整期

2020 年 1—9 月累计销售各种秸秆粉碎还田机 3.1 万台，同比增长 8.3%。前七大主流区域累计销售 2.6 万台，同比增长 8.1%；占比 82.4%，同比下降 26.1 个百分点。其中河南、安徽、山西市场增幅达到两位数，山东、黑龙江市场需求呈现不同程度的大幅下滑。2020 年市场销量在 5 万台左右，同比增长 10%。

2.2.4.11 薯类收获机械：市场需求回暖

2020 年 1—9 月累计销售各种薯类收获机 0.5 万台，同比增长 11.1%。销量前七大区域累计销售 0.4 万台，同比大幅增长 40.1%；占比 81.8%，同比增长 16.9 个百分点。其中马铃薯收获机械市场需求向大型化、高端化发展趋势明显，木薯收获机械、红薯收获机械市场需求回暖。

2.2.4.12 烘干机：市场需求冷热不均

2020 年 1—9 月累计销售各种谷物烘干机 0.5 万台，同比增长 0.2%。前十大区域累计销售 0.5 万台，同比增长 2.0%，占比 93.3%。其中，江苏的市场需求大幅攀升，江西、河南、四川、安徽市场需求稳健攀升，两湖区域、浙江、广东市场需求大幅下滑。2020 年全年销量 0.9 万台左右，同比增长 5% 左右。

果蔬烘干机累计销售 3.9 万台，同比大幅增长 25.8%。果蔬烘干机已经形成云南产业基地，其中云南种业集团有限责任公司热能科技分公司一直是该行业的领头羊。

2.2.4.13　采棉机：市场需求持续增长

采棉机的市场需求虽然继续保持增长势头，但市场增幅较小，竞争较激烈，以中农机、钵施然为代表的国产品牌快速崛起，产品结构进一步向打包机发展。

因此，农机装备市场需求整体处于战略机遇期：2020 年，我国农机装备市场需求继续向结构性调整迈进。而从中长期来看，未来三五年在"疫情影响"+"双循环"的驱动下，我国农机行业将面临良好的战略机遇期，发展呈现五大趋势，一是低速发展成为新常态；二是市场需求呈现碎片化、细分化；三是在三大粮食作物的耕种收环节基本实现机械化之时，经济类作物的机械化问题变得更加突出；四是大型化与小型化并存；五是高端智能化成为主导方向。

2.2.5　农机装备产品市场供给能力分析

中国作为全球最大的农机装备制造国和使用国，拥有较为完整的农机装备产业链，但农机装备制造企业普遍大而不强，即农机产品虽能满足 90% 的国内需求市场，但产业整体仍处于全球价值链的中低端，具有世界影响力的品牌并不多，尚未形成大规模进驻国际主流市场的气候。

2019 年，中国的农机装备制造企业数量持续增加，为农机产品市场供给能力的提升奠定了基础。其中，向国家农机鉴定部门提出鉴定申请的农机装备制造企业为3320 家，享受补贴的农机企业为 2711 家，其中拖拉机企业 197 家，较上一年新增 25 家；小麦收获机企业 24 家，同比新增 4 家；玉米收获机企业 86 家，履带收获机企业53 家，同比减少 11 家；插秧机企业 86 家，同比新增 13 家；压捆机企业 212 家，同比新增 43 家；粮食烘干机企业 134 家，同比减少 31 家。

在农机总动力方面，2018 年中国农机总动力为 9.9 亿千瓦（如图 2-1 所示），总量近 2 亿台套，拖拉机保有量为 2240 万台，联合收获机保有量为 206 万台。

在农机产品产量方面，2019 年中国主要农机产品产量情况如表 2-1 所示，其中小型拖拉机产量相对较高，共计 34.0 万台，同比增长 3.1%；半喂入水稻收获机产量大幅增长，增速达 63.2%，但履带式水稻收获机产量下滑显著，共计 5.4 万台，同比下降 19.2%。

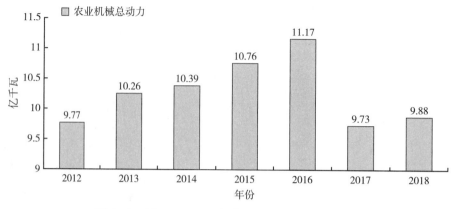

图 2-1　2012—2018 年中国农机总动力变化情况

表 2-1　2019 年中国主要农机产品产量情况

农机	产量/万台	增速/%
大型拖拉机	4.0	−1.1
中型拖拉机	23.8	11.1
小型拖拉机	34.0	3.1
自走式轮式谷物收获机	1.9	19.7
玉米联合收获机	2.2	−4.6
履带式水稻收获机	5.4	−19.2
半喂入水稻收获机	0.3	63.2

由表 2-1 可知，中国的小型拖拉机、中低端农机产量过剩，具有较强的市场供给能力；而大型拖拉机、高品质农机的市场供给能力较弱；单项农机作业的技术富裕，集成配套的农机作业技术较少，导致大型高端 300 马力以上拖拉机以及喂入量在 12 千克 / 秒以上的大型高效谷物联合收获机、大型青贮机、大型耕整地机等农机装备的需求严重依赖进口，无法满足城镇化后大规模高效农业的生产需要。

2.2.6　政策对需求的影响分析

不同于快速消费品，农机装备产品需求的特性决定了其新的需求机会点来源主要是政府层面的产业政策、行政推动、技术支持，以及终端用户（农民）经营种植结构的调整、对新技术采用偏好等因素。为此，全系统应对农业机械化面临的形势和政策环境有整体准确的判断，紧紧抓住国家经济转型升级中以农业发展中存在的问题为导向，出实招、加投入，加快补齐现代农业短板的重要机遇和多重利好政策，从新视角、新领域、新科技等寻找发现农机市场需求新的机会点。

就国内市场而言，中国政府出台了一系列土地流转政策，促进土地规模的形成，激励乡村土地整治，改善农机作业环境，为农机产业创造了更好的工作条件，刺激了农机产品需求的增加。如2004年中国出台了《农业机械化促进法》以及一系列配套政策，鼓励和扶持农民、农业生产经营组织使用先进的农业机械，并由中央财政和地方财政分别安排专项资金对农民及农业生产组织购买农机装备给予直接补贴，补贴资金由2013年的0.8亿元增加到2018年的186.0亿元，农机补贴资金的增长极大释放了农业机械的购置需求；2014年中国政府加大农机购置补贴政策实施的改革创新力度，在利好政策的推动下，中国农业生产亟需的主要农机装备保有量快速增长。与此同时，出现了土地成本高、弃约抛荒等现象，中国粮食成本高与粮食价格不稳定也影响了农机市场的走势，中国正逐渐调整粮食收储政策，逐步由政府主导向市场主导转型。在上述两种政策的推进下，中国市场对农机产品的需求正逐步扩大。

全球诸多国家也出台了适合本国国情的相关政策，以刺激市场对农机的需求。如美国的农场集中规模化经营政策加大了农场之间的竞争，大量科学技术和现代化生产技术被广泛应用于农业生产过程；德国政府允许土地自由买卖和出租政策有利于将零星的小块土地连接成片，小规模农庄纷纷转变为富有生命力的大农场；日本的土地集中改良计划给农业生产全程机械化创造了条件，土地改良计划以兴建水田排灌设施、扩大土地经营规模和田块标准化为目标；韩国的"新村运动"推进了相邻农地的规模化整治和土地平整，为农业生产全程机械化的迅速发展创造了条件，使水稻生产机械化水平在2015年就达到了99.9%。世界各国农业政策的调整以及农业现代化的加速，将为中国农机产业继续打开全球市场带来新的发展机遇。

2.2.7　农户对需求的影响分析

农户农机需求是指农业生产主体在从事农业生产中对农用机械的需求量，包括农业生产的播种机械、耕作机械、收获机械、植保机械、灌溉机械以及农产品的运输和预处理机械等设施机械设备的需求。一般而言，企业在充分了解用户的实际需求后，根据分析其特征有针对性地开发设计相应的产品以满足市场需求，从而为企业做出正确的决策判断提供可靠保障，并对后续产品的设计、升级改造提供重要依据。农户对农机需求越强，农机使用率就越高。准确把握农户对农业机械的需求类型，将研发和推广重心转移到机械化程度较弱的环节，有助于全面提升农业全程机械化水平、显著提高农业生产效率。因此，明确农机需求的结构变化有助于找到农业机械研发与创新方向，进而提高农业机械化水平。目前，农户对农机装备需求的影响包含以下几方面。

2.2.7.1　农民购买力持续上升

中国农机装备行业产业链的下游为农机用户，包括农机户、农户、农户合作社等。近几年，国家出台了一系列政策促进农村经济的发展和农民生活水平的提高，农民收入得到了显著提升。据国家统计局数据显示，中国农村居民人均可支配收入由2013年的0.9万亿元增长到2017年1.3万亿元，年复合增长率达到9.3%。中国农村居民消费水平不断提高，农民收入和农村经济增长已进入良性循环阶段（如图2-2所示）。农民人均收入的提高有利于农机需求与销量增长，同时有利于现有农机的更新换代。

图2-2　2015—2019年中国城镇和农村居民人均可支配收入

2.2.7.2　农村劳动力结构性短缺将加大对农机产品的需求

现阶段，由于农民工工资水平的上涨幅度远大于农产品价格温和上涨幅度和国家相关农业补贴的增长速度，务农的相对经济性持续降低，进城务工效益远高于务农经济效益，因此，农村劳动力加速向非农产业转移，农村存量劳动力不断减少。此外，由于农业生产季节性较强，播种和收获季节的劳动力短缺情况更为明显。日益突出的农村劳动力结构性短缺矛盾导致农业生产人工成本持续上升。以机械代替劳动力作业，能够有效应对劳动力人口结构性转移。由于农机装备的使用能够对劳动力形成有效替代，机械化的经济效益逐步凸显，使用农机提高劳动生产率的需求将愈发旺盛。因此，农村劳动力结构性短缺背景下劳动力成本的快速上升是激发农机装备市场需求持续增长的重要内在推动力。

2.2.7.3　农村对农机需求的特点

1. 分散性

一方面是指地域上的分散，我国农村分布广，居住离散，难以形成像城市的人口与需求集中度。另一方面是购买力的分散，虽然农村居民购买力总体规模很大，但平均到每户居民的购买力水平则很低；同时，农户消费的范围也比城市居民广，造成了购买力的分散。农村市场的这种分散性决定了农机装备制造企业在营销网络的构建上，无论是深度还是广度都要极大加强。

2. 层次性

一是指我国沿海中部与西部地区消费的梯度性，即产品消费基本具有从沿海到中部再到西部逐步辐射的趋势，而农机产品的消费也有这种特性；二是指农民消费结构的层次性，即在重要商品需求方面，农民选购的次序大致为首先满足生产需要（如化肥、农药、种子、农用薄膜、农用机具等），其次是建房需要（如建筑材料、装饰材料等），然后才考虑耐用消费品等方面的需要；三是指农民消费观念心理的差别，有的地区农民重物质需要而轻文化服务需要、重积累轻消费，有的地区则不同。

3. 功能性

我国农机装备市场基本上还处在比较典型的功能性需求阶段，即比较强调产品的实际使用价值和物质利益，而不太注重产品的附加价值和精神享受。如要求农业机械的实用性、耐用性远胜于鲜艳美观、个性展示。这种功能性特点对产品需求主要表现在如下几个方面：一是价廉，在保障产品基本功能的前提下价格越低越好，基本功能相同的产品，农民几乎无一例外地选择价低产品；二是实用，强调产品的使用功能并适应农村的消费环境，而对产品形式要求不高；三是简便，要求产品实现其基本功能，而无须过多的奢侈功能。以联合收获机为例，只需满足"收割干净"这一基本条件，而对其他附加功能则大可省略。简便的另一个要求是操作简单、使用方便、易学易修，操作修理越复杂的农机产品在农村越不受欢迎。

2.2.8　"一带一路"市场需求空间巨大

联合国粮农组织报告指出，2017 年全球有 8.2 亿人处于饥饿状态，1.5 亿儿童营养不良，其中 39% 在非洲、55% 在亚洲。这些粮食严重短缺国家的典型特征是农业机械化水平较低、农机装备落后，亟须通过提高农机化率来解决粮食短缺问题。这些国家的农业经营者主要以小农户、家庭农场为主，如非洲约有 90% 的农场面积小于 2 公顷，占据约 80% 的农业总产量且产量较低，玉米和其他主要谷物的产量通常保持在 1000 千克 / 公顷左右，约为亚洲和拉丁美洲平均产量的 1/3。农业中的工程技术投入水平低是阻碍非洲农业生产现代化的主要因素之一。针对非洲农业发展不均衡的现状，在有关国家政府购置补贴的支持下，中国农机企业面向中小型农场和农户，向该市场提供中小型农机以提升其农业生产水平是可行之道。

"一带一路"沿线国家的市场机遇在于中小型、中低端农机需求量极大，沿线国家没有相应工业产业能力的支撑，而欧美大型企业不生产此类产品。与其他国家的产品相比，中国农机产品的性价比高，具有很强的潜在竞争优势，如"一带一路"沿线国家更倾向于使用维修简单、可靠性高的农机，欧美大企业生产的拖拉机基本不低于 120 马力，而非洲中小农场亟须 25~80 马力拖拉机。中国企业的优势在于中小型农机设备产量充足，产品中相当一部分适合"一带一路"沿线国家农业生产的国情。

2.3　国家需求分析

目前，我国农业生产机械化发展已经取得阶段性成果，但向更高水平迈进面临新的挑战。现阶段的农机需求已经从单一大马力的农机追求向智能化、精细化发展，从以机械力代替劳动力的简单要求转变为增质、增产、增益的系统性要求。需求的变化为农机行业提出了发展的新方向，即劳动节约型、资本节约型和技术创新型。因此，必须引领推动农机装备创新发展，做强做大农机装备产业群产业链，加快推进农业机械化向全程全面高质高效升级、向高质量发展迈进。为此，"十四五"时期我国农机装备产业与创新发展需求包括以下七个方面。

2.3.1 着力提升粮食作物生产全程机械化水平

2.3.1.1 补齐粮食生产全程机械化短板

围绕双季水稻机械化移栽、玉米籽粒机收、冬小麦节水灌溉、马铃薯机种机收、夏大豆免耕播种等薄弱环节和适宜稻区再生稻、西南丘陵山区玉米和马铃薯、南方大豆、高原青稞等生产机械化，推进适用机具研发，提高机具适应性、可靠性，强化机械、栽培、品种集成配套，加强技术试验示范，总结推广高效机械化解决方案。到2025年，水稻种植机械化率达到65%，马铃薯种植、收获机械化率均达到45%，玉米籽粒机收、南方大豆机种机收等水平显著提升。

2.3.1.2 推进粮食机械化生产关键环节减损提质

完善粮食作物精量播种、机收减损作业标准和操作规范，加强粮食作物在用播种机、收获机质量调查和作业机具田间测评选型，引领企业改进播种、收获机械产品性能。大力开展机播机收操作技能大赛、作业能手评选，提高机手规范化操作、标准化作业的能力和水平。精心组织重要农时机械化生产，提高机具性能状态，促进作业高效有序、减损效果明显。

2.3.1.3 构建粮食全程机械化高效生产体系

大力推进保护性耕作，促进粮食生产机械化与耕地保护相得益彰。加快选育宜机化粮食品种，提升育种机械化水平，推进良种良机协同。深入推进主要农作物生产全程机械化，加快高效植保、产地烘干、秸秆处理等环节与耕种收环节机械化集成配套，大力推进粮食生产产前产中产后全过程机械化，推动建立健全区域化、标准化的高质量粮食机械化生产体系。

2.3.2 大力发展经济作物生产机械化

2.3.2.1 提升大宗经济作物全程机械化生产水平

突出重点区域、重点作物及其机械化生产薄弱环节，加快补齐机具短板，推进农机农艺融合，完善生产模式、细化技术路线，推进全程机械化作业。重点在黄河流域推广棉花标准化种植与机械化采摘技术，在长江流域推广冬油菜高效种植与低损收获机械化技术，在花生优势产区推广夏花生免膜种植与果秧兼收机械化技术，在南方甘蔗优势区推广糖料蔗联合收获机械化技术，在甜菜优势产区推广高效种植与快速收获机械化技术，在新疆棉花优势区稳步推进适宜机采的长绒棉机械化收获技术。到2025

年，棉花、甘蔗收获机械化率分别达到 60% 和 30%，花生种植、收获机械化率分别达到 65% 和 55%，油菜种植、收获机械化率分别达到 50% 和 65%。

2.3.2.2　突破特色经济作物生产关键环节机械化

加快特色经济作物关键生产环节机械化技术创新与集成应用。推进露地规模种植基地蔬菜精密播种、标准化育苗、高效移栽等机械化技术示范推广，发展叶类和根茎类作物收获机械化，推广花类、茄果类蔬菜采摘辅助平台。推动标准化果园茶园建设，为实现开沟施肥、除草打药、节水灌溉、修剪采摘等生产环节机械化创造条件。因地制宜推进中药材、热带作物等区域特色特产作物生产机械化，着力突破机收环节瓶颈。

2.3.2.3　加快推进设施种植机械化

围绕设施种植产业优势区域，积极推进设施布局标准化、建造宜机化、作业机械化、装备智能化、服务社会化。制修订适宜不同地区的温室设施结构与建造标准，推广节能型设施建造材料和低能耗电动设施装备，加快补齐精量播种、商苗嫁接、移栽和收获、废弃物处理等环节技术装备短板，普及土地耕整、灌溉施肥、电动运输、水肥一体化设施以及多功能作业平台等技术装备，推广环境自动调控、水肥一体化和作物生长信息监测等机械化技术，探索开展嫁接、授粉、巡检、采收等农业机器人示范应用。塑料大棚、日光温室和连栋温室为主的种植设施总面积稳定在 200 万公顷左右。

2.3.3　加快推进畜禽水产养殖机械化

2.3.3.1　推进主要畜种规模化养殖全程机械化

健全完善畜牧业机械化技术标准体系，制定生猪、蛋鸡、肉鸡、奶牛、肉牛、肉羊等主要畜种规模化养殖设施装备配套技术规范。加强畜禽品种、养殖工艺、设施装备集成配套，着力改善中小规模养殖场（户）设施装备条件，构建区域化、规模化、标准化、信息化的畜禽养殖全程机械化生产模式。巩固提高饲草料生产加工投喂、环境控制等环节机械化水平，加快解决疫病防控、畜产品采集加工、粪污收集处理与利用等薄弱环节机械装备应用难题，推广应用先进适用畜禽养殖机械装备技术。到 2025 年，生猪、蛋鸡、肉鸡规模化养殖机械化率达到 70% 以上，奶牛、肉牛、肉羊规模化养殖机械化率分别达到 80%、50%、50% 以上。

2.3.3.2　构建水产绿色养殖全程机械化体系

推动设施装备运用与绿色养殖方式发展相适应，促进养殖品种、工艺、设施与机械装备协同联动，加快水产养殖全程机械化及水质监控、水草管护、尾水处理等设施装备集成配套。健全水产养殖机械化标准体系，完善池塘标准化建设规范，建立健全养殖池塘维护修缮及设施装备管护长效机制，推进养殖池塘标准化、宜机化建设。围绕发展生态健康养殖，开展养殖模式试验优化，总结推出绿色养殖全程机械化解决方案。到2025年，工厂化、集装箱式和池塘工程化等循环水养殖基本实现机械化。

2.3.3.3 推广绿色高效养殖装备技术

加快优质饲草青贮、农作物秸秆饲料制备、畜禽粪污肥料化利用等机械化技术推广应用，推动构建农牧配套、种养结合的生态循环模式。遴选推广畜牧水产绿色高效养殖机械化新技术、新装备、新工艺、新模式，示范推广精准饲喂、智能环控、疫病防控、高效粪污资源化利用、病死畜禽无害化处理、水质净化处理等高效专用技术装备。

2.3.4 积极推进农产品初加工机械化

2.3.4.1 推动高性能农产品初加工机械设备研发应用

以粮油和特色农产品产后烘干收储、果蔬保鲜干制、水产品分级保鲜、畜产品分割冷冻、茶叶精制为重点，聚焦薄弱环节和空白领域，推动节能干燥、绿色储藏、低温压榨、清洁分等分级及冷链物流关键技术与装备研发制造，制定健全技术标准，建立分区域、分产业、分规模的适配装备体系和技术模式。

2.3.4.2 推广绿色高效农产品初加工机械化技术

围绕粮食和油料初加工，重点发展太阳能、空气能等清洁能源烘干、机械通风储藏、烘储一体化设施机械化技术。围绕果蔬、畜禽及水产品等鲜活农产品，重点发展预冷、保鲜、冷冻、分级、分割、包装等仓储设施和商品化处理机械化技术。围绕农产品产后提质增效，重点推广以通风降水、低温储藏等技术为核心的粮食储藏设施、果蔬保鲜冷链物流设施机械化技术。围绕加工增值，重点推进面制食品、米制食品、特色杂粮制品、豆制品等乡村特色农产品加工机械的应用。

2.3.5 加快补齐丘陵山区农业机械化短板

2.3.5.1 推进适宜装备研发推广

积极发展丘陵山区农业生产高效专用农机，推动丘陵山区通用动力机械装备及特色作物生产、特种养殖需要的高效专用农机研发，增加装备供给。强化需求引领，积极争取财政投入和项目支持，推动产学研推用紧密结合，加快适用农机装备创新和机械化技术的推广应用。大力推进丘陵山区农机专项鉴定，加大农机新产品试验鉴定及购置补贴力度，加快适宜当地产业需求的农机具研发成果转化应用。表 2-2 列出了中国丘陵山区机械化生产技术装备的部分需求。

表 2-2　中国丘陵山区部分机械化生产技术装备需求目录

作物类别	名称	国内现状	国外情况
水稻	防泥水密封技术	南方水田作业机具以企业结构改进为主，没有专门的研究攻关，没有统一的技术方案与实验数据	防泥水密封技术较为先进，静配合件及运动部件的加工精度、配合精度等级选用较高；运动部件、密封件材料的耐磨性、耐久性、耐候性较好，密封可靠耐久
水稻、小麦、油菜等作物	适宜丘陵山区的谷物收获智能清选技术	智能清选技术处于起步阶段，南京农机化所在风机速度调控技术、清选筛自平衡技术方面取得了一定成果，但与国外还存在很大差距	美国约翰迪尔、凯斯以及德国克拉斯等大型收割机上都有成熟的智能清选技术，风场控制技术、清选筛自平衡技术、3D清选技术已得到应用
水稻、油菜等作物	水稻、油菜等作物收获状态信息获取与稻油联合收割机工作参数自动调节技术	联合收割机参数优化研究主要基于作物单一特定状态下进行，近年来根据作物状态信息获取技术逐渐受到重视，但还处于探索阶段，与国外机具在参数调节方便性及可靠性等方面差距明显	联合收割机自动化智能化程度较高，但主要应用在大型收获装备上，已实现损失率等收获质量实时监测和工作参数自动调整，中小型稻油收割机主要依据人工进行工作参数调节，但具有工作参数条件方便的特点
油料作物（油菜、花生、油茶等）	丘陵山区主要油料作物轻简高效收获技术	油菜、花生等油料作物收获装备研发主要集中在适于平原地区的分段与联合收获机上，适于丘陵山地小田块、坡地、黏重土壤的机具研发较少	以加拿大、美国、澳大利亚为代表的发达经济体油料作物机械化水平高，但这些国家土地资源丰富，基本种植在平原地区，未见国外规模化丘陵山区种植油料作物，没有可借鉴的油料作物丘陵山区轻简高效收获技术范例
马铃薯	马铃薯播种机取种防漏播及振动防重播部件	马铃薯播种机大都安装了振动器，但难以达到理想要求，使用者不能根据自身薯块特性调整到最佳状态	德国格立莫的取种器和振动器质量优于国内，调节方便，应用过程中漏种和重种率明显好于中国国产播种机
茶园	基于 WMCM、VR 体感遥控技术的丘陵山区茶园复杂地形区域自主作业技术	因地势复杂、公网信号差、干扰强，现有基于北斗导航的无人驾驶拖拉机或作业装备，对于以丘陵山区为主的农作物无法实现无人驾驶监控作业。针对丘陵山区茶园复杂地形区域的自主作业装备相关研究基本处于空白，短距离区域遥控、中小马力动力无级变速技术、视觉避障与路径规划等相关技术虽取得一定进展，但尚未达到产业化应用水平	该套技术及装备在国外并无相关研究

续表

作物类别	名称	国内现状	国外情况
牧草	打捆机打结器	市场尚无国产打结器供应，处于研发试验阶段的打结器主要问题有：一是成结率低，不足96%，用户不接受；二是可靠性差、寿命短，使用寿命7500捆（国际先进指标：打结器成结率≥99%，平均首次故障前工作时间≥12000捆，平均故障间隔时间≥50000捆），与国外差距明显	德国的打捆机打结器性能最为先进，C型、D型打结器技术已非常成熟，打捆率高，结构紧凑，工作安全可靠
通用	大安全角高功率密度低排放大扭矩发动机	未有相关研发，现有丘陵山区动力平台均依靠传统发动机，在长时间斜坡工作情况下会导致润滑不足、供油不稳、发热等问题。另外，电池能量密度小，不适宜丘陵山区的小体积大扭矩要求	在Fort的RD25型多用途履带拖拉机动力平台、Antonio Carraro的SN5800V折腰转向轮式拖拉机等一系列动力平台上均装备有相应的大安全角发动机。虽然这些国外发动机未必适应中国工作环境要求，但相关领域中国已远远落后
通用	小型HST液压无级变速器	已有厂家在研发相关产品，但温度与效率一直达不到国外水平	小排量HST技术成熟，效率可达80%~85%，中国产品效率较好的才达到75%左右
通用	小型多缸柴油机动力装置	多家柴油机厂有相应产品，但达不到国外（以日本洋马对标）产品性能指标，同指标下的产品尺寸与重量要大得多	小功率多缸柴油机已相当成熟，产品已形成系列，性价比高。代表企业有日本久保田和洋马、英国的帕金斯、意大利隆巴迪尼等。以日本洋马的3TNV76柴油机动力（25马力）为例，中国在小型多缸柴油机方面的技术差距还很明显
通用	丘陵山区绿色耕整地技术	已有耕整地机具尺寸和配套动力大，适宜丘陵山地节能振动深松、立式旋耕分层施肥、有机肥化肥混合深施等绿色耕整地技术研究较少	暂无国外情况
通用	丘陵山区农机自主导航技术	对农机定位技术、路径规划和路径跟踪等已有相关研究，实现了部分农机无人驾驶。但丘陵山地工作环境复杂、导航定位系统成本较高、高精度定位技术研究难度大，在此方面还没有形成较好的研究成果	主要针对大田环境大型装备进行定位导航研究，技术成熟。但针对环境较差的导航系统仍处于研究试验阶段

2.3.5.2　推进农田宜机化改造

深入开展丘陵山区农田宜机化改造需求摸底，根据丘陵山区地形、地质特点以及不同作物生产需求，完善丘陵山区农田宜机化改造评价规范标准，因地制宜明确田间道路、田块长度宽度与平整度等宜机化要求，提出适宜不同地形特点的改造技术方案。构建农田宜机化改造标准体系，强化投入成本与收益分析的测算分析。加大资金投入开展宜机化改造，持续改善农机通行和作业条件。

2.3.5.3　推进发展模式创新

积极发展"新型农业经营主体+全程机械化+综合农事服务中心""新型农业经营主体+适度规模+全程机械化""新型农业经营主体+规模化+特色优势产业+全程机械化"等机械化生产模式，引领丘陵山区农机社会化服务多样化发展。加快推动种养品种、栽培制度、养殖模式、生产规模及产后加工等全方位"宜机化"，努力实现良种良法良田良机良制相配套。加快提升丘陵山区农业机械化技术推广服务能力，通过政府订购、购买服务、招投标、定向委托、财政补助等方式，引导多元社会力量积极参与公益性技术推广。

2.3.6　加快推动农业机械化数字化、绿色化

2.3.6.1　推动智能农机装备技术创新

推动加快农机导航、农机作业管理和远程数据通信管理等技术系统集成，加强农机装备作业传感器、智能网联终端等关键技术攻关，推进农机作业监测数字化进程。围绕农田精细平整、精准播种、精准施肥、精准施药等技术，创制智能化机具装备，提升精准作业技术水平。推进北斗自动导航、ISOBUS、高压共轨、动力换挡、无级变速、新能源动力、机电液一体化等技术在农机装备上的集成应用，创新发展高端智能农机装备，推进畜禽水产养殖装备信息化、智能化，促进智慧农业发展。

2.3.6.2　示范运用智能化技术

积极引导高端智能农机装备投入农业生产，全面提升农机装备"耕、种、管、收"全程作业质量与作业效率。大力推广基于北斗、5G技术的自动驾驶、远程监控、智能控制等技术在大型拖拉机、联合收割机、水稻插秧机等机具上的应用，引导高端智能农机装备加快发展。推广农机智能装备在精准播种、精准施肥施药、精准收获等环节上的应用，推动设施园艺、畜禽水产养殖、农产品初加工的智能化装备应用。

2.3.6.3　推进机械化生产数字化管理

加快机械化生产物联网建设，推广应用具有农机作业监测、远程调度、维修诊断等功能的信息化服务平台，实现对重要农时机械化生产的信息化管理与调度。推广

应用手机 App、人脸识别、补贴机具二维码管理和物联网监控等技术，加快农机购置补贴业务全流程线上高效安全办理，不断提升农机试验鉴定、安全监理、质量监督等业务信息化管理水平，努力实现农机购置补贴、试验鉴定、安全监理、质量监督等数据信息互联互通，提升政策实施质量和效率。大力推进农机智能装备数据服务标准体系建设，引领农业机械化行业管理、农机作业监测、农机作业服务供需对接向数字化转型。

2.3.6.4　推进农机节能减排

加快绿色智能农机装备和节本增效农机化技术推广应用，推进农机节能减排，助力实施农业碳达峰、碳中和。以粮食和重要农产品生产所需农机为重点，实施更为严格的农机排放标准，减少废气排放。因地制宜发展复式、高效农机和电动农机装备，大力示范推广节种节水节能节肥节药农机化技术。加快侧深施肥、精准施药、节水灌溉、高性能免耕播种、废弃物回收及资源化利用等机械装备推广应用，减少种子、化肥、农药、水资源用量。培育壮大新型农机服务组织，提供高效便捷农机作业服务，提升作业效率，降低能源消耗。全面实施农机报废更新补贴政策，加快淘汰能耗高、损失大、安全性能低的老旧农机。

2.3.7　做强做大农业机械化产业群产业链

2.3.7.1　壮大农机作业社会化服务

培育壮大农机作业服务公司、农机合作社、农机服务专业户等农机服务主体，鼓励农机服务主体创新服务方式，推进农机社会化服务向农业生产全过程、全产业延伸。支持农机服务主体开展农业生产托管服务，推进农业适度规模经营，促进小农户与现代农业发展有机衔接。支持大中专毕业生、退伍军人、科技人员等创办领办新型农机服务主体，引导鼓励农机服务主体与家庭农场、种植养殖大户、农民合作社及农业企业等规模生产主体构建农业生产服务联合体，探索实现农机互助、设备共享、互利共赢的有效方式，提高农机使用效率。

2.3.7.2　推动农机经营、维修及零配件供应产业发展

引导农机现代流通体系良性发展，完善农机售后功能，提升农机售后服务水平，方便农民购买、维修、使用农机。严格落实国务院关于取消《农业机械维修技术合格证》的决定，制定农业机械维修服务规范，推动健全农机维修服务网，激发农机维修市场活力，为农机手提供便捷高效的维修服务。加强科学引领，推动形成便捷高效的

农机经营、维修及零配件供应网络。

2.3.7.3 加强农机手技能培训和职业教育

加大农机作业服务人员职业技能培训，充分发挥基层实用人才在推动技术进步和机械化生产中的重要作用。围绕提升作业服务能力，鼓励通过购买服务、项目支持或参加高素质农民培育计划和学历提升行动、大力发展农机化领域职业教育、培养农机使用一线"土专家"、扩大农机职业技能开发等多种渠道，支持农机作业服务组织培养农机操作、维修等实用技能型人才，建设规模宏大的农机实用人才队伍。

2.4　研发需求分析

目前，国产农机装备在技术上取得了较大进步，一些瓶颈被突破，与发达经济体的差距正在缩小，但"卡脖子"技术依然较多，并成为制约农机装备产业升级的关键因素。首先，工业基础设施和核心技术创新能力不足，对外依存度高。其次，信息化、智能化水平整体滞后。再次，产业结构待改善，低端制造业市场同质化竞争严重。最后，专业人才数量欠缺。由此形成了我国农机在关键材料与核心工艺、关键核心技术、智能化技术三大领域与国外的较大差距。如动力换挡离合器摩擦片、动力换挡离合器活塞回位碟形弹簧、高性能传动带、电控液压悬挂提升技术、大功率拖拉机电控悬挂驱动桥技术、无级变速变量泵马达技术、非道路柴油机电控高压共轨技术/非道路用发动机燃油喷射技术、非道路用发动机电控技术、农机装备传感器关键核心技术、电控单元（控制器）关键核心技术、传感器高性能芯片等"卡脖子"技术正成为制约我国农机智能制造、产品高端化的主要障碍。为此，需对农机装备产业研发需求进行深入分析。

2.4.1　我国农机装备的研发现状

随着农业发展的步伐加速，我国的农机装备产业也迎来了长足的发展，特别是在十一届三中全会以后，随着改革开放的实行，国家对农业越发重视，加大力度扶持农业发展，采取强有力措施积极推动农业机械化科技创新，引进国外先进技术，尤其是农机装备关键技术和设备的研发解决了农机装备较多的关键技术问题。现今，水稻种植和收获两个关键环节的机械化生产技术和装备研发取得突破，玉米收割机械化技术日益成熟，油菜、牧草、甘蔗收获、移动式节水灌溉等农业机械以及新型化耕作技术的创新研究都取得了重大进展。农机装备的实用性、安全性、可靠性进一步增强，农业机械的自动化、电子化、智能化程度也得到一定提高，我国已发展成为世界农机装备生产大国。在中华人民共和国成立初期，中国农业机械总动力仅为 8.2 万千瓦，拖拉机仅 200 余台，农业生产几乎全是人力手工传统生产方式，全社会 90% 以上的人从事农业工作，农机作业量少，农业生产力低下，粮食总产量仅有 1.2 亿多吨，人均粮食 210 千克，人民生活贫困，温饱都无法解决。现如今，中国农村农机总动力已经发展到 10 多亿千瓦，农用飞机超 230 架，作物保护无人机拥有量达 2.4 万多架。

当前，虽然中国农机装备产业发展迅速，但是由于高原、沙漠、平原和丘陵等自然条件和气候条件以及经济水平的差异，农业机械化发展不平衡，农机装备也呈现多样化趋势，农机品种、规格和样式不多，质量以及性能也不稳定；施工区域的地理环境和道路条件又要求农业机械设备具有高度的移动性、安全性和适应性，农业机械的外形尺寸和重量都受到了严格限制。而且农业机械产品的可靠性、耐久性、舒适性、产品整体造型、智能性以及电控系统等都与美、英、法、德等发达经济体有很大差距，中国农业机械现代化要想全面实现，在研发方面仍有很长的道路要走。

2.4.1.1　农机产品核心技术水平薄弱

当前，中国已研发出多种具有极强竞争优势的产品种类，但农机装备产品在国际竞争中"大而不强"，自主创新能力依然不足。

1. 基础研究薄弱

中国农机长期以来以引进－消化－吸收的创新模式为主，80% 以上的农机技术来自国外，核心零部件长期依赖进口，导致缺乏大量基础共性技术的历史累积，整体农机产品技术水平与全球农机强国相比至少存在 30~40 年的差距。如国外先进拖拉机产品早已在各个功率段上普遍应用静液压无级变速（HST）、动力换挡自动变速（PST）和液压机械无级变速（HMCVT）等先进技术。而由于制造工艺和机电液集成开发能力的限制，中国拖拉机企业尚未完全实现 HST、PST 和 CVT 等关键技术的突破，国产拖拉机仍以手动换挡变速器（MT）为主。美国于 1976 年开始生产纵轴流谷物联合收获机，而中国直至 2011 年才有国产纵轴流谷物联合收获机问世。表 2-3 列出了中国主要农作物机械化生产技术的薄弱环节。

表 2-3　中国主要农作物机械化生产技术薄弱环节目录

作物类别	类型	名称	国内现状	国外情况
水稻	重要零部件	水稻联合收割机变速箱	国内对液压无级传动变速箱的研究较少，目前处于研究探索阶段。国内水稻联合收割机采用的是液压驱动机械换挡变速箱，无法满足自动控制要求	国外水稻联合收割机大多采用 HST 变速箱，部分采用 HMT 变速箱。约翰迪尔的 R40 型通用谷物联合收获机配备 HST 液压无级变速行走装置。久保田公司的 PRO100 型联合收割机采用 HMT 变速箱，相较于 HST 变速器，其效率可提升 15% 以上、峰值效率可达到 85%、燃油经济性提高 10%~15%。
	重要零部件	插秧机栽植臂总成	国内相关企业已可以自主生产插秧机栽植臂总成，各类零部件基本实现了国产化，但在作业质量、使用寿命、故障率等方面与国外产品仍有一定差距	国外水稻栽植臂零部件生产工艺和设计技术处于领先水平，插秧机栽植臂总成质量性能较好、发生故障概率较小。如日本的久保田乘坐式高速插秧机采用新型插秧机构，减小了齿轮间隙，提高了传动精度，减轻了回转的振动，可实现高精度插秧
	核心关键技术	水稻大钵体毯状苗机械化插秧技术	国内科研机构及企业针对钵体毯状苗机插做了相关研究，正处于样机与技术推广阶段。中国农业大学研究提出了大钵体毯状苗机械化育插秧技术，并在现有插秧机基础上进行了改进设计	国外尚无此类产品，其中日本、韩国水稻生产技术装备主要适应常规毯状苗；欧洲、美国以直播稻为主，因此均没有类似技术
	核心关键技术	杂交稻单少株育插秧技术	国内针对杂交稻精准育秧流水线、单少株精准插秧机进行研究，处于样机或小批量生产阶段，但存在育秧效率低、精度有待提高等问题，精准切块取苗、移栽等一些关键技术尚未攻克	日、韩水稻生产主要以常规粳稻为主，欧洲、美国以直播稻为主，因此均没有类似技术
	核心关键技术	水稻无人机精量直播技术	国内水稻无人机播种研究处于起步阶段，主要以企业和院校为主。国内珠海羽人、极飞科技、深圳高科新农、大疆农业、华南农业大学等企业院校已开发出播种无人机，但目前用于无人机挂载的播种装置大多以离心圆盘式撒播为主，播种质量难以保证	国外尚无此类技术，美国部分产区采用有人驾驶的固定翼飞机进行飞播作业
	核心关键技术	防泥水密封技术	南方水田作业机具以企业结构改进为主，没有专门的研究攻关，没有统一的技术方案与实验数据	国外防泥水密封技术较为先进，静配合件及运动部件的加工精度、配合精度等级选用较高；运动部件、密封件材料的耐磨性、耐久性、耐候性较好，密封可靠耐久

续表

作物类别	类型	名称	国内现状	国外情况
玉米	重要零部件	气力式玉米单粒精量排种器	国内气力式排种器已有相关产品，但大多以仿制为主，缺乏统一的技术标准，可靠性较差，在12千米/小时的高速作业条件下播种质量与国外相比还有差距	国外气力式玉米单粒精量排种器主要以气吸式为主，其中以Precision Planting、John Deere、Maschio、Horsch公司产品为主，投种均匀一致，在作业速度12~15千米/小时下仍能保证很高的播种精度
	重要零部件	高性能机械式排种器	国内品牌播种机使用的指夹式排种器大部分来自美国的Precision Planting公司和KINZE公司，国内企业虽有生产，但夹指弹簧疲劳损坏核心问题没有解决，可靠性较差	国内外指夹式排种器的差距主要在于可靠性和使用时间上，以美国的Precision Planting公司和KINZE公司为代表的企业产品可以很好适应6~8千米/小时的作业速度，粒距合格指数达到90%以上，性能先进，作业可靠性好，故障率低，但结构较复杂
	重要零部件	玉米籽粒低破碎脱粒装置	脱粒装置是籽粒收获机的核心部件，目前国内玉米籽粒收获面积较少，仅在西北地区技术相对成熟，在东北、黄淮海、西南山区籽粒收获时，籽粒含水率多在28%以上，破碎率高	玉米收获基本采取籽粒收获，但由于基本上是一年一作，收获时籽粒含水率达22%左右，破碎率相对偏低，国外籽粒收获机在国内作业同样存在破碎率高的问题，与国内机器基本没有差别
	重要零部件	高速投种装置	国内播种机以导种管投种为主，已有科研机构及企业开始研究高速投种机构，但仍处于探索研究阶段，尚未形成产品	国外以美国Precision Planting公司、John Deere公司为代表，目前高速投种装置已成为国际主流厂家的高配产品并广泛应用
	重要零部件	播种质量检测及播种压力调控装置	国内已有播种质量检测装置，但在田间灰尘作业条件下易失效，性能不稳定。同时，播种压力传感、漏播检测、播深控制等方面的研究刚刚起步	目前，播种质量检测属于国际主流厂家产品的标配，播深调节属于国际主流厂家产品的高配，均已广泛应用于产品中，技术相对成熟
	重要零部件	免耕播种机切草盘等入土作业部件	国内免耕播种机相关入土作业部件耐磨性差、使用寿命短，有的使用寿命只有国外进口产品的1/3~1/2，因此不少国内品牌免耕播种机切盘大量进口国外产品	国外生产的入土部件耐磨性好、使用寿命长

续表

作物类别	类型	名称	国内现状	国外情况
玉米	核心关键技术	探墒播种技术（播深在线调控技术）	国内刚刚开始探索研究，如中国农业大学研发了基于可见－近红外光谱的播种沟内土壤墒情检测装置，并对现有的手动播深调节机构进行电控改进设计，目前处于探索阶段	仅美国 Precision Planting 公司研发的 Smart Depth 系统具备探墒播种功能，播种过程中在线检测土壤墒情、实时动态调控播种深度，适应 12 千米/小时以上的高速播种作业。该系统能很好地保证苗齐苗壮，增产幅度达 5%，但受美国高新技术产品贸易保护影响，为高加密高限制出口产品
	核心关键技术	高效清选技术	清选能力不足制约着收获机向大喂入量方向发展，高含水收获时芯轴易破碎影响籽粒含杂率，国内研究多集中于小喂入量，目前主流收获机喂入量在 8~10 千克/秒	国外大型收获机喂入量已经突破 40 千克/秒
	核心关键技术	收获机作业参数与质量在线检测技术	国内在收获滚筒损失、清选损失、籽粒破碎等收获性能与作业参数检测技术的研究已经起步，但仍处于初级阶段，技术还不成熟，对于损失的监控、提醒和控制还没有相应的控制程序	丹麦技术比较先进，可根据作物颗粒的大小，通过检测仪器给出准确率达 95% 的数据；同时可以通过程序协同，将损失数据检测和收割机行走速度进行关联，控制整机收获效率，减少损失
	核心关键技术	收获作业参数自适应调控技术	自适应调控技术主要根据收获策略（质量优先、效率优先等）和田间状况（平坦地块、丘陵地）自动调整姿态与作业参数，目前国内尚未开展此类技术研究	德国 CLASS 公司的 CEMOS 系统相对成熟，已广泛应用
小麦	核心关键技术	小麦高速精量免耕播种技术	国内现有小麦免耕播种机主要采用动力驱动方式防止秸秆堵塞，不能实现高速作业；小麦精量播种技术研究较多，但排种器作业性能有待提高，不能在秸秆覆盖条件下实现小麦高速精量免耕播种作业	国际上的小麦精量播种机可实现小麦精量排种，结合基于农田处方图的播种控制系统，可实现播种量的精确控制。在秸秆覆盖条件下，国外也缺乏实现小麦高速精量免耕播种作业的技术与装备
	核心关键技术	小麦低损收获关键技术	国内小麦主产区作业的联合收获机机型主要是喂入量为 6~8 千克/秒的横轴流联合收获机和少量 8~10 千克/秒的纵轴流联合收获机，喂入量为 4~6 千克/秒的履带式联合收获机主要应用在南方稻麦区和跨区作业生产。全国小麦平均收获损失率为 4.7%，远高于国外农业发达经济体小麦收获损失率	国外发达经济体小麦联合收割技术已经成熟，当前以发展大型全喂入式轴流或切流联合首个技术为主，正朝着精量化、高效化和智能化方向发展。大功率发动机、智能监控系统和 GPS 辅助系统在联合收获机获得广泛应用，同时对割台、脱粒、分离、清选和集粮等装置关键部位不断进行技术改造和创新

续表

作物类别	类型	名称	国内现状	国外情况
马铃薯	重要零部件	马铃薯播种机、收获机入土部件	国内多数企业都有研发且质量逐年提升，主要是热处理与定型成型制造手段缺乏，产品形状一致性较差；耐磨材料及涂层技术不过关，使用过程中触土耐磨部件寿命较短；部件形状和表面质量差，造成入土阻力较大	德国的此类产品最为先进。国外进口部件形状结构一致性较好，并增加了表面耐磨、耐腐蚀涂层处理，既能延长使用寿命，也能起到减阻效果。国外入土部件寿命能达到4~5个作业季，而国产仅有1~2个作业季且开沟阻力相对较大
	重要零部件	马铃薯播种机取种防漏播及振动防重播部件	国内马铃薯播种机大都安装了振动器，但难以达到理想要求，使用者不能根据自身薯块特性调整到最佳状态	德国格立莫的取种器和振动器质量优于国内，调节方便，应用过程中漏种和重种率明显好于国产播种机
	重要零部件	分离分选输送橡胶防损伤部件	对橡胶性能和涂敷研究较少，造成输送薯土藤蔓分离、分选等过程伤皮率高，土薯分离部件等相互碰撞内伤严重，橡胶老化快、使用寿命短	德国格立莫的此类产品最先进，国内产品在使用寿命、防伤皮等作业效果上与国外产品存在较大差距
	核心关键技术	马铃薯播种作业智能监控技术	国内院所、高校对马铃薯播种时漏种监测、播深监测等均有研究，但没有达到应用程度。表现为开放工况下振动、光照、潮湿等造成检测性能不稳定	美国的此类技术最为先进，已基本实现了关键环节的精准监控，误差小、速度快。国内外差距主要存在于振动防重播、播深监测、漏播监测与快速补偿以及监测稳定性方面
油菜	核心关键技术	黏重土壤条件下的播深控制技术	国内机具有简单的机械式播深自动调节装置，但存在响应慢、调节粗放、控制不精确等问题，依据地面硬度、水分等信息控制播种深度的智能化技术缺乏	德国、意大利旱地播种播深控制技术先进，检测、控制较准确，但不能完全适应黏重土壤的播深控制
	核心关键技术	油菜脱粒和清选损失监测技术	国内研发刚刚起步，南京农机化所、江苏大学、中国农机院等多家机构都在研发，但都处在试验验证阶段，研发的检测传感器精度低、抗干扰能力弱、稳定性差	美国、德国油菜收获机均安装有损失监测系统，实现了损失等收获质量实时监测和工作参数自动调整，对环境噪声抗干扰能力强，性能稳定
	核心关键技术	油菜（水稻）联合收获机工作参数自动调节技术	国内在稻油联合收获机参数优化方面的研究主要基于作物单一特定状态下进行，近年来根据作物状态信息获取技术逐渐受到重视，但基本处于探索阶段	国外联合收割机自动化智能化程度较高，大型收获机械已实现了工作参数自动调整，中小型收割机主要依据人工调节，但也具有工作参数条件方便的特点。国内适应丘陵山区的中小型稻油联合收获机与国外机具在参数调节方便性及可靠性等方面差距明显

作物类别	类型	名称	国内现状	国外情况
花生	核心关键技术	气力式花生精量高效排种技术	南京农机化所、青岛农业大学等开展了气吸式花生精量播种技术研究，但目前在生产上尚未得到应用，普遍处于试验研究阶段，存在排种不稳定、伤种率高、作业速度低等问题	美国气力式花生精量播种技术应用最为普遍，技术也最先进，其作业幅宽可达 12 行、8.4 米以上，作业速度可达 13 千米 / 小时。目前国产技术与美国的差距主要体现在橡塑和金属等材料技术落后、电气技术落后、精密加工制造技术水平低以及自留种导致品种与设备不匹配等方面
	核心关键技术	花生收获果土分离技术	我国花生以直立性品种为主，现有机型作业后带土率、含杂率较高，果土分离不彻底，对黏重土壤适应性较差。国内已有科研机构对果土分离清选技术进行了大量研究，但多集中于经验设计和试验优化，针对适宜国内花生种植环境的果土分离机理尚需进一步研究	国外果土分离结构原理主要有链杆振动式和链条加持两种输送去土方式。以美国为代表的发达经济体以匍匐型花生品种为主，大型挖掘机清土、翻晒效果好。国内花生以直立型为主，装备可借鉴性不强
大豆	重要零部件	大豆精密播种气力式排种器	东北农业大学、中国农机院、河北农哈哈、山东大华、德邦大为、康达等科研院校和农机企业已开展了大豆气吸式排种器研制，能够基本实现气吸排种、精量播种作业，但仍存在漏播、重播、排种器堵塞等问题	德国雷肯、阿玛松，美国约翰迪尔、凯斯，意大利马斯奇奥等国际农机企业更为先进，多采用气吸式高速精密排种技术且制造工艺相对较好，排种器、电驱式输种系统作业质量好、作业稳定
	重要零部件	大豆柔性脱粒滚筒	南京农机化所、山东亚丰针对大豆收获开展了低损柔性脱粒部件研究，研制了螺旋柔性脱粒滚筒、大直径单纵轴流锥形滚筒、柔性弓齿闭式脱粒滚筒等，相对采用稻麦收获机普通钉齿、纹杆脱粒滚筒，破碎率低，但仍与国外品牌机具在破碎率、作业效率上有差距	约翰迪尔、凯斯、克拉斯等收获机更为先进，多采用直径 610 毫米单纵轴流脱粒滚筒，前端脱粒、后端分离；约翰迪尔采用"切流脱粒滚筒"+"键箱逐稿分离装置"形式，脱粒分离效果更佳，普遍破碎率低、作业效率高
	重要零部件	大豆收获仿形割台	南京农机化所、山东亚丰开展了大豆收获机仿形割台研究，设计了地形变化放大机构、仿形机构、液压调控系统等关键部件，开发了割台高度自适应调控系统，研制了大作业幅宽挠性割台、液压仿形割台等，可实现大豆收获机割台上下随地仿形、割台左右高度在线调控，但作业过程仍存在留茬高度跳动大、割台高度控制不顺畅、割台铲土等问题	约翰迪尔、凯斯、克拉斯等企业生产的收获机仿形割台更为先进，其仿形机构和割台整体的制造工艺和可靠性更好、仿形调控策略更具优势，仿形割台整体作业性能更好、作业质量更稳定

续表

作物类别	类型	名称	国内现状	国外情况
大豆	重要零部件	大豆联合收获低破损籽粒输送部件	南京农机化所针对大豆收获开展低破损籽粒输送关键部件研制，构建了气力式卸粮装置、勺链式籽粒提升装置等，相对现有稻麦收获机绞龙输送，破碎低、输送效率更高，但尚未市场化应用	日本井关、奥地利温斯特泰格、德国 HALDRUP 等收获机针对大豆籽粒输送系统更为先进，大豆籽粒从进入割台到进入粮箱前均采用输送带输送，采用气力式输送进行卸粮装袋，整机输送部件衔接合理、籽粒破碎少
	重要零部件	大豆机收清选筛	南京农机化所针对大豆收获开展高效清选技术研究，对上筛鱼眼筛、贝壳筛、鱼鳞筛等，下筛圆孔筛、网筛等不同组合进行试验研究，测试了不同清选筛对大豆收获的适应性	约翰迪尔、凯斯、克拉斯等大型轮式收获机更为先进，主要体现在清选筛面积大、下筛振动频率匹配合适、风机风道结构合理、气流均匀，清选损失低、含杂低；约翰迪尔采用键箱逐稿分离装置，脱粒后加强秸秆和籽粒分离效果，夹带损失少、含杂低
	重要零部件	大豆联合收获机滚筒转速、脱粒间隙调节机构	南京农机化所、山东亚丰等开展了大豆脱粒作业参数调控技术研究，设计了脱粒滚筒转速调节机构、脱粒间隙调节机构，基本实现手控按键调节；下一步将完善基于作业质量调控策略，实现在线自适应调节	约翰迪尔、凯斯、克拉斯等轮式收获机基本配置了滚筒转速、脱粒间隙调节机构，可通过手柄一键操作，相对国产技术，其调节机构与整机作业部件匹配性好、调节顺畅、可靠性高
	重要零部件	大豆联合收获机风机转速、筛片开度调节机构	南京农机化所、山东亚丰等开展了大豆清选作业参数调控技术研究，设计了风机转速调节机构、筛片开度调节机构，基本实现手控按键调节；下一步将完善基于作业质量调控策略，实现在线自适应调节	约翰迪尔、凯斯、克拉斯等轮式收获机基本配置了风机转速、筛片开度调节机构，可通过手柄一键操作，相对国产技术，其调节机构与整机作业部件匹配性好、调节顺畅、可靠性高
	重要零部件	大豆机收作业质量检测系统	南京农机化所、中联、雷沃等开展了谷物收获机作业质量检测系统开发，研制了破碎含杂检测传感器、谷物损失率检测传感器及系统。目前，中联、雷沃的作业质量检测系统处于样机生产阶段；南京农机化所与江苏省农业机械鉴定站开展合作，机收作业质量检测系统进入规模化试验和推广阶段	凯斯、克拉斯等收获机的机收作业质量检测技术研究较早，生产的收获机多配备损失率检测传感器，可对收获机作业质量进行提醒报警，相对国产检测系统，其检测模型和策略更为成熟，可应用于实际田间收获作业

续表

作物类别	类型	名称	国内现状	国外情况
甘蔗	核心关键技术	糖厂原料蔗除杂技术	我国糖厂大多采用"一步法"制糖工艺，切段式机收的蔗段含杂率较高，影响"一步法"制糖工艺的顺利运行。入榨前对切段机收的原料蔗进行除杂，可以提高糖厂入榨机收蔗的比例，有利于推进甘蔗技术的发展。华南农业大学和洛阳辰汉等开展了一些有关研究	国外多采用"二步法"制糖工艺，对机收蔗段含杂率要求比较宽松，目前没有相关技术
	重要零部件	甘蔗收割机液压元件	甘蔗收割机由于体型大、传动路线长，采用大量液压技术。国产液压元器件质量稳定性较差，据测算，国内一些厂家的甘蔗收割机使用国外液压件占到总成本的近50%	国外产品质量稳定性好，但价格远远高于国产件
	重要零部件	甘蔗砍蔗底刀和切段刀	国内产品质量较差、使用寿命短，磨损后极大影响砍切质量，从而影响甘蔗宿根蔗的生长	国外产品质量远胜国内产品，很多生产厂或大用户都到国外或我国台湾地区购买刀片
通用	重要零部件	农用柴油机	我国已有相关产品，但存在动力性和强化程度差、排放（环保）水平较低、可靠性和耐久性差等问题	国外农机配套的主流柴油机功率一般在28~33千瓦/升，动力性较好，平均无故障时间一般约为2000小时，而国内产品约为1200小时
	重要零部件	滴灌系统支/毛管压力调节装置、卷盘式喷灌机水涡轮	国内市场上没有用于大规模滴灌系统的支/毛管压力调节装置。国内用于卷盘式喷灌机的水涡轮产品水力损失大、效率低（作业效率约为35%），导致喷灌机能耗及成本高	美国雨鸟公司、Hunter公司、以色列Netfim公司拥有成熟的支/毛管压力调节技术与装置。在水涡轮技术方面，意大利、奥地利、美国等研发的水涡轮水力损失小、综合效率超过50%
	重要零部件	全秸秆地免耕播种防堵部件	东北农业大学、中国农业大学、中国农机院、中国一拖、河北农哈哈、山东大华、德邦大为、吉林康达等科研院校和生产企业开展了防堵部件研发，研制了不同型式的开沟器、分草器、拨草轮等，能够基本实现免耕播种作业，但对于全麦秸地适应性较差、作业质量不稳定，仍存在缠草堵塞、架种、晾种问题	美国Great Plains公司、阿玛松、凯斯、意大利马斯奇奥生产的播种机防堵性能更加优越，多采用圆盘式开沟器破茬切土或多梁结构增大开沟间距解决秸秆覆盖还田下免耕播种机堵塞问题，其防堵部件可靠性高、作业通畅，整机作业稳定

作物类别	类型	名称	国内现状	国外情况
通用	核心关键技术	播种作业质量检测技术	南京农机化所、德邦大为、沃尔农装等开展了播种作业质量监测系统研发，南京农机化所研制的作业质量检测系统可实现种肥堵塞、漏播漏排肥等异常状态报警以及播量、肥量、作业田亩、种沟深度等数据检测；德邦大为研制的作业质量检测系统可进行漏播报警，并可计算每行播种株数；沃尔农装 BJQ-18 播种监视器可实现支持重播、漏播以及断条故障检测，最多可同时监测 18 行种管工作状态	德国雷肯气力式精量播种机 Solitronic 系统、凯斯 Precision Air 系统等更为先进，主要表现在监测数据多、监测效果稳定且可实现作业参数调控功能。雷肯播种机可同步进行 PTO 轴监控、拖拉机行走监控、播种质量监控、播种量调控、开沟器压力在线调控等；凯斯播种机可实现播种量、漏播等播种性能监测，同时加装的 FlexControl 监控器可对单个种箱里的物料流速、地速、风机转速进行监控，确保气力均匀播种
	核心关键技术	谷物收获作业智能检测技术	国内品牌谷物联合收获机还没有应用智能检测技术，不能对收获损失（滚筒损失、清选损失）、收获含杂、籽粒破碎、含水率、蛋白含量、喂入率、粮仓实时参数等涉及收获性能与作业的参数进行检测	国外克拉斯、凯斯、道依茨、洋马、久保田等企业的脱粒清选系统能够实现智能化控制，根据喂入情况自动调节，从而减少收获损失
	核心关键技术	节水灌溉技术	从 20 世纪 90 年代开始大力发展节水灌溉，在灌溉设备、传感技术、通信技术到控制算法和软硬件涉及与开发等方面取得了重大进展，但在推广应用中还存在系统不够稳定、功能较为单一等问题	与国外相比技术还有差距，尤其是在基础建设与相关配套技术深度融合、农业大数据应用、智能化等方面差距较大
	核心关键技术	平移式喷灌机注肥及水肥一体化控制技术	机组式喷灌和施肥是农作物集约化生产最高效的灌溉施肥方式。受国内农业经营生产规模偏小等因素限制，平移式喷灌机等自走式喷灌及水肥一体化系统在小麦生产中的应用还不够广泛。精准注肥装置及水肥一体智能控制系统研发滞后，国内多采用传统方式撒播化肥，肥料利用率仅约 35%，虽然已开展相关技术研究，也有一些产品，但推广应用不够广泛	美国等广泛采用圆形喷灌机、平移式喷灌机等大型机组，进行大规模田间灌溉和水肥一体化作业，水肥控制精准，灌溉施肥效率高，水肥一体化技术大幅提升了肥料利用率、降低了化肥施用量

2. 研发投入与成果转化不足

中国农机企业扎堆投入，且农机技术创新的高投入、高风险导致企业研发投入动力不足。据统计，中国农机企业研究与试验发展经费投入强度低于2%，而美国已达到3.8%，中国建立研发部门的农机企业不足5%，建立较为完善的技术体系的企业不足1%；产学研推用协同性不强，重成果研究、轻技术集成，导致单项成果多、集成工程产业链的应用成果少；理论成果多，转化应用解决实际问题的成果少；资源投入多部门并行，缺乏整体协调，导致资源利用率偏低。

3. 可靠性差，平均故障间隔时间（MTBF）相差近1倍

由于基础零部件质量、材料性能、制造和装配工艺的差别以及信息化、智能化程度的差异，拖拉机、联合收割机等国产农机产品的平均故障间隔时间不到国际先进企业同类产品的2/3，"故障率高、可靠性差"已成为国产农机产品的"标牌"。尤其是电控比例液压阀、负载反馈变量泵、低速大扭矩液压马达等核心基础液压零部件，高强度传动带、专业植保喷头、低压阻尼喷头等常用标准件，与进口产品的可靠性相差很大，国产的高端农机产品也几乎完全采用进口零部件。

上述因素严重制约中国农机产品技术的发展，导致农机产业核心零部件严重依赖进口、新兴技术掌控力不足、支撑高端农机的技术储备不足、技术创新的协同运作不畅等，抑制了中国农机技术向高水平、高层次发展，在日趋激励的国际竞争形势中处于劣势。以约翰迪尔公司为首的具有国际品牌的农机企业拖拉机国际市场占有率近七成、联合收割机市场占有率达八成，国际农机巨头在产业内的独占抑制了中国农机企业创新的积极性，易陷入模仿、跟踪的僵局。表2-4列出了中国农机装备重要零部件国外依赖情况。

表 2-4　中国农机装备重要零部件国外依赖情况目录

机具名称	零部件名称	主要进口国	是否存在"卡脖子"可能	国内有无可能替代
无级变速拖拉机、动力换挡拖拉机、机械换挡拖拉机	220马力以上前驱动桥	意大利	是	无
	大进气量空气滤清器	美国	否	有
	多功能扶手操纵台	瑞典	是	无
	电控硅油离合器风扇	美国	否	有
	制动泵	美国	否	有
	双模数手油门	瑞典	是	无
	扭转减震器	德国	否	有

续表

机具名称	零部件名称	主要进口国	是否存在"卡脖子"可能	国内有无可能替代
无级变速拖拉机、动力换挡拖拉机、机械换挡拖拉机	摩擦片	奥地利、美国	否	有
	碟形弹簧	德国	否	有
	波形弹簧	德国	否	有
	O形圈、密封环	德国	否	有
	滚针轴承、锥轴承	日本、德国	否	有
	同步器	意大利	否	有
	转速传感器	美国	否	有
	力传感器	德国	否	有
无级变速拖拉机、动力换挡拖拉机、机械换挡拖拉机	角度传感器	德国	否	有
	双排量转向器	德国、白俄罗斯	否	有
	PDU保险盒	意大利	否	有
	双级优先阀	德国	否	有
	比例溢流阀	美国、德国	否	有
	比例减压阀	美国、丹麦	否	有
	吸回油滤油器	德国、美国	否	有
	负载敏感变量泵	德国	是	无
	液压马达	德国	是	无
	一体式泵马达	德国	是	无
	负载敏感多路阀	德国	否	有
	电控悬挂系统	德国	否	有
	湿式离合器	美国、韩国	否	有
	快速挂钩	意大利、英国	否	有
	车规级TCU主控芯片、比例阀驱动芯片	德国	是	无
柴油机	燃油泵、共轨管	德国、日本	否	有
	喷油器	德国、日本	是	有
	ECU	德国、日本	是	有
	柴油机后处理催化剂	德国、英国	否	有
	柴油机后处理载体	日本、美国	否	有
	传动皮带	美国、日本	否	有
	离合器摩擦片	美国	否	有

续表

机具名称	零部件名称	主要进口国	是否存在"卡脖子"可能	国内有无可能替代
柴油机	HPU 密封板	日本	否	有
	轴承	日本、美国	否	有
	碳化硅载体	美国、日本	是	无
液压翻转犁	高端犁的液压系统	德国	是	无
	犁尖、犁铧	德国、法国	是	有
驱动耙	凸轮传动轴	英国	是	有
旋耕埋茬起浆平地联合作业机	高性能旋耕埋茬刀、水田耕作自动平衡控制系统	日本	否	有
播种机	指夹式排种器	美国	是	无
	气吸式排种器	美国、意大利、挪威、德国	是	有
	电驱排种器	美国、意大利、挪威	是	无
	风机	意大利、土耳其	是	有
	衬套	德国	是	有
	播种质量检测与播种压力调控装置	瑞典、美国	是	有
	播深调节机构	美国	是	无
	圆盘开沟器	西班牙	是	有
乘坐式高速插秧机	发动机	日本	是	有
	泥水组合油封	日本	是	无
	HST（13/23 排量）	美国	是	有
	齿轮泵	日本	是	有
	插植万向轴	日本	是	无
	高速重载轴承	日本	是	无
	高速弹簧钢丝	日本	是	无
动力喷雾机	GX35 通用汽油机	泰国	是	有
静电喷雾机	高压荷电有气喷嘴	美国	是	有
大型自走式喷杆喷雾机	变量施药控制系统、喷嘴、阀、传感器等	美国、德国、意大利	是	有
	液压马达、比例阀	美国、德国	是	有
	喷杆自平衡悬架装置及电子控制器	美国、加拿大、德国	是	有

续表

机具名称	零部件名称	主要进口国	是否存在"卡脖子"可能	国内有无可能替代
轮式谷物联合收割机	行走变量泵和定量马达	美国、丹麦	否	有
	行走变量泵密封件	日本、德国	否	有
	挠性弹簧钢板	印度	是	无
	低速大扭矩马达	法国	是	有
	使能电磁阀	德国、美国、丹麦	是	有
	滤清器/高压过滤器	美国	否	有
	AI控制器芯片	美国	是	有
	谷物取样器	美国	是	有
	谷物流量传感器、计亩仪、称重器	意大利、美国	否	有
	含水率传感器	意大利、美国	否	有
	脱粒、清选损失传感器	意大利、丹麦、美国	否	有
大豆联合收获机	风机转速及筛片开度调节机构	美国、德国	是	有
	滚筒转速、脱粒间隙调节机构	美国、德国	是	有
	机收清选筛	美国、德国	是	无
	低破损籽粒输送部件	日本、奥地利、德国	是	无
	大豆挠性割台中的挠性弹簧钢板	印度	否	无
	柔性脱粒滚筒	美国、德国	是	有
采棉机	光线传感器	美国	是	无
	压力传感器	德国	是	无
	角度传感器	瑞士	是	无
	霍尔转速传感器	德国	是	无
	采棉机控制器	芬兰	是	无
	制动阀	美国	是	无
	磁感应	美国	是	无
	底盘后桥（驱动转向桥）	意大利	是	无
	液压马达	丹麦、德国	是	无

机具名称	零部件名称	主要进口国	是否存在"卡脖子"可能	国内有无可能替代
采棉机	插装阀芯	美国	是	无
	闭环控制的电液比例负载敏感多路阀	德国	是	有
	摆线马达	美国	是	无
	打包马达	法国	是	无
	打包皮带	美国	是	无
青饲玉米收获机	切碎滚筒动刀	奥地利	是	有
	金属探测器	德国	是	无
	电磁阀	意大利	是	无
	控制器	美国	是	有
	液压马达	美国	是	无
	液压泵	美国	是	无
打（压）捆机	打结器	德国	否	有
烘干机	多功能智能水分检测仪	日本	是	无

2.4.1.2　农机产品技术水平参差不齐

根据中国农机产品贸易竞争力，农机产品可大致分为以下三类。

（1）微弱竞争优势产品。田间管理机械和其他动力机械，如卷盘式喷灌机还处在仿制赶超阶段，国外半自动和全自动移栽机已得到普遍应用，但中国移栽机近几年才有所应用和发展，实际机械化应用水平不到20%，国产自动移栽机还处于空白。

（2）较强竞争优势产品。农产品初步加工机械、种植施肥机械、收获机械、收获后处理机械和畜牧机械，如60行大型播种施肥机、10千克/秒喂入量智能稻麦联合收获机、6行智能采棉机、高含水率玉米收获机等重大机械实现了自主化，基本解决了水稻、小麦、玉米、马铃薯、棉花、大豆、油菜、甘蔗等主要农作物高质高效机械化生产技术瓶颈。

（3）极强竞争优势产品。耕整地机械、农用搬运机械和动力机械，如中国井用潜水泵具有效率高、结构紧凑、级数少、成本和能耗低等特点，主要技术指标已达到国际领先水平。可见，中国农机技术水平从研究空白到国际高端均有分布，呈现参差不齐的特点。

中国生产的农机产品可满足国内 90% 的市场需求，但聚焦于中低端产品，不足国际先进水平的 5%，高端农机严重依赖进口，严重制约了中国农机产品在国际市场上的竞争力。经整理，国内外农机关键技术指标如表 2-5 所示，从表中可看出中国农机技术水平偏低、农机的质量和可靠性等方面与国际先进水平存在较大差距。表 2-6 列出了中国农机装备制造产业短板及关键核心技术发展方向。

表 2-5　国内外农机关键技术指标对比

关键技术指标	国外情况	中国	差距
机械化水平	美国：1954 年全面实现机械化 加拿大：20 世纪 60 年代全面实现机械化 日本：1982 年全面实现机械化 韩国：1996 年全面实现机械化	2025 年基本实现机械化 2035 年全面实现机械化	半个世纪以上
动力换挡技术	1970 年美国采用	2014 年研发	44 年
闭心式液压系统	1961 年美国采用	2010 年应用	49 年
大马力拖拉机	1980 年美国生产 250 马力	2015 年生产 240 马力	35 年
纵轴流谷物收获机	美国 1976 年生产割幅 6 米、230 马力	2011 年生产割幅 5.3 米、220 马力	35 年
平均故障间隔时间（MTBF）	20 世纪 80 年代意大利菲亚特公司拖拉机 MTBF 350 小时	2017 年生产拖拉机 MTBF 330 小时	30~40 年
农机作业效率	2016 年美国亩均动力 0.06~0.07 千瓦	同期中国亩均动力 0.41 千瓦	约 6 倍

表 2-6　中国产业短板及关键核心技术发展方向

类别	重点产品	关键核心技术	发展目标
农用动力机械及通用机械	新型拖拉机	动力换挡技术；机械液压无级变速传动技术；电液控制与总线控制技术；新型节能环保发动机与传动系相匹配技术	填补技术空白，达到国际先进水平，力争"十四五"末试制成功并实现量产
	电动拖拉机	动力电池及管理系统 BMS；低速大扭矩轮边电机技术	填补技术空白
种植业机械	水田自走式喷杆喷雾机	无级变速轻型底盘制造技术；变量施药技术；喷杆自动控制技术；自动导航和无人驾驶技术；同辙转向技术和静电喷雾技术	自主制造，"十四五"实现量产
	水田锄草机械	耘轮技术；动平衡技术；智能化同轨技术	自主制造，"十四五"实现量产
	方捆捡拾打捆机打结器研究与制造技术	打结器结构设计；打结钳精密铸造与精密加工技术	达国际同类产品水平，"十四五"实现量产

续表

类别	重点产品	关键核心技术	发展目标
种植业机械	智能化高速插秧机	高速插植臂、HST无级变速器、电液压控制制造技术；无人驾驶、侧深施肥和施药技术	全部国产化，自主制造，形成系列化批量生产
	智能谷物联合收获机	重点解决稻麦收获装备智能化和高效管控升级等关键技术	全部实现自主制造
	小青菜及其他茎叶类蔬菜收获机	引进消化吸收小青菜收获成套技术	填补国内空白，力争"十四五"末投放市场
		白芹收获机械智能化升级技术	填补技术空白，力争"十四五"末量产
		香葱、西兰花、银杏等收获机械	填补技术空白
	自走式薯类收获机	低破损薯类收获技术；仿生振动挖掘、薯土藤蔓分离技术及防损输送关键部件技术	填补技术空白，"十四五"形成量产
	余热回收式热泵型烘干机	余热回收技术；粉尘处理技术；蒸发器技术	填补国内空白，全部自主创新，小批量生产
	棚内及果园作业移动机器人	黄瓜、西红柿采摘机器人技术；果园环境自主导航行走采收和搬运机器人技术	自主制造，满足设施农业和果园生产需要
畜牧业机械	全自动户外集蛋机	户外鸡蛋自动收集、输送、筛捡	填补技术空白
	养殖信息监测装备	动物行为监测技术；动物体温监测技术；动物采食饮水监测技术；养殖过程信息化技术	填补技术空白，达到国际先进水平
	疫病防控技术装备	动物呼吸道疾病智能检测技术；动物消化道疾病智能检测技术；动物疾病监测预警技术	填补技术空白，达到国际先进水平
	养殖机器人	低功耗自充电成套移动平台；精准识别及目标锁定技术；自动导航及智能控制技术	形成满足规模化养殖动物健康巡检需求的产品，"十四五"形成量产
渔业机械	池塘养殖智能化装备	智能化水质调控技术；智能投饲技术；捕捞机械化作业技术	自主制造，批量生产
关键零部件	适应动力换挡和CVT变速系统拖拉机的柴油发动机	与CVT单元制造相匹配，适应电控液压换挡换向技术；振动与降低噪声等技术	自主制造，批量生产
	基于北斗系统信息技术与装备的融合	基于北斗系统的农机作业定位与导航、农机变量作业技术与装置研究，农机作业与运维智能管控技术等	应用于耕作、播种、插秧、植保、收获、秸秆还田等作业
	高效静液压驱动装置	与高效能联合收割机、变量复式作业机具相配套技术	填补技术空白，"十四五"末国产化率达60%

续表

类别	重点产品	关键核心技术	发展目标
关键零部件	动力电池及电机	适应不同农机具的动力电池开发；低速大扭矩电机技术	自主制造，批量生产
	农机专用传感器	适应播种、施肥、植保、收获不同机器作业状态下运动参数的计量检测，以及机器油压、液压、提升等不同状态性能检测的光电传感、压力传感和智能化传感技术	自主研发多功能智能化传感器，填补技术空白

此外，中国人均农业产出水平仅为国际领先水平的 2% 左右，缺乏具备国际竞争力的农机。2016 年美国凯斯公司研制的全球第一台无人驾驶智能农机，标志着信息技术与农机机械化技术体系的深度融合成为未来发展趋势。在全球农业集中化程度不断提升，智能化、多功能大型农机装备需求增大，欧美、日韩等发达国家极具区域特色和国际竞争力的农机产业涌现的情形下，中国迫切需要发展高质、高效的智能化农业，实现传统精耕细作与现代物质装备相辅相成，以打造国际竞争优势。

2.4.2　我国农机装备研发需求重点方向

2.4.2.1　农机装备研发主要需求

1. 基础技术研究

目的是突破土壤植物机器系统应用基础以及农机作业传感器、智能决策与控制、智能服务等技术，提升原始创新能力。重点需求是农机作业信息感知与精细生产管控应用基础研究。

2. 关键共性技术与重大装备开发

目的是突破智能设计、作业管理关键技术，开发大型与专用拖拉机、田间作业及收获、设施精细生产等主导产品智能技术与制造质量提升，创立自主的农业智能化装备技术体系。该层面包含 8 项重点技术需求，分别是农机装备智能化设计与验证关键技术、农机智能作业管理关键技术研究、智能农业动力机械研发、高效精准环保多功能农田作业装备研发、粮食作物高效智能收获技术装备研发、经济作物高效能收获与智能控制技术装备研发、设施智能化精细生产技术及装备、农产品产后智能化感知与精细选别技术装备研发。

3. 典型示范需求

目的是创制适合我国种植农艺和地域特色的丘陵山区、农产品产地处理等薄弱环节装备，支撑全程全面机械化发展。包含畜禽与水产品智能化产地处理技术装备研发与示范和丘陵山区及水田机械化作业技术装备研发与示范两项重点需求。

2.4.2.2 农机装备研发重点需求

1. 面向现实的迫切需求：增加品种

持续解决与完善主要农产品、重点环节、关键节点中突出的机械化装备技术问题，探索经济高效的机械化作业模式，提高集约化农业的综合机械化水平。

2. 满足全面全程机械化：拓展领域

完善以粮食生产为主的机械化装备体系，加快经济作物（纤维植物、果品、蔬菜、油料、糖料、能源作物）、畜禽水产养殖、微生物培养装备技术的研究开发。

3. 推进作业集成化：完善功能

掌握功能拓展的设计 / 管控平台技术，基于最低资源消耗、最短作业流程、最小环境负荷进行农业生产过程多环节作业一体化的多功能装置集成。

4. 追求智能精益高效化：提升水平

加强机电技术与现代液压、仪器与控制、现代微电子和信息等高新技术融合，强化动植物生产性能、疫病形态表征信息的获取和大数据解析、智能决策技术研究，开发高附加值、具有精细作业能力的农机装备。

2.4.2.3 农机装备配套设施建设需求

实现农机装备的智能化实际上是多种资源、技术的整合，比较依赖于基础设施建设，如卫星定位、农业大数据平台等。

1. 卫星基站的建设

卫星定位与导航在智能化农机设备中起着关键作用，但在生产实际中，机械的自动定位和导航经常会有较大偏差，导致农机装备工作偏离既定路线、影响工作效率。因此，需增加农业密集区卫星基站的建设，将卫星导航定位与实际状况的误差降低到合理范围内。

2. 农业大数据平台的建设

农业大数据包含的方面众多，包括产量数据、病虫害数据、气象数据等，当前所能获取到的数据量有限且非常零散，不利于数据处理和预测。因此，需要完善农业大数据平台的建设，使多方面的数据能够完整保留并部分开放获取，方便相关研究者获取和处理研究。

3. 智能农机工作条件的建设

目前，我国大规模农业生产的基层地区缺少必要的基础设施建设，其中以农机行驶道路建设不足最为突出，导致各种农机装备使用受限。智能农机装备的作业需要良好的工作条件，需要围绕其工作件的需求进行合理建设，保障农机装备的正常作业以及较高的工作效率和准确度。

4. 生产规模的集成与扩大

小区域作业会增加智能农机装备的作业成本及作业量、降低农机装备的工作寿命，显然是不经济的。因此，需要推进农业区的连片化经营，促进农业生产的规模化，便于各种高端智能农机的布置与运行，充分发挥智能化农机的优势。

2.4.2.4　农机装备细分领域研发需求

1. 耕作机械

积极提升大中马力拖拉机的技术水平，重点突破低油耗、低排放、减震降噪、动力负载换挡、全自动换挡、自动导航和无人驾驶等技术；加强主变速电控、主离合器电液控制 CVT 技术、人机工程等关键技术的研发攻关；提升大棚王等小马力拖拉机的技术性能；积极研发智能操控型园林、果园、园艺、丘陵山区和水田以及适应沿海下滩涂作业的专用拖拉机；大力发展大田复式作业机械，根据不同地区的耕作模式，提高现有深翻、深松、旋耕、开沟等耕整机械的技术水平。

2. 种植机械

提升小麦、玉米、油菜、大豆等机械化播种技术，重点攻克和突破精密排种、气力输种、播种控制、智能化等技术；进一步提高水稻种植机械国产装备的适应性和可靠性，积极发展带有施肥、施药功能的智能化高速插秧机，加强种植机械关键零部件的研发，力争在"十四五"末全部实现国产化。移栽机械要重点发展蔬菜、中药材和苗木等移栽机，到"十四五"末基本形成适应不同植物和不同栽培模式的移栽机械系列。

3. 收获机械

重点突破稻麦收获装备智能化、高效管控升级等关键技术，努力提高半喂入和全喂入纵轴流稻麦收获机械的质量和可靠性，降低故障率。加强电液元器件及一体化工作模块等关键零部件的研发，尽快实现国产替代。加强农机与农艺的融合，巩固提高油菜收获机械的质量水平，提高稳定性，降低损失率。进一步加大蔬菜收获机械的研发攻关，通过引进消化吸收和自主创新，重点突破小青菜等茎叶类蔬菜以及白芹、香葱、银杏、马铃薯等特经作物的收获机械技术，填补特经作物收获机械关键领域的技术空白。加强块茎类作物收获机械的研发和创新，进一步提高块茎类作物生产机械化水平。

4. 高效植保机械

重点提升大中型植保装备的喷头、液泵、喷杆自平衡、防漂移、静电喷雾、对靶精确喷雾、变量喷雾以及先进底盘制造等技术；突破基于北斗导航控制下的精准施药、变量施药、在线校准等关键共性技术；围绕大田、蔬菜、果园、花卉、中药材、茶叶和棚内作物，积极开发机动宽幅和高扬程风送植保装备、移动式植保装备、物理防治植保装备、无农残多功能植保装备以及水稻耘田除草、动物疫情防控、航空植保等装备，力争在"十四五"通过科技创新和资源整合，初步形成以植保装备创新中心作为行业引领的系列化现代高效植保装备制造基地。

5. 烘干及饲料加工机械

传统烘干机械能耗高、粉尘与尾气污染大，尤其是以燃油、燃煤为热源的烘干机存在一定的安全隐患，应积极限期淘汰。普通热泵式烘干设备是近两年淮河以南地区主推的烘干机型，"十四五"期间要重点解决现有热泵体积大、占地多、投资成本高、单次烘干时间长以及低温环境适应性差等问题。根据环保和节能的要求，"十四五"期间在改进与提升热泵式烘干设备技术水平的基础上，要积极加强智能化粮食烘干设备的研发，努力突破在线水分测量、红外热风组合干燥等技术，重点发展余热回收式热泵型烘干设备，有效降低干燥耗能，不断提高粮食等农副产品的烘干效率和质量。饲料机械要努力提升成套设备的智能化水平，积极发展各种差异化的饲料加工设备。

6. 水产养殖机械

积极提升现有投饲、增氧、疏草、防污、捕捞、排灌和鱼塘清淤等水产养殖机械化水平，重点突破水产养殖环境智能化控制等关键技术。加强深远海浮式养殖平台、设施及系统装备和筏式养殖工程化设施及机械化作业装备的研发，努力提升适应水产养殖发展要求的多层次、多品种保鲜制冷设备以及鲜活水产品运输机械和水产品加工机械，全面提高水产养殖机械化水平。

7. 设施农业机械

对于面积大、物种丰富的设施农业，要围绕设施农业的耕整、育苗、播种、定植、管理、病虫害防治、收获和产品包装等环节，在提升现有设施农机装备技术水平的基础上加强研发攻关，逐步填补设施农业生产薄弱环节的装备需求，进一步缩小同国外发达经济体设施农机装备的技术差距。结合设施农业发展的实际，"十四五"期间要重点提升蔬菜、花卉、茶叶、果业等作物生产机械化水平，大力发展设施农业耕、种、收、管机械和采摘机器人、除草机器人、农田巡视机器人、田间运输设备、喷滴灌设备以及智慧农业管控系统等装备。设施大棚内的农机装备要树立绿色发展理念，跳出现有以燃油为动力的小拖小耕机械思维模式，大力发展以高能电池为动力的电动农机装备，力争到"十四五"末，设施农业生产综合机械化率达60%左右。

8. 农副产品初加工机械

重点提升稻、麦、油等粮油食品初加工机械智能化水平，积极发展粮油加工管控一体化设备，全谷物、杂粮以及薯类食品加工等专业设备。努力突破大宗及优势农副产品高品质节能干燥、高通量精选、检测分级包装、质量追溯等关键技术。开发食用菌、中药材、茶叶、果蔬等特色农产品的精选、清洗、分级、干燥数字智能成套设备，以及禽类自动分割、蛋品清洗、水产品剥制成套设备和自动化生产线等。

9. 农村废弃物处理机械

重点加强中小型农村废弃物无害化处理装备的开发和制造，努力提升秸秆打捆机械和秸秆能源化成套装备的性能和适应性，"十四五"期间生产的农村废弃物无害化处理装备要基本满足新农村建设布局，秸秆打捆机打结器全部实现国产化。要加大科技创新力度，进一步提高畜禽粪便无害化处理，以及病死家禽收集、信息录入和运输等专用设备技术水平。大力发展生物质、尾菜废弃物资源化利用、畜禽粪便有机肥料及其他可再生能源开发利用装备，逐步填补农村废弃物处理有关环节机械装备的空白。

10. 农机关键零部件

积极开发并生产与动力换挡和CVT变速系统相适应的拖拉机用柴油发动机，力争在"十四五"末实现量产。非道路移动农业机械用柴油机如期达到国家国Ⅳ排放要求，扭矩、动力输出、油耗、噪声等指标达到国家先进标准；单缸柴油机排放全面升级，其电控系统、后处理系统实现完全国内自主配套。拖拉机、联合收获机关键部件要积极开发转向桥及悬浮系统以及大型拖拉机智能作业电液控制单元，以满足拖拉机和联合收获机的作业要求。大力开发满足无人驾驶和智能化技术的电动方向盘、组合导航部件、信息控制系统、多用传感器及小型农机具动力电池等装置和部件。

2.5 产业与技术发展的总体目标

多年来，我国出台了多项扶持政策，使农机装备产业市场需求保持着较为旺盛的活力，如土地流转政策促进了土地的持续规模化、不断更新的补贴政策加大了农机补贴力度；还有一系列政策改善着农村经济和农民生活，使农民收入得到显著提升、消费水平不断提高。加之农村劳动力结构性短缺背景下劳动力成本的快速上升，中国市场对农机装备的需求不断扩大。针对我国农机装备需求，我国农机装备产业拥有较为完整的制造产业链，所生产制造的农机产品能够满足 90% 的国内需求市场，传统农机装备市场已经进入了存量时代，以更新需求为主；三大粮食作物的耕种收环节机械化达到了较高水平，与之相关的拖拉机、收获机、播种机市场均趋于饱和。

在农机产业市场需求基本达到满足的情况下，我国农业生产机械化发展已经取得阶段性成果。然而，面对中国农业的不断发展，市场需求已经从"功能需求"转为"品质需求"（包括质量、技术、品牌与服务要求），从追求大马力向智能化、精细化发展，从以机械力代替劳动力的简单要求转变为增质、增产、增益的系统性要求，从小型农机转为大型化，如大型翻转犁、播种机、青饲料收获机等市场同比出现不同程度的大幅度攀升。需求的变化为农机行业提出了发展的新方向。

目前，我国农机装备产业尚未满足日益增强的"品质需求"，农机装备制造企业保持着大而全的发展态势，产业整体仍处于全球价值链的中低端，具有世界影响力的品牌不多，尚未形成大规模进驻国际主流市场的气候，尤其在重点区域、重点作物及其机械化生产方面存在薄弱环节和明显的技术短板。同时，我国农机装备产业技术创新发展的结构性矛盾仍突出，研发环节投入与制造环节能力不足，导致质量可靠性、零部件自给率、智能化水平均未满足市场需求。针对上述农机装备产业存在的问题，亟需通过"创新、提升、补短、填空"全面提升农机装备产业与技术发展水平，制定农机装备产业与技术发展的总体目标。

到 2025 年，农机装备品类基本齐全，重点农机产品和关键零部件实现协同发展，产品质量可靠性达到国际先进水平，产品和技术供给基本满足需要，农机装备产业迈入高质量发展阶段。全国农机总动力需稳定在 11 亿千瓦左右，农机具配置结构趋于合理，农机作业条件显著改善，覆盖农业产前产中产后的农机社会化服务体系基本建立，农机使用效率显著提升。全国农作物耕种收综合机械化率达到75%，粮棉油糖主产县（市、区）基本实现农业机械化，丘陵山区县（市、区）农作物耕种收综合机械化率达到55%，薄弱环节机械化全面突破。其中，马铃薯种植、收获机械化率均达到45%，棉花收获机械化率达到60%，花生种植、收获机械化率分别达到65%和55%，油菜种植、收获机械化率分别达到50%和65%，甘蔗收获机械化率达到30%，设施农业、畜牧养殖、水产养殖和农产品初加工机械化率总体达到50%左右，设施农业、畜牧养殖、水产养殖和农产品初加工机械化率总体达到50%以上。农业机械化产业群和产业链更加稳固，农业机械化进入全程全面和高质量发展时期。

展望2035年，我国农业机械化取得决定性进展，主要农作物生产将实现全过程机械化，畜禽养殖、水产养殖机械化水平大幅跃升，各类农区农业生产基本实现机械化全覆盖，设施种植、农产品初加工机械化促进农产品增值能力显著增强，高效机械化生产体系基本形成，"机械化＋数字化"全面应用于农业机械化管理、作业监测与服务，机械化全面支撑农业农村现代化发展的格局更加稳固。表2-7列出了"十四五"时期我国农业机械化的主要指标。

表2-7 "十四五"时期农业机械化主要指标

指标	2020年基础值	2025年目标值	指标属性
农机总动力 /亿千瓦	10.6	11	预期性
农作物耕种收综合机械化率 /%	71	≥ 75	预期性
丘陵山区县（市、区）农作物耕种收综合机械化率 /%	49	≥ 55	预期性
设施农业机械化率 /%	40	≥ 50	预期性
畜牧养殖机械化率 /%	36	≥ 50	预期性
水产养殖机械化率 /%	31	≥ 50	预期性
农产品初加工机械化率 /%	39	≥ 50	预期性
农机服务总收入 /%	4730	≥ 5000	预期性

参考文献

[1] 2020年农机市场：冰火两重天，结构调整成主流［EB/OL］. https://www.sohu.com/a/431878010_175192, 2020-11-14.

［2］陈旭. 乡村振兴背景下吉林省农机需求影响因素与趋势研究［D］. 长春：吉林大学，2020.

［3］李社潮. 五大领域创造农机需求机会［J］. 农机市场，2016，4（3）：24-25.

［4］孙凝晖，张玉成，石晶林. 构建我国第三代农机的创新体系［J］. 中国科学院院刊，2020，35（2）：154-165.

［5］吴海华，方宪法. 我国农业装备产业科技创新发展路径、方向及任务［EB/OL］. http://xiaonongji.nongcundating.com/news/show-1854.html，2020-07-04.

［6］晓琳，李君，知谷APP. 农机研发路：深度剖析智能农机装备重点方向［J］. 农业机械，2019（8）：31-33.

［7］于志刚. 农机智能化发展与需求分析［J］. 农机使用与维修，2021，4（7）：37-38.

第3章

农机装备产业与技术瓶颈识别

3.1 理论分析框架

农机装备产业是一个复杂巨系统，需借助专业的系统分析方法对产业与技术瓶颈进行识别，为此，以"物理 – 事理 – 人理"的系统方法论提出理论分析框架。

以中华民族为代表的东方文明重视人本主义，提倡"社会的组成应该是人化与物化两者的相辅相成、和谐统一"。在此背景下，20世纪90年代，顾基发研究员和朱志昌博士共同提出了物理 – 事理 – 人理系统方法论，简称WSR。物理 – 事理 – 人理系统方法论以"懂物理、明事理、通人理"为实践准则，将自然科学、工程技术与社会科学综合集成，该方法的主要思想是针对大型系统和小型复杂系统，采取与之适应的系统思维来解决问题，以免产生以偏概全的结论，其为系统性分析、复杂问题解决提供了一套综合集成的方法、工作步骤和工具，在复杂系统的观察分析方面体现了中国传统文化基础上哲学思辨的系统整合性和独特性。其中，物理是指人类社会实践和科学研究中发现的真理和客观规律；事理是指基于概念和规律而产生的、使社会实践活动更具效益和效率的方法和行为；人理是指人的心理和价值取向等因素对物理和事理的综合影响。物理、事理和人理的主要内容如表3-1所示。

表3-1 物理、事理和人理的主要内容

	物理	事理	人理
对象与内容	客观物质世界 法则、规则	组织、系统管理 做事的道理	人、群体、关系 为人处世的道理
焦点	是什么？ 功能分析	怎样做？ 逻辑分析	最好怎么做？可能是？ 人文分析
原则	诚实、追求真理	协调、追求效率	讲人性、和谐，追求成效

续表

	物理	事理	人理
所需知识	自然科学	管理科学、系统科学	人文知识、行为科学、心理学

物理、事理及人理之间是相互影响、相互联系、相互制约、相互作用的整体，人与人之间的交流方式（人理）以及客观存在（物理）决定了人以何种方法认识和处理客观存在（事理），将不同的事理作为行动指南又影响了客观存在（物理）的变化以及人的社会关系（人理）的改变。因此，物理－事理－人理系统方法论具有较强的灵活性、综合性，被广泛应用于解决众多领域的管理问题，尤其适合于观察与分析复杂巨系统，如农机装备产业；同时还可运用于复杂系统的评价，如商业自动化系统评价、大学评价、高新技术开发区评价等，近年来更被拓展至解决智慧校园可持续发展评价、制造企业服务衍生状态及评价、学生公寓火灾风险评价、政府舆情治理评价、沿海地区环境污染治理评价体系构建、港口危化品物流风险评估、罪犯重新犯罪风险评估等问题，这些不同领域的研究和应用使物理－事理－人理系统方法论在与系统评价相关的研究方面日渐成熟和完善，使该方法的可操作性更强、应用前景更广阔。

粮食安全是治国理政的头等大事，而在如今农业劳动力不断减量化、老龄化的趋势下，农机装备将在保障我国粮食供给安全、提升粮食质量与企业竞争力、促进乡村产业振兴等方面发挥越来越重要的作用，是实现农业现代化发展的重要物质基础。目前，我国的农机装备产业受到起步晚、制造能力不强等诸多因素的制约，在国际农机竞争格局中仍扮演"追随者"的角色，并由此陷入了高端农机装备有效供给不足、中低端农机装备供给过剩的窘境。在此情形下，若要实现角色向"引领者"转变，必须首先明晰自身的发展问题。结合第一章以及第二章的分析，可以将我国农机装备产业与技术瓶颈问题大致归结为三个方面：第一，前端研发设计以及中端产品制造均与世界先进农机装备存在技术层面的差距，这是客观存在的事实（物理）；第二，我国农作物的多样性以及鲜明的地域特征决定了农机市场现存的低质量的模仿并不能有效匹配农机与农艺，农机农艺融合不充分的问题十分突出（事理）；第三，农机装备所面向用户的弱支付性决定了其对农机的经济价值创造能力较为敏感，农机装备的经济价值需要得到用户的认同（人理）。由此可见，我国农机装备产业与技术发展涉及技术层、适用层和经济层等的相互作用、相互协调、相互影响，而物理－事理－人理系统方法论是物理、事理、人理相互作用的复杂的有机统一体，两者具有相似性。对于农机装备产业而言，物理层的农机装备是基础，事理层的农机与农艺融合是手段，人理层的经济价值创造是关键，三者缺一不可，只有实现三者的协同，才能保障农机装备产业的有序发展。此外，农机装备产业与技术发展过程具有整体性和动态性，需要从农机装备产业发展状况出发，在考虑内外部环境变化的基础上分层管理；而物理 – 事理 – 人理系统方法论强调先整体认识、再分层研究、最后综合解决，两者具有相通性。通过物理 – 事理 – 人理系统方法论，能够从多层面明晰限制农机装备产业与技术发展的影响因素，能够在综合所有因素的影响下更好地实现我国农机装备产业与技术的高质量发展。

3.2　农机装备产业与技术发展瓶颈识别方法

利用物理 – 事理 – 人理系统方法论，分别对农机装备产业与技术发展的物理层、事理层与人理层展开分析，识别发展过程中的瓶颈问题。

3.2.1　农机装备产业与技术发展的物理层分析

物理 – 事理 – 人理系统方法论中的"物理"是基础，既包括构成系统的客观存在，又包括物质自身属性与技术作用的一般规律，同时作为一般的管理方法论，也包括管理对象和管理过程中应由自然科学工程技术描述和处理的层面。农机装备产业与技术发展的物理层维度划分应当涵盖农机装备的各项关键物理属性，在综合考虑现有理论研究与实践应用的前提下，将农机装备产业与技术发展的物理层划分为"可靠性""关键零部件自给率""主机与农机具配套比""技术创新水平"和"智能化水平"五个维度。该五个维度并非一成不变，当随着未来相关研究的推进或研究背景产生变化时，若出现更适于体现农机装备产业与技术发展物理层的属性指标时，可对现有维度划分进行完善与修改。因此，为进一步明晰各个维度指标的含义，分别对各个指标进行具体诠释。

关于农机装备的可靠性，狭义上指的是农机装备在使用有效期内的无故障时间，广义上指的是用户对设备使用的满意度及信赖度，衡量指标主要是平均故障间隔时间（MTBF）。我国的农机行业虽经历了"十年黄金时期"的高速发展，且自 2015 年至今仍处于存量结构调整的高质量发展阶段，农机装备的研发与制造水平不断提升，但产品质量可靠性差仍是制约其发展的重要影响因素，原因主要包括研发环节的投入不足及制造环节的能力不足，加上与国际先进农机装备企业的激烈竞争及国内知识产权保护较弱的不利因素，导致我国的农机装备产业利润不足，研发投入难以提高，削弱了农机装备的可靠性，对企业制造能力产生了消极影响。2016 年，工信部、农业部和发改委联合发布《农机装备发展行动方案（2016—2025）》，将提升产品可靠性作为五大专项之一，提出到 2020 年拖拉机、联合收割机等重点农机产品可靠性较"十二五"提升 50% 以上，2025 年重点农机产品可靠性达到国际先进水平。2018 年，《国务院关于加快推进农机机械化和农机装备产业转型升级的指导意见》文件出台，其中第二条明确指出，到 2025 年农机装备产品质量可靠性达到国际先进水平，产品和技术供给基本满足需要，农机装备产业迈入高质量发展阶段；第六条也提出了一系列关于提高农机装备质量可靠性的指导意见。因此，农机装备质量可靠性是我国农机装备产业与技术发展物理层的重要指标之一。

在关键零部件自给率方面，"零部件强，则主机强"的理念是机械制造行业的共识，农机装备零部件业的发展是主机产品升级换代的重要推动力量。农机装备属于复杂的特殊机械，零部件众多且工作环境恶劣，相较于一般的机械制造行业，其对零部件的协同性要求更高。我国农机装备零部件技术薄弱，产品的一致性和稳定性不能满足主机的配套需求，这与我国农机装备产业的发展模式有很大关系。一直以来，我国农机装备产业往往呈现主机拉动零部件发展的特点，许多零部件企业类似于主机企业的"加工车间"，致力于做产品加工而非产品研发，没有能力做到与主机同步开发，与主机企业协同发展程度较弱。因此，我国在不少关键零部件领域受制于国外的技术封锁。而反观发达经济体农机装备产业的发展历程，通常是农机零部件技术先行，进而依靠新技术推动主机的创新发展。为促进我国农机装备产业的发展，工信部、农业部和发改委联合发布了《农机装备发展行动方案（2016—2025）》，其中将关键零部件的发展作为五大专项之一，提出到 2020 年关键零部件自给率达到 50% 左右，2025 年关键零部件自给率达到 70% 左右。因此，关键零部件自给率是反映农机装备产业与技术发展物理层的另一重要指标。

关于主机与农机具配套比，主机与农机具的配套比是否合理直接关系到农业生产的成本与效率，配套比过低将产生主机资源的极大浪费，不利于农机装备产业的高质量发展。以 2019 年数据为例，我国大中型拖拉机的保有量为 443.9 万台，而相关的配套农机具只有 436.5 万部，主机与农机具的配套比还未达到 1∶1；而发达经济体主机与农机具配套比可高达 1∶6。较低的主机与农机具配套比使农机效率得不到充分发挥，已经成为制约我国农业机械化发展的重要影响因素。因此，主机与农机具配套比可作为我国农机装备产业与技术发展物理层的重要指标。

关于技术创新水平，随着新一轮科技革命和产业变革的蓬勃兴起，农机装备产业发展将融合生物、农艺和工程技术，集成先进制造与智能控制、新一代信息通信、新材料和人工智能等先进技术，向高效化、智能化、数字化和绿色化方向加速发展，成为农业现代化发展的新需求以及国际产业技术竞争的新焦点。2021 年 1 月发布的《中共中央、国务院关于全面推进乡村振兴加快农机农村现代化的意见》明确提出要坚持农机科技自立自强，提高农机装备自主研制能力。因此，提升我国农机装备的技术创新水平刻不容缓，农机装备的技术创新水平也是评判农机装备产业与技术发展情况的重要指标。

关于智能化水平，智能农机装备具有环境感知、信息采集、信息处理、动作执行等多种智能化功能特点，有效整合了计算机、信息通信、电气控、卫星导航、互联网、检测技术等众多技术。智能农机装备的特点是在现阶段的农机自动化技术基础上进一步实现无人化、高效化、合理化、标准化的农机生产目标，使农机生产的耕作、播种、施肥、植保、灌溉、采摘、收获等行为全部通过智能农机来实施。从农机的总体发展趋势来看，农机生产智能化是未来的主要方向，智慧农业需要大量的智能农机作为保证，而从现阶段的农机生产情况来看，农机产品已经具备了部分智能化特点，但整体的智能化程度和配套建设仍有较大的发展空间，农机生产的发展需要先进的科技支撑作保证，智能农机也将成为未来农机发展的主要方向。因此，农机智能化水平也是衡量农机装备产业发展是否成功冲破"卡脖子"技术封锁的重要物理层指标。

上述五项要素主要聚焦研究农机装备本体的重要属性，共同构成了农机装备产业与技术发展体系中的物理层。

3.2.2　农机装备产业与技术发展的事理层分析

物理 – 事理 – 人理系统方法论中的"事理"是手段，是在"物理"基础上结合系统管理目标，探索提高系统运行效率的最佳方案。农机装备的作业对象是农作物，要想推动农业机械化向全程全面高质高效发展，需要强化农机与农艺的融合，这是提升农业机械化发展内在质量、建设现代农机装备产业的内在要求和必然选择，这正和通过"事理"层面探索提高系统运行效率的最佳方案目标一致。工信部、农业部和发改委联合制定印发的《农机装备发展行动方案（2016—2025）》中明确提出要大力提升农机农艺融合的技术研发能力。基于此，在综合考虑现有理论研究与实践应用的前提下，将农机装备产业与技术发展的事理层划分为"农机装备适用性"和"宜机化改造程度"两个维度。

农机装备适用性指的是在指定的农机生产条件下，农机装备的设计制造满足农艺技术要求的能力。受自然条件、耕作方式、作物品种和产业结构等影响，某些农机在我国南方作业时的效果不佳，但在北方作业时却效果不错，这表明农机装备的适用范围是相对的，无论农机性能如何优越，如果不能适应特定区域的地形地貌、种植结构以及农作物特点，便无用武之地。因此，农机装备产业与技术发展需要从"以机适地"的角度开发出适用性更高的装备产品。

宜机化改造，狭义上是指农作物的品种和种植模式应便于农机作业开展，从广义上讲也应包括农田基本建设的田地整治是否适宜农机作业的最大效益、机耕路的建设是否能够满足农机通行、农田水利灌溉时间是否符合机械种植的要求等。宜机化改造对我国农机全程机械化升级发展的作用十分重要，尤其是丘陵山区的宜机化改造已经在中央"一号文件"和国务院的行业指导意见中多次出现。因此，重视宜机化改造有利于从"以地适机"的角度加快农机与农艺的融合。

3.2.3　农机装备产业与技术发展的人理层分析

物理－事理－人理系统方法论中的"人理"是关键，是指系统管理实践必须以人为本，在深刻了解实践活动中人的心理、行为、价值观念等内容基础上，运用管理科学知识组织最佳的"物理"及"事理"动态实践活动，实现管理系统的效率最高与效益最佳。在 WSR 系统方法论中，人既是"物""事"的行为主体，也是其作用对象。物理与事理的顺利实现离不开人理的支持，一方面，人理的作用体现在保证物理资源在系统各部分之间顺畅的转移和流动；另一方面，人理要对事理规划活动提供必要的组织支持以及调和各类人员之间的矛盾。若仅重视物理、事理而忽视人理，则整个系统的运行会因缺乏人的有效调节与沟通，而导致任务执行阻力增大、工作效率降低，最终系统整体目标难以实现。

物理层的农机装备最终服务于人理层的农户，事理层的农机与农艺融合也需基于物理层的农机装备从"以机适地"和"以地适机"两个角度进行提升，为农户提供更高效率的服务；与此同时，农户对于农机装备的各方面支持（如资金、与农机装备制造企业的交互等）也是保障物理层和事理层实现的关键。目前，我国农机装备产业是在政府补贴政策的保护下才呈现出不断发展的态势，但是这样的发展并不稳定，催生出了一系列诸如"大马拉小车"等问题。未来的农机装备产业能否稳定、健康、有序发展取决于能否得到农机装备用户层的青睐，能否在明晰用户深层次需求的基础上实现价值的更大创造。基于此，在综合考虑现有理论研究与实践应用的前提下，人理层从农机装备经济价值创造的角度出发，将农机装备产业与技术发展的人理层划分为"机械作业费用""农业机械对劳动力的替代效应""农业劳动生产率"和"农作物单产"四个维度。

机械作业费用作为农作物种植成本的重要组成部分，与农户对农机装备产品的接受程度直接相关。不同于财力雄厚的国外大农场主，我国农户的经济水平较低、支付能力较弱，对于机械作业的价格变化较为敏感，在如今农村劳动人口急剧减少及农业从业人口老龄化特征显著的趋势下，农村对农业机械化的需求剧增，机械作业成本作为农户的直接支出，能够较大地影响农户对于农机装备的接受意愿。因此，机械作业费用可作为农机装备产业与技术发展人理层的重要考量指标。

农业资源禀赋的变化推动了农业机械对劳动力的替代，机械化的快速发展也弥补了劳动力的流失以及劳动力成本上升带来的冲击，为粮食生产能力的稳定与增长提供了重要的保障基础。改革开放以来，我国农业劳动力数量持续减少，1978—2020年农业产业劳动力占所有产业劳动力的比重从70.5%下降至23.6%，但在此过程中，农业生产力水平却得到了空前提升，粮食产量从30477万吨提高到了66949万吨，其他农产品产量也大幅增长。这一举世瞩目成就的取得是科学技术、物质装备和农业政策等因素综合作用的结果，其中农业机械化的发展是关键性的支撑力量之一。因此，通过测算农业机械对劳动力的替代效应，能够较好地评判农机装备的应用效果和价值创造能力，可将其作为人理层的指标之一。

农业劳动生产率指的是平均每个农业劳动者在单位时间内生产的农产品量或产值，或生产单位农产品消耗的劳动时间，是衡量农业劳动者生产效率的指标。改革开放以来，我国粮食播种面积变化较小，1978年播种面积为18.1亿亩，2020年播种面积为17.5亿亩，但是从事农业生产的人口发生了较大改变，由1978年的28318万人降至2020年的17715万人，农业生产人口占比更是由70.5%降至23.6%，农业劳动生产率由1076千克/人增至3779.2千克/人。农业劳动生产率的变化较大程度上受到农机装备应用的影响，因此，通过农业劳动生产率的变化情况能够有效测度农机装备的经济价值创造能力，可将其作为人理层的指标之一。

改革开放以来，我国粮食的播种面积未发生较大变化，但粮食产量却有了显著改变，主要原因是粮食作物的单产有了较大幅度的提升，粮食作物单产除了受到育种技术的影响，还受机械化水平的影响。各类粮食作物的耕种管收环节都存在季节性，受外部环境的影响较大，采用适宜的农机装备能够节省各个环节的时间、降低自然灾害带来的影响，从而保障粮食的提产增收。农作物单产的变化作为农机装备经济价值创造的直接体现，也可将其作为人理层的指标之一。

3.3　瓶颈识别

相较于国外发达经济体，我国农机装备产业与技术发展处于滞后地位，发展差距及瓶颈问题主要可归结为以下三个方面。

3.3.1　物理层基础不牢固，仍需积基树本

3.3.1.1　农机装备可靠性差是明显弱项短板

农机作业的环境复杂、时效性强，对农机装备的可靠性要求高，而这恰好是国产农机的软肋，"能用，爱坏，常修"是国产农机装备的通病，相对落后的农机质量和日益提高的农机需求间的矛盾愈加突出，严重制约了我国农机装备产业与技术的高质量发展。我国农机装备可靠性差表现为两个方面：一是整机，二是零部件。

在整机方面，如拖拉机、联合收获机等产品的可靠性问题较为突出。联合收获机的平均故障间隔时间（MTBF）约为 50 小时，而在欧美等发达经济体可达 100 小时以上，MTBF 平均水平未达到国际先进企业同类水平的 2/3；国外品牌拖拉机平均故障间隔时间为 500 小时，而我国同类产品只有 200 小时。受可靠性差和故障发生后维修性保障不到位等影响，可靠性问题投诉占产品质量投诉比例超 50%。

在零部件方面，国产农机装备配套零部件的可靠性水平与国外先进水平相比差距更加明显。国产零部件的轴承、变速箱、发动机、液压件和密封件等的可靠性问题突出，在使用过程中的耐用性与同类进口零部件相比差距明显，由国外进口相关零部件成为企业产品宣传的"标配"。

提升农机装备的可靠性，摆脱"无好机可用"的标签，是我国农机装备产业与技术高质量发展的重要物理基础。

3.3.1.2 关键零部件依赖进口仍严重制约国内农机装备发展

在国家的大力支持下，已有不少的关键零部件与技术突破国外的技术封锁。如在国家发改委专项资金的支持下，浙江海天机械公司与意大利 EMTB 公司合作，成功开发了大功率拖拉机双离合动力换挡变速器；潍坊谷合传动技术有限公司承担国家发改委"大型拖拉机转向驱动桥项目"后，建设了技术先进的车桥研发测试平台，改变了国内市场高端农机转向驱动桥完全依赖进口的状况。但目前农机装备仍是受国外"卡脖子"技术封锁的"重灾区"，农用柴油发动机高压共轨喷射技术、动力换挡和无级变速技术、农机装备液压系统技术等关键技术和关键零部件主要依赖进口，已经对我国农业产业安全造成威胁。只有将这些核心技术牢牢掌握在自己手中，才能摆脱"卡脖子"的局面，确保国家粮食安全和推进农业现代化建设。

3.3.1.3 主机与农机具配套比过低造成较大资源闲置

当前，我国主机与配套农机具的技术水平发展不协调问题尤为突出。以拖拉机为例，一方面，我国拖拉机与农机具生产企业一般自成体系，生产拖拉机的企业注重拖拉机的研发，忽略了相关配套农机具的适应性，加上配套农机具行业的准入门槛低、生产农机具的企业规模偏小、研发能力不足，研制的农机具并不能和国产拖拉机形成较好的匹配，致使拖拉机与农机具故障频发，拖拉机功率的利用率不高，生产效率低，造成了资源浪费，"大马拉小车"和"小马拉大车"的现象屡禁不止；另一方面，受农机制造企业营销手段、拖拉机用户使用习惯及对配套比认识程度影响，农机具的配套比居低不上，主机闲置、资源浪费的问题尤为突出。在我国农机受众资金并不充裕的背景下，提升主机与农机具的配套比有益于降本增效、提高受众的满意度，助力农业机械化和现代化的更快实现。

3.3.1.4 农机装备技术创新水平不足使得高端技术壁垒难以突破

目前，我国农机装备技术创新已经从前期的改造仿制转向以自主创新为核心的协同创新阶段。但是，研发投入不足、关键核心技术受制于人等短板问题仍制约我国农机装备产业向高端迈进。因此，需要通过融合协同创新，加快补齐技术短板，推动农业机械化高质高效发展，实现从农机生产大国向农机强国的转型。

3.3.1.5 智能农机发展仍存在发展不平衡、推广不及时和适用性不足等问题

近年来，随着国家对农业机械投入力度的增强，各种智慧型耕作机械、收割机械、植保机械投入农业生产中，我国农业机械进入了从传统农机到新型智能农机的快速成长阶段。但发展过程仍存在较多不足，一是在某些领域（如植保机械）的农机

智能化程度较高，而其他领域（如动力机械）的智能化程度跟不上，多处于实验阶段。单一领域农机的智能化程度不能代表整体农业的智能化水平，农机装备发展必须满足不同类型和功能之间的协同和配合，即智能农机产业向集群化发展，建设与高度自动化农机相匹配的农业生产环境，这些举措对智能农机的功能实现和农机集群的管理具有重要价值。二是与智能农机相关的补贴几乎还处于空白状态，面向基层推广受到了较大的阻碍，智能农机实现广泛应用还存在较大距离。三是研发的智能农机适用性不足，"一机多能"是智能农机未来的重点发展方向。由于我国国土面积广阔，地区之间的地形条件和气候条件并不一致，南北方作物种植品种也不尽相同，因此，探索一种能满足不同生产需求的多功能、高适应性的农机是未来智能农机发展的必然趋势之一。

3.3.2　事理层发展缺口较大，亟须查漏补缺

3.3.2.1　农机装备适用性不足较大程度影响着全程、全面机械化的实现

我国农机装备产业经过了十年黄金时期的高速发展，农机装备门类得到了充分补充，有效缓解了农机装备产品大多依靠进口的现状，但目前仍存在着农机装备适用性不足等问题。我国农机装备适用性不足具体表现为：大众产品产能过剩，高端产品供给不足；粮食作物机械相对过剩，经济作物和养殖业机械不足；耕种收机械相对过剩，收获后处理机械不足；平原机械相对过剩，山区丘陵机械不足。随着国外发达经济体正在由农业 3.0 向农业 4.0 迈进，我国农机装备产业亟须增强装备产品的适用性，完成向农业 3.0 的突破。

3.3.2.2　宜机化改造的滞后严重阻碍了农业农村现代化进程

近年来，我国平原地区的农业机械化得到了快速发展，但是丘陵山区的农业机械化水平却远远落后，严重影响了中国农业农村现代化的整体进程。农业农村部农业机械化管理司在 2019 年对全国丘陵山区农业机械化水平进行摸底调查的数据表明：中国 1429 个丘陵山区县的农作物耕种收综合机械化水平仅为 46.9%，比全国平均水平低 21.9 个百分点，比非丘陵山区县低 33.9 个百分点。这一严峻的事实表明，丘陵山区是我国粮食和特色农产品的重要生产基地，加快推进丘陵山区农机装备的宜机化改造刻不容缓。

3.3.3　人理层关键环节表现良好，但仍需兴利除弊

我国农业机械化的稳步推进有效缓解了因农村劳动力转移而引发的农业劳动力结构性短缺问题，农业机械化水平的不断升高使得农机装备对劳动力的替代效应愈发显著。随着农业机械有效替代人力劳动，农业劳动生产率得到巨大提升；同时相较于人工作业，机械作业的时效性更强，不易延误作业时间，更有助于规避作业风险；机械作业的标准化改善了农作物的采光条件，提升了农作物的单产；农机补贴和作业补贴政策的推行有效降低了机械作业费用。因此，我国农机装备产业与技术人理层的发展态势良好，但是仍需注意平衡区域发展这一瓶颈问题，如平原地带和丘陵山区的发展不平衡问题较为突出，是今后工作的重点方向。

参考文献

［1］陈明. 当代西方心理学的哲学转向及其对道家思想的借鉴与融合［J］. 湖湘论坛，2017，30（5）：160-165.

［2］顾基发，唐锡晋，朱正祥. 物理 – 事理 – 人理系统方法论综述［J］. 交通运输系统工程与信息，2007，7（6）：51-60.

［3］顾基发，唐锡晋. 从古代系统思想到现代东方系统方法论［J］. 系统工程理论与实践，2000，20（1）：90-93.

［4］顾基发，唐锡晋. 物理 – 事理 – 人理系统方法论：理论与应用［M］. 上海：上海科技教育出版社，2006.

［5］金占勇，邱宵慧，魏楚元. 基于 WSR 方法论和改进 AHP-FCE 模型的智慧校园可持续发展综合评价［J］. 现代教育技术，2020，30（7）：73-80.

［6］刘博逊，吴旭. 基于 WSR 理论的罪犯重新犯罪风险评估及改造策略研究［J］. 管理评论，2021，33（5）：106-113.

［7］罗建强，李伟鹏，赵艳萍，等. 基于 WSR 的制造企业服务衍生状态及其评价研究［J］. 管理评论，2017，29（6）：129-140.

［8］石广斌，赵浩杨，杨振宏，等. 基于 WSR-TOPSIS 的学生公寓火灾风险评价［J］. 安全与环境学报，2021，21（3）：927-934.

［9］杨洋洋，谢雪梅. 基于 WSR 方法论的政府舆情治理评价研究［J］. 东北大学学报（社会科学版），2021，23（3）：62-70.

［10］张鸿雁，宋吟秋，王德卿，等. 基于 WSR 方法论的沿海地区环境污染治理评价体系构建研究［J］. 管理评论，2021，33（7）：290-300.

［11］周欢，刘家国，王晓烨，等. 基于 WRT 方法的港口危化品物流风险评估研究［J］. 系统工程理论与实践，2020，40（8）：2051-2064.

［12］周欢，刘家国. 港口危化品物流风险管理的 WSR 模型研究［J］. 管理评论，2021，33（5）：142-151.

第4章

产业与技术发展路线图制定

4.1 农机装备产业与技术总体发展路线图制定

4.1.1 农机装备产业与技术发展的总体思路

农机装备是提高农业生产效率、实现资源有效利用、推动农业可持续发展的不可或缺工具，对保障国家粮食安全、促进农业增产增效、改变农民增收方式和推动乡村振兴发展起着重要作用。随着农业机械化与现代化发展需求的持续提升，我国农机装备产业发展也取得了长足进步。在未来5~10年内，农机装备仍然是农业生产的刚性需求，因此，农机装备制造企业要时刻把握政策导向和市场动态，适应新变化，取得新发展。我国农机装备的作业环境复杂、作业类别多样、作业开展具有较强的季节性，且产品配置需求的多样化易导致生产组织和管理的复杂度增高。目前，我国农机装备产业在长期发展过程中形成的弊端已日益凸显：一是企业自主创新能力较弱，核心"卡脖子"技术亟待攻关和突破，表现为农机装备关键零部件国产率偏低、品牌建设较为滞后；二是农机装备产品结构不合理，表现为低端农机严重过剩、中高端产品供给不足，严重依赖进口；三是产业内存在过多小规模企业，存在生产集中度低、同类企业竞争加剧的态势；四是产业布局比较分散，大型化、一体化、集约化程度偏低；五是尽管资源环境制约力度不断加大，但产业发展很大程度上仍依赖要素的大量投入。

总体来看，我国农机装备产业经过近60多年的发展，规模已跃居世界首位，但在产品质量、技术水平以及企业竞争力等方面仍与国外发达经济体存在不小差距。作为一个农业大国，我国利用农机装备辅助农业生产的现象已十分普遍，推进农机装备产业高质量发展是实现农业现代化建设的关键举措，直接关系到我国农业机械化与智能化发展进程。近年来，我国农机装备产业发展已取得了阶段性成果，初步实现了建设农机大国的目标，但若想实现"由大转强"，仍需加快推进农机装备产业的转型升级。现今，随着各项前沿技术在农业领域的拓展应用，农机装备产业向数字化与智能化方向发展逐渐成为新的风向标，由此涌现了诸多价值创造能力更大的智能农机装备，涉及拖拉机、收获机、灌溉设备等多类传统农机装备的升级改造。智能农机装备的发展对加快释放农业生产力、进一步提高生产效率、加快转变发展方式、增强我国农业综合竞争力至关重要。加强智能理念、智能装备、新材料等与传统农机装备的深度融合，不断推进关键零部件以及整机设备的智能化、高端化产品创新，将成为关键所在。

针对中国农机装备产业与技术发展的现状，提出如下发展总体思路。

（1）明确目标，坚定信心。第一阶段实现稳健发展，由产业规模化向兼顾质量、效益与效率转变，初步建立产业生态，释放产业创新活力；第二阶段实现转型升级发展，围绕国家战略导向，做大做强龙头企业，培养单打冠军，培育农机新动能；第三阶段实现跨越式发展，实现农机装备龙头企业的行业"领头羊"地位，全面建立完善的农机装备产业与技术发展体系。

（2）正视现状，谋划路径。在"缩范围、降定额、促敞开"的政策调整思路下，农机单台补贴金额和补贴比例不断下调。加上粮食种植收益下降、购机投资回报周期延长、国Ⅱ和国Ⅲ切换带来的成本和价格上升等多种因素叠加影响，用户购机积极性不足，市场需求大幅下降。中国目前有 4000 多种农机产品，超过世界农机种类的一半，而大中型拖拉机产能过剩 25 万台、玉米联合收获机械产能过剩 100 万台。2016年的农机工业增速仅 5.8%，收入、利润、投资都跌至谷底，2017 年延续了"断崖式"下滑，规模以上企业亏损约 10%，行业骨干企业大中型拖拉机销售 23.2 万台，同比下降 24.4%；2018 年，农机装备行业继续处于低位下滑运行态势，从 2018 年 2 月开始，行业增速迅速跌到 2017 年同期的一半以下，全年在低位运行，谷物收获机械同比下降 30.7%，大型拖拉机同比下降 27.1%，中型拖拉机同比下降 6.1%，小型拖拉机同比下降 33.9%，从农机装备典型企业—拖集团和雷沃重工近年的产值、利润情况可以一窥行业全貌。

（3）展望未来，坚持方向。随着国家不断推进城镇化，土地流转逐渐加快，种粮大户、合作社、个人农庄等纷纷承包土地以实行规模化种植，因此不得不使用农机装备来提高生产效益。目前，国内农机装备的整体需求正由"功能需求"向"品质需求"转变，这种变化趋势在欧美、日韩国家农业发展历程上都经历过，并且国内在汽车、家电、数码等行业也经历过。相对于"功能需求"，"品质需求"是用户消费能力提高后深层次的需求升级，其特征是更加注重产品质量而对价格不敏感，即注重农机装备呈现的价值创造，注重品牌以及服务质量。最近6年，购买农机的用户数量在急剧减少，过去的两年年均减少50万，递减速度仍在扩大，未来用户数量可能持续递减到100万左右的数量级。用户数量的减少并非等同于需求量减少，相反，国内农机装备的需求总量呈递增趋势，因此，这种行业需求总量增加但用户数量减少的现象表明了目前市场需求正向集中化、用户向大型化趋势发展。

结合上述3点总体思路，可以提出未来中国农机装备产业与技术发展思路。"十三五"期间，中国农机装备产业持续成熟发展，实现了产业内企业快速成长与转型升级，在未来的产业调整中需更加注重结构改善与提质增效，以实现调结构、稳发展、促转型。具体而言，应实现由农业生产全程机械化向农业全面机械化发展，将整体推进与重点突破相结合；由平原地区向丘陵山区拓展，由粮食作物向经济作物转变，由种植业向农产品加工业、养殖业渗透，由产中向产前与产后延伸。重点突破薄弱环节机械化、奋力主攻大田作物生产全程机械化、积极推进农业全面机械化，核心举措主要包括写以下六方面。

（1）做大做强龙头企业。围绕农机装备产业与技术发展的总体目标，培育与孵化更多国内具备核心竞争力的农机装备龙头制造企业。支持龙头企业产品与服务创新、人才培育、资源整合、能力建设、市场开拓，帮助龙头制造企业快速走上国际化发展步伐。

（2）延伸龙头企业上下游产业链。一是拓宽农机装备产业链，从主粮生产机械往高端经济作物机械、果蔬生产加工机械、智慧农业、设施农机装备等领域拓展。二是强化国际交流合作与海外并购，通过相关渠道加强与发达经济体知名农机装备整机及核心零部件企业的沟通与交流，通过资源整合促成更多优质项目的合资合作；利用相关政策资源招揽与引进更多农机装备领域高层次人才，推动更多农机装备产业技术的属地转化。

（3）大力发展主要粮食作物全程机械化装备。提升水稻、玉米、小麦等主要农作物的全程机械化水平和产品自动化水平，重点是作物的耕整地、育插秧、播种、植保、谷物烘干等自动化水平的提升，拓展土豆、花生全程机械化生产装备。从作物育苗、播种（插秧）等前序环节来看，农机装备技术发展的重点是结合各作物作业需求，研发出适合各区域、各作物育苗、播种（插秧）机械装备；从作物生长过程来看，重点是研发适合不同地块或作物的自走式、牵引式、背负式可控变量喷药植保机械；从作物收获后管理来看，重点是突破传统的粮食烘干、秸秆处理、粮食智能加工及仓储产品研发技术。

（4）发展农机装备企业创新模式应用。现阶段农业生产向规模化与专业化方向发展，对于农机装备企业的需求已不再是产品本身，而是对于农业生产过程全方位的支持以及农机装备多样化的需求，为此，农机装备制造企业需要进行及时的适应和转变。必须引导农机装备制造企业结合自身需求，积极探索农机物联网、农机生产信息化、服务信息化、农机二手车、零配件、农机电商等方面，以支持新型农业生产，从而拓宽产业领域、做大行业细分市场。

（5）推广实施精准农业、智慧农业。未来农业生产将会呈现精准化与智慧化的趋势，目前国外对于精准农业、智慧农业也尚处于探索阶段，只实现了针对部分领域的应用。而我国随着土地流转、新型农业生产的发展以及近年来的环境变化，更能够根据国家政策导向及市场需求，支持鼓励农机装备龙头企业加大精准农业的技术投入，探索智慧农业生产的新模式，培育产业新动能。

（6）加大产业公共研发平台建设。支持龙头企业组建现代农机装备产业技术研究院，瞄准产业亟需的关键技术与重点装备，通过人才引进、技术合作等方式突破"卡脖子"技术瓶颈。支持细分领域企业在特种农机装备、农业农机传感器及基础材料等领域建立研发平台，实现产业细分领域的突破。

4.1.2　农机装备产业与技术发展的总体路线图

结合农机装备产业与技术发展的总体思路，绘制农机装备产业与技术发展的总体路线图，如图 4–1 所示。

4.2　拖拉机产业与技术发展路线图制定

4.2.1　拖拉机产业关键技术

拖拉机产业的关键技术主要体现在传动技术、发动机控制技术、液压电控技术、信息化控制技术等 4 个方面。其中，传动技术主要包括换挡控制技术，液压电控技术

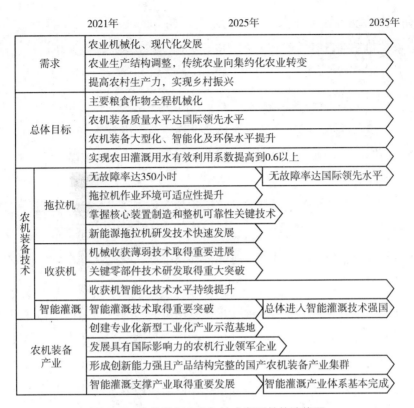

图 4-1　农机装备产业与技术发展总体路线图

主要包括行驶驱动液压控制技术、转向控制技术、电控液压提升技术，发动机控制技术主要包括排放控制技术及动力匹配技术，信息化控制技术主要包括人机工程信息交换技术。拖拉机产业关键技术现状可总结如下。

4.2.1.1　机型应用广泛化，系列功率应用大型化

纵观全球拖拉机的发展，近几年来功率不断上延，功率应用大型化成为趋势，国际几大农机装备龙头企业相继推出 367.5 千瓦（500 马力）、441 千瓦（600 马力）、514.5 千瓦（700 马力），甚至更高功率的拖拉机产品，但各家的产品均有自身独特的技术优势，也均有特定的用户群体。重要的是，并非所有的拖拉机企业都一味追求大功率，而是按照企业自身的发展战略和定位进行产品布局，且生产超大型拖拉机的农机装备制造企业仅有几家。

国产拖拉机功率上延也成为一种趋势。近两年来能生产 147 千瓦（200 马力）以上的拖拉机企业数量增至六七十家，中国一拖 294.1 千瓦（400 马力）无级变速拖拉机、徐州凯尔 294.1 千瓦（400 马力）机械换挡拖拉机的研发成功标志着国产拖拉机

在大功率方面实现关键性技术突破。在东北、西北的一些地区，147.1 千瓦（200 马力）以上拖拉机正在代替曾经流行的 117.6 千瓦（160 马力）拖拉机，现已成为当地主要的动力机械。

在用户需求个性化与品牌竞争差异化的大环境下，农用标准型拖拉机数量趋于饱和，水田、果园、大棚、经济作物种植区域专用机型发展势头正劲，坡地、丘陵机型需求日益强劲但供应不足。当前，国内量产各系列机型的最大适用功率不断提高且逐年增加，呈现以下特点。

（1）过去大、中、小型拖拉机的传统应用功率范围正发生明显变化。传统小型拖拉机一般包括 V 带传动小四轮拖拉机、手扶拖拉机，其技术水平低，功率小于 18.4 千瓦（25 马力）。由于 V 带传动拖拉机的传动效率低、安全性差、动力拓展受限，较难适应国内市场的作业需求，故正逐渐被 TY5-18、TY18-25 系列机型替代，而国内市场也逐步发展效率与安全性能更高的直联式机型。当前，小型拖拉机农用标准机型应用功率的上限已经上延到 29.4 千瓦（40 马力），果园、大棚专用机型已经达到 44.1 千瓦（60 马力）。

手扶拖拉机主要发展方向是微型轻量化，以适应南方水田地区以及山地、丘陵地区作业需要；同时还需拓展功能，提供合适的机具挂接位置，并后置、侧置动力输出和液压输出，变形为可与多种机具配套的现代化农机装备。

（2）中型拖拉机传统功率范围有了较大提升。主要包括原有中型拖拉机的基本型和扩展系列产品、全新开发的中型拖拉机系列产品和小四轮拖拉机功率向上延伸形成的中小功率系列产品。在原有中型拖拉机基本型和扩展系列产品中，东方红 -30/40 是在 20 世纪 90 年代末洛拖所开发的 2540 系列基础上进一步改进提高的产品，其性能指标先进、功能完善，达到 80 年代末国际同类产品水平。目前该系列产品功率已经延伸到 40.4 千瓦；以上海 -50、铁牛 -55 和清江 -50 为代表的中大功率系列产品，近年来在品种、产量上得到了迅猛发展，是技术研发的热点，除将功率进一步扩展到 51.5~58.8 千瓦外，还产生了在其基础上对外观造型及局部改造提高得到的新机型；中国一拖基于菲亚特 80-90 系列基础开发了 LX 系列产品，四缸发动机机型已经应用到 80.9 千瓦（110 马力），六缸发动机机型已经达到 110.3 千瓦（150 马力）；雷沃重工自主开发的 58.8~73.5 千瓦（80~100 马力）系列产品，四缸发动机机型已经应用到 88.2 千瓦（120 马力），六缸发动机机型已经应用达到 117.6 千瓦（160 马力）。

（3）大型拖拉机传统起点功率进一步增大。随着国内深松农艺作业方式的推广、土地流转进程的加快以及农机合作社的快速发展，国内大型拖拉机传统起点功率已逐步提升，其中内地正向95.6千瓦（130马力）、西北和东北等地区正向110.3千瓦（150马力）以上转变。目前，雷沃重工自主开发的TG系列产品的功率最大应用到136.0千瓦（185马力），而TK系列产品的功率最大应用达到176.5千瓦（240马力）；中国一拖自主开发的1604/1804系列产品的功率最大应用到161.8千瓦（220马力），而LG系列产品功率最大应用到110.3千瓦（150马力）；常发集团自主开发的L系列产品的功率最大应用到191.1千瓦（260马力），其L2604型拖拉机产品更是具备自动驾驶作业功能。

4.2.1.2 传动技术不断突破发展

典型的传动换挡技术包括机械换挡（滑移齿轮、啮合套、同步器换挡）、动力高低挡/动力倒挡、半动力换挡（区段动力换挡）、全动力换挡、双离合换挡、无级变速等技术。

早期的拖拉机采用机械换挡技术，主要是滑移齿轮和啮合套换挡，之后发展并成功应用了同步器换挡技术。同步器换挡能够减少振动和噪声，提高了换挡的舒适性，可使拖拉机在道路行驶过程中实现不停车换挡，有效提高了工作效率；动力高低挡以及半动力换挡技术的出现使拖拉机能够在负载状态下换挡，确保了田间作业换挡时的动力不中断，进一步提升了工作效率和换挡舒适性；全动力换挡意味着全部挡位均采用动力换挡，可使工作效率和换挡舒适性全面提升到更高的水平；2000年以后，自动换挡技术的应用开始成熟，即可根据拖拉机负载情况自动调整挡位，使作业速度和负载能够自动匹配，保证了作业的高效与节能，且不需人工操作，提升了操纵的舒适度与快捷度；无级变速技术采用传动带和工作直径可变的主、从动轮相配合来传递动力，可在一定范围内实现传动比的无级调节，从而实现与配套机具更高效的动力匹配。中小功率机型普遍采用HST换挡技术，动力全部通过液压传递，传动效率相对较低；大功率机型普遍采用液压机械合流式技术，动力通过液压、机械结构联合传递，通过控制结构优化实现较高的传功效率；双离合换挡技术是在车用AMT变速箱基础上发展起来的，采用两个离合器，通过机械换挡和电控换挡技术的联合控制实现全动力换挡，进一步提高传动效率，同时降低传动系成本。

目前，国内拖拉机大多数采用机械换挡技术，中小功率机型普遍由滑移齿轮换挡升级为啮合套换挡，中大功率机型普遍实现啮合套换挡向同步器换挡的升级，部分机型开始应用多锥面同步器，换挡能力和性能得到有效提高。同时，动力高低挡/动力倒挡、半动力换挡机型在国内部分领军企业已开始批量生产，如中国一拖基于其收购的原麦考米克公司法国底盘厂产品基础上开发的 58.8~80.9 千瓦（80~110 马力）动力高低挡 / 动力倒挡机型、110.3~161.8 千瓦（150~220 马力）半动力换挡产品；雷沃重工自主开发的 66.2~95.6 千瓦（90~130 马力）动力高低挡 / 动力倒挡机型、半动力换挡机型；中联重工、五征基于德国 ZF7200、7300 底盘开发的半动力换挡机型等。

4.2.1.3 发动机排放技术实现更大突破

随着国Ⅲ排放法规的顺利实施，发动机由自然吸气、增压柴油机升级到采用增压、中冷、电控喷油泵系统，部分机型采用了电控高压共轨技术，并标配有控制器，可有效减小振动和噪声污染。其中，采用增压中冷、电控燃油喷射系统，可以增大功率，减少排放，降低噪声，提高扭矩储备，提高拖拉机通过性、经济性和环保性能；采用计算机控制的发动机功率管理系统，可以内置多条功率曲线，匹配负载感应变速系统，并可根据载荷的要求调节输出功率，自动调节车速及发动机飞轮扭矩，实现高速小扭矩或低速大扭矩的动力输出，以适应各种不同运行工况的需要，减少动力损失，节约燃料，提高发动机寿命。

4.2.1.4 液压电控技术不断升级更新

拖拉机上最初应用的液压提升系统仅可手动控制机具的上升与下降，随着用户需要以及电控、液压技术的发展，机械式力、位反馈系统和电控液压提升技术相继被突破，有效提升了拖拉机操纵的舒适性，实现了使用过程的节能性。

目前，液压技术在拖拉机上已进入全面应用阶段，转向液压系统由开心系统向闭心负载反馈系统升级，结合 GPS/ 北斗导航精准差分定位，大功率机型开始应用自动驾驶技术。随着动力换挡技术的成熟发展，行驶传动开始需要液压控制技术。动力高低挡采用简单的液压系统即可实现换挡功能；动力倒挡、半动力、全动力换挡则需要比较复杂的电控液压控制技术，需要增加控制器并通过软件控制；自动换挡、无级变速、双离合换挡则需要更为复杂的控制器，利用软件对更多信息通道进行实时控制。而用于机具配套的液压输出则由最初简单的手动控制逐步向闭心负载反馈、电液比例控制技术发展。

目前，国内拖拉机液压悬挂系统大多仍采用开心定量系统的半分置式或分置式。随着拖拉机配套机具的增多和保护性耕作复合作业的要求，闭心式负荷传感液压系统以及电子反馈的悬挂系统已经显著凸显出其优越性，因此，国内大功率机型开始普遍应用开心或闭心电控液压提升技术，中小功率机型则由机械转向方式全面升级为液压转向技术，动力高低挡、半动力换挡技术需要的电控液压技术也已开始得到批量应用。

4.2.1.5 信息化控制技术不断发展

随着拖拉机车载控制器、全球定位系统、互联网大数据和云计算技术的发展，拖拉机信息化控制技术开始向自动化、智能化方向发展，如基于 CAN 总线技术的网络管理、3S（RS、GIS、GPS）技术的精准农业及远程通信快速发展；智能化与数字化的性能监视系统、虚拟终端得到普遍应用，可视化及实时性显著提高；故障自动诊断功能、地头管理系统、智能四驱系统、轮胎气压自动调节技术等在大功率机型上得到普遍应用。国外各大农机装备制造企业均推出精准农业系统，如 John Deere 的 Green 系统、CNH 的 PLM 系统、AGCO 的 Fuse 系统以及 Claas 的 Easy 系统，这些系统不仅能对机器进行远程监控与管理，还能实现智能转向、自动导航、生成产量图等。

在作业自动化方面，Case 于 2016 年 9 月发布无人驾驶概念拖拉机，其是在现有 Magnum 传统拖拉机的基础上取消了传统的驾驶室，通过配合使用 GPS 和用于超精准导引与即时记录传输现场数据的最精确卫星校正信号，可完整地对设备进行远程配置、监测及操作，真正实现拖拉机的无人自动化作业。

在其他技术应用方面，数码成像及处理技术开始在拖拉机上得到应用，如 John Deere 拖拉机的 360° 3D camera 系统、Deutz-fahr 拖拉机上采用的 Driver Extended Eyes 系统，这些系统均采用数码摄像及成像技术，能够显示拖拉机周围 360° 的影像，以此提高驾乘安全性。

当前，国内拖拉机的信息化控制技术与电器控制技术同步发展。早期拖拉机的电器控制系统结构简单，主要用于控制发动机的启动以及灯光；随着技术升级与突破，电器控制系统开始拓展并应用到对动力换挡、电控液压系统进行控制；近几年来，随着拖拉机车载控制器、北斗全球定位系统、互联网、大数据、云计算等技术的发展，国内拖拉机信息化控制技术开始向自动化、智能化方向发展。随着国Ⅲ排放发动机的普及，国内拖拉机已全面进入 Can 控制时代，因此，在北斗导航系统、互联网、大数据、云计算技术的支持下，远程控制技术、精准农业系统技术被相继突破；在差分定位系统支持下，自动驾驶技术开始被应用。如国内知名农机装备制造企业中国一拖、雷沃重工、常发集团等均开发了基于北斗导航系统的自动驾驶系统、地头转向控制系统，实现了自动导航、播种、施肥、起垄、洒药，且可做到直线精度小于 5 厘米、自动对行精度小于 10 厘米、转向轮偏角控制精度小于 1°；雷沃重工推出了 iFarming 农场管理系统，率先提出"全时连接作物生产周期的智能化管理"的概念，将信息化控制技术与农业生产全面结合，依托互联网、物联网与大数据实现信息集成与互联，通过农田测量、定位信息采集与智能化农业机械配套，为农业生产提供科学施肥、播种、喷药、灌溉等决策管理，以提高整个系统的运行效率，在改善生产力和农艺性能的同时，最大限度降低成本、减少浪费、提高整体生产效率，加速农机装备产业的高质量转型升级。

4.2.2 拖拉机产业与技术目前领先的国家和地区

4.2.2.1 国外拖拉机产业发展趋向

1. 全球拖拉机产业呈现复苏趋势

据德国机械设备制造业联合会（VDMA）的统计数据显示（见图4-2），受全球经济走势低迷、大宗商品价格大幅下跌、传统农机行业进入下行通道等因素影响，全球农机装备市场规模在 2016 年出现下滑。期间，以约翰迪尔、凯斯纽荷兰为代表的全球农业装备龙头企业的绩效均出现大幅下滑。在 2017 年，全球农机装备市场开始呈现复苏态势，但在 2019 年又出现小幅下滑。据 VDMA 统计，美国大马力拖拉机市场已呈现疲软态势，2017 年美国农场数量约为 206.5 万个，相比 1997 年以来减少1.7%~6.1%，其中 50~1999 英亩的农场占总农场数的 38%，比 2012 年普查时减少 3%，而该规模农场为 100 马力以上拖拉机的主要需求者；另外，由于新增的 2000 英亩以上农场挤压了该规模农场的市场，导致 3.5 万个该规模农场的亏损，因此，100 马力以上拖拉机销量将持续下滑。与此相反，100 马力以内拖拉机的强劲市场走势将得到

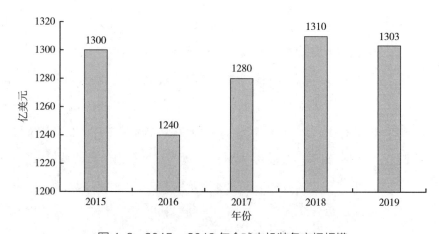

图 4-2　2015—2019 年全球农机装备市场规模

延续，原因主要是该马力段拖拉机销量受整体美国经济的影响，美国整体经济的增长态势为小马力拖拉机的销售提供了动力，且 1~9 英亩面积的新型农场的形成将为小马力拖拉机提供新的市场需求。

通过对 VDMA 发布的相关农机装备历史数据，以及美国约翰迪尔公司、美国凯斯纽荷兰工业公司、美国爱科集团、德国克拉斯农机公司、日本久保田株式会社等全球农机装备龙头企业的年度财报等信息进行综合统计分析，发现 2019 年全球农机装备市场规模约为 1303 亿美元，同比 2018 年下降 0.5%，且近年来全球农机装备市场的增长动力主要来自发展中国家和地区。

2. 国际农机装备企业竞争日益加剧，农机企业兼并重组再度活跃

从国际市场看，目前，国际农机装备行业市场集中度较高，其中的拖拉机产品大部分由几大国际知名农机装备制造企业所生产提供，企业经营状况如表 4-1 所示。由表 4-1 可知，国际拖拉机产品主要的生产厂家有美国约翰迪尔公司、纽荷兰公司、美国爱科、日本久保田株式会社等，2019 年四家企业营收规模约达 783 亿美元。

表 4-1　全球拖拉机行业代表企业经营状况分析

企业名称	所在地区	2019年营收（亿美元）	主要产品
约翰迪尔	美　国	393.0	耕作机械、植保机械、播种机、青饲收获机械和棉花采摘机等
纽荷兰	美国 / 意大利	280.9	拖拉机、联合收获机、柴油机等
爱　科	美　国	90.4	拖拉机、联合收获机、牧草与秸秆收获设备、播种与耕作设备等
久保田	日　本	18.6	联合收获机、插秧机、中小型拖拉机等

近十几年，随着国际农机市场的竞争日益加剧，曾经行业中的国外知名农机装备企业大多已归入到几个大型跨国公司集团的麾下，如菲亚特、福特、纽荷兰、凯斯等农机品牌已并入凯斯纽荷兰。随着全球化趋势的加剧，拖拉机行业的国际竞争日益激烈，促使全球农机品种多样化，农机装备的性能和质量得以明显提高，农机装备制造企业服务用户的意识和能力不断加强。但许多缺乏竞争力和现代企业管理意识的中小型农机装备企业纷纷破产，行业兼并与重组呈现风起云涌之势。2010 年以来国际拖拉机企业投资兼并与重组案例如表 4-2 所示。

表 4-2　2010 年以来国际拖拉机企业投资兼并与重组案例

时间	收购方	被收购方	具体
2010.11	美国爱科集团	意大利 ARGO 集团	美国爱科集团从意大利 ARGO 集团手中收购拉维达联合收获机公司剩余 50% 的股份。根据与 ARGO 集团达成的新协议，一旦获得意大利反不正当竞争机构的批准，爱科集团就将全资拥有拉维达公司，包括位于德国的牧草机械和干草机械制造商 Fella-Werke Cmb H
2011.3	印度马恒达	双龙汽车	印度农业机械及多功能运动车型制造商马恒达成功收购韩国车企双龙汽车公司 70% 的股权
2012.6	日本久保田	/	久保田公司宣称计划在印度尼西亚设立农机销售公司 Kubota Machinery Indonesia（暂称）
2012.11	意大利菲亚特工业公司	凯斯纽荷兰	意大利菲亚特工业公司将增持凯斯纽荷兰剩余 12% 的股权并将两公司的业务全面合并。合并后的公司将把总部设在荷兰并在纽约上市，但也有可能在米兰进行二次上市
2013.7	德国克拉斯	金亿机械有限公司	德国克拉斯收购金亿机械有限公司 85% 股权
2013.7	意大利菲亚特工业公司	凯斯纽荷兰	菲亚特工业公司和凯斯纽荷兰正式合并。这两家公司的合并代表着菲亚特集团新工业时代的来临，新公司于 2013 年 9 月完成合并
2015.11	日本久保田	GP	久保田收购美国拖拉机用农机具制造商大平原制造公司，此举旨在扩大在北美的农机业务
2016.1	凯斯纽荷兰	Kongskilde	凯斯纽荷兰收购 Kongskilde 农机品牌。本次收购包括移交与 Kongskilde Industries 耕作播种以及牧草与青贮饲料活动相关的资产，该部门的制造业务包括位于波兰和瑞典的两个欧洲工厂
2017.6	约翰迪尔	Wirtgen	约翰迪尔签署了对于全球道路施工机械设备领域领先制造商德国 Wirtgen 集团的最终收购协议
2019.9	凯斯纽荷兰	agDNA	凯斯纽荷兰收购数字农业巨头 agDNA，此次收购将使凯斯纽荷兰用户及第三方农业机械使用者受益于 agDNA 公司提供的数据集成、农业数据地图和分析工具，凯斯纽荷兰旗下品牌的车辆信息实现多方位的互通互联，如综合解决农民和农业企业的数据流
2019.12	凯斯纽荷兰	K-Line AG	凯斯纽荷兰收购澳大利亚农机具制造商 K-Line AG 公司和美国 ATI 履带系统公司，不仅确保了集团在优化苗床准备工作方面产品的优势，也将进一步增强集团旗下农机品牌凯斯和纽荷兰在作物生产管理领域的产品组合

续表

时间	收购方	被收购方	具体
2020.1	久保田挪威控股有限公司	挪威格兰公司	久保田挪威控股有限公司完成对挪威格兰公司 1.2 亿多股股票的自愿要约收购。本次交易的股票占挪威格兰公司全部发行股票的 78.87%
2020.4	香港中电集团印度子公司	印度马恒达公司太阳能业务	香港中电集团印度子公司收购印度马恒达公司太阳能业务股权。根据股权收购协议，中电集团以收购了马恒达可再生能源公司在 Divine Solren 持有的 1208 万股股份，总计占实收股本的 100%

4.2.2.2　国外拖拉机技术发展趋向

1. 发动机

当前，发动机的 Stufe IV 废气排放法规尚未对所有功率等级的拖拉机实施，但是，业界已经开始对下一阶段将要实施的 Stufe V 废气排放标准进行广泛讨论。根据当前实施的非道路柴油发动机的废气排放标准，所有非道路柴油发动机都需要安装一个柴油微粒过滤器 DPF，特别是功率等级在 56 千瓦（75 马力）以下的拖拉机。目前对于这类拖拉机而言，如果要装用废气排放达标的发动机，将显而易见地增加拖拉机产品的制造成本。

由于规定了严格的非道路柴油发动机废气排放限值，最近几年国外拖拉机的实际燃油消耗率已出现减少趋势。德国农业协会对各种功率等级的拖拉机进行了 PowerMix 独立测量结果表明，在对拖拉机发动机上采用选择性催化还原排放后处理装备且在燃油中添加催化剂后，发动机燃油消耗率最高可以降低 10% 左右，但当前仍有 5% 左右的拖拉机制造商生产的发动机上没有采用这一先进技术。

在芬特公司的 1000 系列拖拉机产品上，所装用发动机的标定转速已减少至 1700 转 / 分，这不仅对降低发动机燃油耗率具有积极影响，而且也有助于降低变速箱挡次的输入速度。值得特别指出的是，标定转速的下降可以使拖拉机传动系获得一个更高的静液压功率，当发动机转速在 1200 转 / 分左右时，拖拉机的传动系可以获得 50 千米 / 小时的行驶速度。发动机的冷却风扇采用静液压驱动方式，但风扇的空气进气量与发动机的转速无任何关系，即风扇组件可以和发动机进行隔离安装，在隔离装配时，应尽量使冷却风扇的叶片顶端和壳体之间的环形间隙控制到最小限度。采用这种安装方式，可以极大地提升冷却风扇的冷却效率。

为了增加发动机的有效功率，需要采用技术水平更高的涡轮增压器。凯斯纽荷兰公司就在其 Optum 型新拖拉机装用的发动机上采用了一种叶片可以进行调整的涡轮增压器，采用这种结构后，极大地增加了发动机的有效功率，但在机罩下面的发动机空间位置将变得越来越小，这是由于发动机装用了一个新型催化器和燃油颗粒滤清器以后，和旧机型相比，机罩下面的装配空间减小了许多，这就需要为带有中冷系统的涡轮增压机构、废气再循环机构及其他有害气体后处理系统尽可能多地留一些安装空间。但这样一来，发动机机罩就必须增大，可能会产生装配混乱的情形。

2. 传动系

经过多年的发展，功率分流式无级变速传动系已经成功地装用于各种类型的拖拉机上。根据德国农业协会进行的 PowerMix 指标试验检测结果显示，这种采用功率分流式无级变速传动系的拖拉机与装用动力换挡型变速箱的拖拉机相比，其实际作业的燃油消耗率更低。

为了进一步优化拖拉机的整个传动系统的结构，近年来技术攻关的核心在于实现四轮驱动型拖拉机传动技术的突破。到目前为止，传动系统的技术发展仍然依赖于拖拉机前桥转向角与行驶速度间的关系，当拖拉机后轴的转差率增大时，拖拉机四轮驱动系统就可以提前自动啮合，但存在以下值得关注的问题，即虽然四轮驱动系统具有可自动关闭的优点，但有时则希望四轮驱动系统不需要关闭，此时自动关闭反而可能对整个传动系统的效率产生负面影响。例如，当拖拉机在松软地面行驶时，经常会出现自动关闭的情况。针对此种情形，约翰迪尔公司所采取的技术措施是对其四轮驱动的离合器增加负荷，这样，其离合器的开关不仅取决于车轮的打滑，也取决于行驶速度的高低。当四轮驱动系统接通后，四轮驱动的运转就能保持固定不变，因此，当拖拉机在进行急转弯操纵时，四轮驱动系统就可以自动关闭。

秉持上述理念，约翰迪尔公司研发了一种 ProCut 型智能四轮驱动传动系统，其本质是一种 4×4 传动系智能化管理系统，采用这一系统后，不管当前传动系的负载如何，该系统均可以对其进行自动啮合和断开的操纵，可以极大地提高拖拉机的整体技术性能。根据拖拉机后轴的滑转率，该系统可以对 4×4 传动系自动进行啮合操纵，一旦前轴需要进行悬挂作业，由于其负荷发生变化，这个系统将会自动对传动系进行断开操纵；当拖拉机车轮在坚硬地面上或较窄的路面上行驶时，传动系也会自动断开，其优点在于传动轴可以在没有任何扭曲效应的工况下进行运转。这个新型操纵系统是由一些与传动系离合器共同组为一个整体的扭矩传感器所控制，根据拖拉机的配置，借助于相关的雷达信号、GPRS 数据或拖拉机前轮和后轮之间转速的差值系数，该系统可以在瞬间对拖拉机车轮的滑转率进行检测。和市场上现有的一些类似系统相比，该系统具有极大的技术先进性，可以减少设备的磨损和驾驶员的操纵疲劳度。

芬特公司推出的 1000Vario 系列新型拖拉机设计装用了一个全新结构的四轮驱动管理系统。该系统的实质是一个永久性的连接机构，当拖拉机进行转弯操纵时，前桥驱动系统可以进行无级式连续不断的调整，并且前轴的运转速度围绕其拖拉机转弯速度而增减。采用这种结构，不仅可以改善拖拉机的转向半径，而且还对草坪地皮和作业土壤起到保护作用。当拖拉机在较为松软的路面和地面行驶时，为了减少车轮的打滑以及防止传动系统运转性能变差，通常伴随着燃油能耗的增加，且所采取的预防措施可能对传动系统造成一些不必要的损坏；而当拖拉机在道路上进行快速行驶时，采用静液压结构的前轮驱动机构就可以实现自动断开；此外，在 1000Vario 系列新拖拉机上装用的后桥驱动机构也具有较高的驱动效率，因为在其后桥驱动机构上装设有一个静液压功率分流的双角形操纵控制系统。

3. 前置动力输出轴

凯斯纽荷兰公司在其 Optum 系列新拖拉机上设计装有一个前置动力输出轴。通常的动力输出轴具有两种转速，一种为 1000 转 / 分，一种为 1000 ECO 转 / 分，驾驶员可以在驾驶室内对动力输出轴的转速进行选择控制。例如，当拖拉机在坡地进行割草作业时，驾驶员可以将前置动力输出轴的转速从 1000 转 / 分切换到 1000 ECO 转 / 分，这样可以节省拖拉机的燃油。

近年来，拖拉机前置动力输出轴还出现了多种新技术，如荷兰的 Zuidberg 公司就研发出一种无级变速结构的前置动力输出轴。动力输出轴的旋转速度通常由发动机的转速确定，因为动力输出轴是与发动机的曲轴连接在一起的。在大部分使用情况中，发动机可以同时在较低转速下进行运转以维持动力输出轴的最佳转速，这有利于与各类农机具实现连接操纵，为了达到这一目的，该公司研发了这种新型的无级变速前置式动力输出轴。由于在这种前置动力输出轴内设计装有一个环形结构的无极变速器，这样，其转速就可以与发动机的一个固定范围内的转速保持一致。这种结构的前置动力输出轴可以独立于发动机转速，并在特定的发动机转速范围内保持其旋转速度。例如，可在发动机的转速处于 1400~2100 转 / 分的范围内，将动力输出轴的转速调整为 1000 转 / 分。由于这种动力输出轴的旋转速度可以连续不断地进行无级变速调整操纵，因此，该项技术的突破可改善拖拉机的燃油经济性，提高动力输出轴的作业质量。

　　另外，荷兰 Zuidberg 公司还与德国的一家公司合作研发了一种双相位前置式动力输出轴，该种新结构的动力输出轴可以采用遥控进行啮合起动，因此可以装配在林业拖拉机上用以驱动拖拉机挂接的前置绞盘，并且可以在发动机处于低转速工况下或在拖拉机处于高速行驶工况下进行低负荷输出轴运转作业，且当前置动力输出轴不使用时，其自动操纵功能可在 3 分钟后自动关闭发动机。

　　当前，国外部分公司的拖拉机上还装用了一种可以自动负载变速的动力输出轴，如由赛迈·道依茨·法尔公司研发的自动负载变速动力输出轴，可以根据发动机的转速自动在输出轴标定转速和经济转速之间进行选择。尤其是在输出轴作业条件发生变化时，选择使用经济型转速结构的动力输出轴可以极大地节约能源。

　　4. 驾驶室

　　当前，拖拉机新型驾驶室结构不断涌现，新型驾驶室室内一般较为宽敞，大多具有全方位的视野度。然而，大型拖拉机和自走式收获机的驾驶操纵环境应当与拖拉机和联合收获机作业周边的环境保持一致。为达到这一目标，爱科在其大中型拖拉机的驾驶室上设计了第二个天窗，这样就可以极大地提高前置装载机作业的视野度。

　　针对拖拉机挂接的前置农机具，若转向盘中心点至挂接机具前缘的距离超过 3.5 米，将被视为不符合现行规定的技术标准。因此，在拖拉机挂接的前置机具上安装一种 Fliegl 或 Satcom 型摄像机，可以使驾驶员在进行道路行驶操纵时提前知道两个方向交叉点的机具图像。这种摄像机也可以安装在拖车上，这样可以使倒车时操纵更为方便。此外，这个安装在拖车上的 Fliegl 摄像机还具有一个以超声为基础的类似环境监测系统的功能，并且还带有一个类似驾驶员"倒车"声的警告呼叫系统，当作业车辆后方出现障碍物时可以进行强行制动的操作。

　　赛迈·道依茨·法尔、芬特和约翰迪尔等公司的大中型拖拉机和自走式农机的驾驶室上还装用了环境监测图像数字化分析系统。赛迈·道依茨·法尔公司在其拖拉机上采用一种低角度监测系统，可以显示拖拉机的鸟瞰模式。这种图像分析法可以帮助驾驶员在摄像机遮光区域内的视图上看到作业机具的作业情况。特别是当拖拉机和大型自走式联合收获机从大厅或其他狭窄的通道入口和出口处行驶通过时，经常会发生意外，针对该情形，芬特公司在其大中型拖拉机和大型自走式联合收获机上装用了一种自动驾驶全方位监控系统，该系统能够避免相关事故的发生。约翰迪尔公司在其大中型拖拉机和联合收获机上则装用了一种 360° 3D 型摄像机系统，可在拖拉机显示器上提供一种静态的俯瞰视图；此外，该系统还可以显示拖拉机行驶路线图像，方便农机具的连接操纵，驾驶员亦可进行拖拉机外部的透视，并对驾驶的拖拉机进行三维观察。这样就可以非常精确地对拖拉机和农机具进行操纵和控制。同时在拖拉机内安装一个具有 190° 视角的摄像头，可以提前对散热器格栅以及拖拉机行驶路线或建筑物的角落隐蔽区进行摄像，给驾驶员提供一个识别和自动连接的操纵系统。

5. 自动化操纵和控制

当前，国外大多数具有领先技术的拖拉机和农机制造商均在其生产的拖拉机和大型农机上装用了一种田边地头作业自动控制管理系统。然而这种管理系统在实际使用中，驾驶员须针对其地角边缘地段的作业，通过导航系统进行编程处理，之后采用拖拉机软件菜单进行操纵。该模式对于一般的拖拉机驾驶员而言，经常会碰到自动记录和入境程序较为复杂的操纵控制问题。为了解决这个问题，约翰迪尔公司研发了一种 iTECAutoLearn（iTec 网管自学习）系统，可以使驾驶员通过对相似的田边地角地段进行程序的自动检测，为其作业操纵提供极大的方便性。在对其相同的最终程序进行了第三次重复检测后，该系统可以提供一个自动执行程序，即驾驶员可以通过按下压力按钮，对其记录的建议程序进行确认。目前，该新型田边地头作业自动管理程序系统已被广大拖拉机用户所接受，用户使用后可以极大地减少驾驶员的操纵疲劳，同时也可以大幅提高种植农场的粮食产量。

芬特公司在其大中型拖拉机和联合收获机上设计装用了一套 VarioGuide 型田边地头地段作业自动控制系统，该系统可以创立作业地段的轮廓视图，并具有自动跟踪功能。在经过手动绕行操纵后，该系统可以根据拖拉机作业地段行驶路线的长短，自动地进行操纵步骤序列的分解。在该系统中的正常处理模式改变之前，依靠自动控制系统的田间地头自动跟踪系统就可以创建各种作业行驶路线的操纵程序，且各种作业路线的选择操纵完全是自动的。此外，装在前置装载机上的电子平行操纵系统可以使装载机自始至终与拖拉机保持在同一个角度；但当拖拉机在斜坡地面上行驶时，如果装载的是颗粒状物品的话，就有可能出现极大的倾斜外溢现象。为此，约翰迪尔公司在其拖拉机的前置装载机上采用了一个防止倾斜的传感器和陀螺仪装备，使装载机永远处于一个水平方向的位置，从而极大地提高了装载机的作业效率，且在每个液压油缸上装有一个压力补偿传感器，使其装载工具的装载质量和装载位置可以自动进行确定，也可以进行准确的驾驶操纵。

当前，国外大部分拖拉机均普遍装配有智能手机和笔记本电脑，通过广泛地应用具有强大功能的软件程序，实现设备更便捷的使用。例如，在拖拉机内安装 Blue —

Tooth 型电子装备和具有高质量和低价格的无线通信设备，可以为拖拉机提供一种较高运算能力和使用方便的用户界面。大部分拖拉机机型除了采用这些整体式控制电子设备外，还在拖拉机操纵终端上建立了自己的电子操纵系统，大量的拖拉机用户均直接通过智能手机或上网本进行拖拉机的操纵控制。例如，荷兰 Zuidberg 公司的前置液压提升机构就是完全采用上网本对其进行电子操纵和控制的。

6. 土壤保护和悬挂系统

当前有少数农机装备制造企业在拖拉机上设计装用了一种整体式结构的轮胎充气装置，可以对轮胎气压进行不间断的连续调整。通常情形下，当拖拉机在进行耕地作业时，需针对已安装或挂接装备的道路运输作业进行必要的准备。但当拖拉机从田间和地里作业再上道路行驶时，其路况经常会发生各种变化，如当拖拉机挂接了粪肥施肥机进行施肥作业时，需进行较长时间充填肥料的作业，该项作业对于土壤保护而言在某种程度上成了累赘。鉴于此种情形，AGCO 集团的芬特公司生产的拖拉机产品上装用了一种新型轮胎，能够较好地解决这一难题。这种新型轮胎的原理是将两个高压轮胎并装为一个整体结构，使其成为一个蓄压器，从而对胎压进行快速调整，可在不影响发动机转速的情况下，通过压力直接交换的方式在 30 秒内使轮胎压力从 0.08 兆帕增长到 0.18 兆帕。为了保证连续不断地给轮胎内胎充气，采用一个简单的可转动接头便可满足压缩空气的供应；阀门设计装有两个能量开关，用于压力传感器的能量由感应轴内的控制脉冲发送，其他的空气压缩机、压力容器和气动控制线等装备均可全部省去。采用这种快速气压调整的方式，可以极大地减少操纵时间、提高轮胎的使用寿命，而且也可以减少拖拉机和农机对土壤的压实作用。在不同的土壤条件下，拖拉机在对各项作业进行操纵时就不可避免地需要施加各种不同的牵引力，这对于一些要求低牵引力的农田作业来讲是十分有利的，也可使诸多拖拉机生产商减少制造成本。

为了降低拖拉机的功率与质量之间的结构比重，拖拉机必须提供足够的压载质量，因此在进行重型牵引作业时，拖拉机还必须进行最优滑转率的调整。拖拉机质量由装配或拆卸后轮配重所确定，在实际使用过程中，由于其工作负荷较高，往往在轮胎内无法采用填充液体的方法，而若仅为确保拖拉机拥有足够的牵引力，则只需多加载一些配重即可。当然，如果拖拉机配重压载时间过长，就可能导致燃油消耗量的增加。在前置液压提升机构上快速进行配重块的安装和拆卸，在前桥进行质量加载是近年来才开始的新方法，过去的做法是在拖拉机后桥上加装质量块。

最近，约翰迪尔公司研发出一种 EZ 型加载系统，有效填补了这一技术空白。该

EZ Ballast 型配重系统实际上是一个被装配在拖拉机下面的配重液压升降系统，其质量可以均匀地分布在前后轮轴上，由此构成了极为有效的拖拉机配重加载方法。该加载方法可使拖拉机额外填充液压质量达到 1.7 吨，可以在较短时间内完成拖拉机的额外加载操纵，实现轮轴负载分布的平衡，在实际使用中极大地提升了拖拉机的整体效率。

芬特公司最近在其拖拉机上装用了一套 Fendt Grip Assistant 系统，该系统可使驾驶员在给拖拉机轮胎充气时选择一个最佳化的加载质量，对于驾驶员而言，需要改善的目标仅是快速而方便地加载操纵，如拖拉机停稳后便可进行快速加载操纵。因此，采用这种加载方法可以使拖拉机获得最佳化的行驶速度和正确的轮胎压力。此外，驾驶员必须选择悬挂装置的类型，而该悬挂装置的类型和土壤质量在其 Varioterminal 电子操纵终端上均可以显示。由于对轮胎压力可进行有效的控制，因此，无论拖拉机在田间作业还是在道路行驶，均可自动地获得正确的轮胎压力。这样可使拖拉机高效率地传递牵引功率，也保障了土壤保护和最佳设置的自动实现。

当装用双排轮胎的接地压力较低时，拖拉机可以获得较高的牵引功率传递效率，但由于拖拉机宽度调整的缘故，在中欧地区的使用没有获得成功。荷兰 Peecon 公司在拖拉机后桥上采用了一个折叠系统，极大地方便了运输，同时节省了安装和拆卸时间。对于装用双排轮胎的拖拉机，其在公共道路上进行运输作业时，采用该系统能在拖拉机驾驶室后面对其进行折叠存放，即驾驶员在驾驶室控制其拆卸的摆动，并通过液压折叠系统来完成操作。由于双排轮可以通过一个耦合连接系统组装在拖拉机的后轮轴上，故该操纵过程极为方便、快捷，并可以在很短的时间内做好装卸准备。

过去，控制拖拉机打滑的方式主要是限制其车轮的滑转率，即从外部改变其预定的牵引阻力，如略微减少犁的工作深度。而爱科—维美德公司则发明了一种通过干预发动机的输出来实现对拖拉机的打滑限制的技术。这种方法类似于载重汽车装用 ASR 系统，对于在冬季作业时需要固定轮距的拖拉机来讲十分有利。

7. 电动和液压驱动轴

由于装用了液压驱动桥结构，使得一些小功率拖拉机和重型挂车均可以适应一些较为困难的作业环境。当前，这种附加的液压驱动装置也可以和 HAWE 型磁带驱动器进行组合使用。通过该种方式，可使拖车上的液压装置也采用动力输出轴进行驱动。虽然该驱动器由驾驶员进行调整，但其操纵却极为困难，稍有不慎即可引起拖车推动拖拉机的现象，从而导致驾驶操纵风险。为此，约翰迪尔公司研发了一种 FlieglsDrive

型电驱动挂车车轴，采用这种车轴结构的拖车即可避免上述操纵危险的发生。

当前，不少公司的拖拉机可以根据其负载状态自动调整驱动桥的驱动力矩。有的拖拉机上还采用电功率取代其前置动力输出轴的发电机系统，电功率一般可达 100 千瓦。这样，动力输出轴就不需要通过拖拉机的传动系统进行驱动，也不需根据发动机的转速来全面提升动力输出轴的技术性能，不仅可增加拖拉机在田间作业的驱动性能，而且也提升了拖拉机道路运输作业的行驶安全性。当前，大部分拖拉机产品均在其独立悬挂装置上采用了一种数字型力传感器，并对其拉杆进行 Fliegl 改装，这样就可以在拖车运输时进行较为准确的重力测量操纵。

8. 标准型拖拉机装用 ABS 制动系统

ABS 系统问世以来，仅仅在一部分拖拉机上得到了快速应用，但使用的均为干式制动器，且这种制动器结构技术在载重汽车上使用较为普遍。在标准型拖拉机上使用这种 ABS 型制动系统是最近几年才开始的，原因主要是这种结构的制动器为全封闭装配，与湿式盘式制动器相比，其制动性能较好且所造成的污染也不严重；此外，该制动系统对于拖拉机前轴和后轴的制动功率还可以通过四轮传动结构进行自动接通，这对于典型结构的拖拉机而言可根据其悬挂机具的轴负荷差异来确定，因此，采用这种结构的制动系统就具有特别的意义。

通常的拖拉机牵引功率损失主要是由于拖拉机快速转弯时采用湿式制动器对其后轴进行制动所造成的少量功率损失。而芬特公司的 800Vario 系列拖拉机的最大行驶速度可以达到 60 千米 / 小时，因此，该拖拉机可采用慢速转弯的方法，当然，这取决于该拖拉机所具有的一个较高的制动转矩值。通常，一个加强型大型控制活塞需要一个较大的液压流，而在芬特公司的拖拉机上则装用了一个功率较大的传动系液压油循环系统，以此解决上述问题。

当前，拖拉机所装用的这种 ABS 型结构制动机构主要采用了新型的 Bosch-Rexroth 型继电器液压阀门，以满足其系统的大液压流量的需要。在 CNH 公司的拖拉机上所装用的湿式制动器则采用了一种独特的加压液体（液压传动的工作介质），其拖拉机传动系统和液压系统均可以共用一个液压油路。由于装用了 ABS 继电器液压阀，其传动系统液压油可永远维持达到检测标准的清洁度。此外，CNH 公司还具有另外一个可使拖拉机采用 ABS 系统的完整方法，这个液压制动系统将一个压缩空气 –ABS 系统与一个 Knorr– 制动器串联在一起，并且采用一个专用的空气 – 液压转换机构，以操纵控制制动器的液压。

纽荷兰公司在其拖拉机上装用该种 ABS 型制动系统，可以使拖拉机进行拆卸，且经过检测试验证明，装用该 ABS 型制动系统极具经济性，不仅具有整体性制动安全的优点，而且也考虑了农业使用上的专业性技术要求。具体而言，该制动系统第一次采用了对拖拉机车轮进行个性化制动的方式，即根据短促的转弯半径，在车轮回转线范围内实施快速制动操纵。尽管相对于转向角而言，处于半径内的车轮的转动较为迟缓，但其在进行通过性制动操作时没有对车轮造成连续性的损坏；此外，该制动系统还可以用于拖拉机在斜坡地上行驶时的起步助力，以获得保护土壤和减轻驾驶员操纵力度的功效；同时，该系统还能提供拖拉机在其他方面的智能化应用，如当拖拉机在斜坡地上行驶而在其轨迹内又无转向标识时，该系统可对拖拉机的差速锁按比例进行电子控制，或者是控制支持拖拉机实现与自动追踪导向系统的组合。

9. 采用线控转向机构

近期在拖拉机上体现了一种新型转向技术，这种在转向盘和齿轮之间无须机械或液压连接的齿轮转向机构也被称为线控转向。这种转向系统必须具有一个与安全性有关的严密的接触面。当发生电信号处理时，随后环节整个追加的转向功能中完全不需要任何机械或液压连接，从而进行转向操纵。如德国克拉斯农机公司的 Xerion 系列拖拉机上就装用了这种线控转向型机构。该拖拉机装用了一个可以转动的驾驶室，并具有一个可以与后轴转向机构连接关联度较高的转向角；而维美德公司所装用的线控转向型机构则在其两个转向轮上采用了一个无任何液压传导的反馈（回授）装置；约翰迪尔公司的 8R 系列拖拉机上也成功采用了这种线控转向技术，该系列拖拉机上采用了一个依赖速度变化的转向变速机构，可使拖拉机在进行前置装载机作业时减少转向操纵，并在拖拉机高速行驶时对其灵敏度做出反应，这是该拖拉机第一次配备转向控制机构，通过依靠加速度传感器发送的信号来激活拖拉机的转向调整回路，从而调整转向，提高了拖拉机的驾驶操纵安全性。

然而，当前该系统只能应用于全静液压转向系统，这是今后应当改进的方面。采用该技术的优势是可以减轻驾驶员在作业过程中的拖拉机转向操作强度，拖拉机的转向力矩完全可以根据驾驶操纵的具体需要进行灵活变化，从而使驾驶员通过转向盘感知到与其转向操纵有关的信号，避免了因快速操纵而引起的车辆操纵失误。综上，未来也可以采用一个与装在汽车上的回波抑制器（ESP）类似的装备，这项技术改进对于挂接重型拖车的拖拉机和农机装备的快速行驶作业尤其有用。除已经涉及的安全性方面，鉴于其能根据行驶速度而增加转向力矩这一技术特点，这个系统也可作为拖拉机的田间作业和前置装载机作业的一个新型操纵助力系统。

10. 新能源拖拉机技术

同汽车领域新能源技术研究开展得如火如荼不同，基于拖拉机的使用特点，一些公司开始探索新能源的应用，新能源拖拉机技术研发成为重要研究方向，但距真正的商品化还有一定距离。

截至目前，纽荷兰公司研发出了甲烷动力的 T6.140 拖拉机，动力为 102.9 千瓦（140 马力），配 300 升甲烷箱，能够续航 4 小时；芬特公司 2017 年研发的 e00vaio 纯电动拖拉机动力为 50 千瓦（68 马力），配 100 千瓦时的锂电池，能够工作 5 小时；约翰迪尔公司 2017 年基于 6R 底盘推出了 Sesan 纯电动概念机，动力为 130.1 千瓦（177马力），能够工作 4 小时；奥地利 Reform 公司研制出了 P48RC 混合动力遥控拖拉机，该机型采用 Kubota35.3 千瓦（48 马力）汽油机 +48 伏锂电池组，由 4 个轮毂电机驱动，能够持续工作 9 小时，可满足基本作业需求，目前已开始推向市场；意大利卡拉罗公司 2018 年 11 月在 EMA 展上发布了一款将柴油机与电动机联合作为动力的 77.2 千瓦（105 马力）拖拉机；约翰迪尔公司在 2019 年推出了一款混合动力拖拉机，该拖拉机采用机电耦合无级调速混合动力总成，用 2 台电机取代了原液压机械无级变速的泵马达系统，除进行无级调速外，还可输出 100 千瓦电力用于驱动电动机具，提高了变速箱传动效率，降低了维护成本。

4.2.3　拖拉机产业与技术研究开发水平

4.2.3.1　履带式拖拉机

我国履带式拖拉机具有相对不协调的市场形势，尽管目前处于衰退期，但我国对履带式拖拉机的技术研发改进并未停止，集中表现在对转向性能、可靠性、牵引附着性能、三点悬挂、微型山地履带拖拉机等方面的提升。我国履带式拖拉机技术现状具有以下特点。

（1）在发动机与电气系统方面，履带式拖拉机功率向上延伸，由最初的 54 马力发展到 75 马力与 80 马力，现在更是发展到 200 马力以上。发动机则由满足国Ⅲ标准的高压电控燃油喷射系统替代了传统机械泵，DOC+DPF+SCR 后处理技术得到推广应用，扭矩储备可达 50%，表现出了良好的节能减排效果。部分机型选装了监控和显示装置，能远程监控拖拉机运行的重要参数，减少了视野盲区，提高了操作安全性。

（2）在底盘与工作装置方面，为解决传统钢履速度小、转场不便的缺点，橡胶履带研发成功，行驶速度可达 30 千米 / 小时，相应机型获得认可；半履带即后轮换成橡胶履带拖拉机试制成功，既保持了履带式拖拉机较好的牵引性，又不失轮式拖拉机的机动性。在现阶段的履带式拖拉机中，液压助力转向操纵机构被普遍采用，部分车型由转向盘代替了传统的杆操纵，大大提高了驾驶便利性；换挡方式基本采用啮合套换挡技术，部分采用无级变速，传统的滑动齿轮换挡基本淘汰；多数机型搭载了弹性支承的安全驾驶室并配置空调，提高了驾驶舒适性。部分企业的产品技术升级更快，采用湿式转向离合器，扭矩传递可靠性更高；采用自润滑轴套，减振效果较好；采用电控独立式动力输出，操作方便；配置负荷敏感液压系统，提高了控制的精确度；配置电控悬挂系统，具有力调节、位调节和力位综合调节功能，作业效率大幅提高。

4.2.3.2　中型轮式拖拉机

中型轮式拖拉机一般包括通用型（农业一般用途）、草坪园艺型（用于草坪修剪、庭院场地管理作业）、果园型（用于果园、葡萄园耕作和管理作业）、丘陵山地型（用于丘陵山地耕作管理作业）、水田型（用于水田作业）和其他型（用于中耕、林业、工业等），传统功率范围为 25~80 马力，而随着发动机四缸增压中冷技术的发展，功率已上延到 120 马力。主要产品包括原有中拖基本型和扩展系列产品、全新开发的系列产品以及小四轮功率延伸形成的中小功率系列产品。主要代表机型有：在东方红 2540 系列基础上开发的机型，普通机型功率已延伸到 80 马力，果园机型已延伸到 90 马力；在上海 50、铁牛 55 和清江 50 基础上开发的中大功率系列产品，水田机型已达到 100 马力；中国一拖基于菲亚特 80~90 系列开发的 LX 系列产品，四缸机型已应用到 110 马力，六缸机型达到 150 马力；雷沃重工自主开发的 80~100 马力系列产品，四缸机型已应用到 120 马力，六缸机型达到 160 马力。此功率段的中拖主要满足小四轮升级换代，用于田间作业。

中拖动力一般采用三缸或四缸直喷柴油机，装配有 EGR 系统、四气门进气系统；传动系为 8+2、8+4、8+8、12+12、16+16 变速箱，采用啮合套或同步换挡或换向；独立或半独立单双作用离合器、干式或湿式盘式制动器、行星或齿轮最终传动；提升器采用位控制、力位控制和浮动控制。为了提高拖拉机安全性能，普遍采用数显多功能仪表，其显示信息较为丰富，驾驶员可以根据仪表信息判断拖拉机是否有故障及运行状态；机罩普遍采用流线造型，侧板的快速挂接机构使拆挂操作十分便捷，并出于发动机散热方面的考虑，在机罩的中部及前部均开有通风口。

目前，我国中型拖拉机技术的发展趋势是：发动机向大扭矩储备、低排放、低噪声、轻量化发展；传动系向模块化、多挡位、多配置发展，电/液控操纵有加快发展趋势；液压系统向大流量、高提升力、多输出点发展；有前悬挂、前输出等细分配置需求。针对不同作业对象的中型拖拉机机型，其关键技术开发水平如下。

1. 丘陵山地拖拉机关键技术研究与整机开发

1）技术目标

针对制约丘陵山地农业机械化发展的农用动力瓶颈，研究丘陵山地拖拉机行走机构、动力传递与高效驱动、姿态自动调整、机具悬挂装置坡地自适应、多点动力输出等核心技术及关键零部件，研究智能化控制和自主作业前沿技术，研制高通过性、高稳定性、高地形适应性的中型轮式山地拖拉机；集成智能化制造技术并进行试验考核。

2）开发水平

（1）关键共性技术研究。根据丘陵山地拖拉机农业作业需求，通过试验研究建立拖拉机动态作业负荷功率需求模型；基于台架试验数据，建立柴油机在不同负荷率工况下的输出特性和排放特性的数学模型；研究建立整体式静液压无级变速器数学模型以及动力传递与驱动一体化系统模型；进行丘陵山地拖拉机动力传动系统工作参数匹配，对机具悬挂系统机械机构进行运动学与动力学仿真分析并进行试验验证；对拖拉机悬挂机构进行运动分析，建立提升液压缸的活塞运动与农具运动和耕作深度调节变化之间的关系模型；结合拖拉机电液悬挂作业机组的动力学分析，建立丘陵山地拖拉机电液悬挂作业机组的整机模型；开展基于最优目标的电液悬挂滑转率控制策略与仿真试验；开展智能化控制系统开发与自主作业前沿技术攻关，研制相关的主控器、单元控制器、总线化信息监测装置，并进行实验室自测及第三方检测，以满足姿态调整及转矩智能控制要求；开展丘陵山地拖拉机作业环境智能感知与避障、遥控作业、自主驾驶等自主作业技术研究；完成丘陵山地拖拉机分布式控制的 ISO-BUS 系统结构定义以及多控制器数据规范的定义。

（2）关键零部件研究。完成车身姿态自调整系统研发与试制，设计丘陵山地拖拉机的前驱动桥和后驱动桥，针对自调整机构的调平系统及转向系统进行运动学、动力学与有限元仿真分析，对调平系统的液压系统进行仿真分析；开发路面谱采集系统，采集路面信息并建立路面谱信息数据库，将所开发的路面谱信息处理算法应用于车身姿态调整仿真和试验，进行路面谱回放试验；研制车身姿态自调整试验台，开发基于相应控制器的姿态自动调整软件；对丘陵山地拖拉机的自调平控制系统及其控制算法进行可靠性与调整精度试验；试制姿态自调整转向驱动桥以用于样机装配；对丘陵山地拖拉机的样机进行调试试验，使用相关控制器实现样机车身手动电控调平与自动调平功能；研发基于电液比例阀控制技术的丘陵山地拖拉机液压调整系统，通过液压阀组的逻辑控制和电液比例控制技术，初步实现车轮调平液压缸和后悬挂提升液压缸的逻辑与精准控制；研发电动补偿系统，以解决丘陵山地拖拉机坡地自适应时挂接农机具纵向偏移和作业姿态稳定性问题；完成对柴油机的方案论证、布置设计及优化设计，开发丘陵山地拖拉机用高转矩储备柴油机；开发双作用离合器/梭行挡/四轮驱动和单作用离合器/HST/四轮驱动两种多点动力输出变速器；开发车身姿态自调整转向驱动桥、坡地自适应电控液压悬挂系统等关键部件，集成无人驾驶及自主作业的整机控制器、手机 App 及后台服务器等，开展整机智能控制研究与试验验证。

（3）悬挂作业系统关键技术研究与系统开发。开发适用于丘陵山地拖拉机不同作业环境的高效节能、性能优良的电液悬挂控制系统；针对坡度自适应功能，设计闭心式恒流源液压系统，使该系统具有压力补偿、负载传感、比例调节等功能，实现拖拉机多功能的复合作业；针对拖拉机液压动力输出系统单一的问题，开发适用于拖拉机不同作业环境的液压动力输出系统，使其满足负载传感、压力补偿和流量调节等功能的需求；针对丘陵山地拖拉机作业环境复杂、拖拉机悬挂机构对地形适应性要求高等关键技术难题，研制满足丘陵山地拖拉机作业功能、横向姿态可调的液压悬挂机构，完成电液比例控制阀（包括定差减压阀、比例提升阀、比例下降阀等）数学建模、仿真分析、流道建模与流场分析、液动力补偿结构优化、流固耦合分析、开油液回流区域流道优化、流道局部结构改进优化等技术研究，创新研制适用于丘陵山地拖拉机复合作业的电液悬挂系统，采用流量分配、负载传感和压力补偿技术，使得各执行机构可并行工作、互不干扰，速度可调，且达成杆独立控制，悬挂系统可随地形调节。

（4）整机开发。一是研制扭腰轮式拖拉机，完成扭腰轮式拖拉机整机总体布置、动力系统匹配、扭腰摆动姿态调整装置、智能转矩分配系统等的结构设计；建立整机数字模型；完成扭腰摆动姿态调整装置工艺设计及关键零部件制作，设计前后分段扭腰式连接传动系统，一轴穿过摇摆轴套，将动力传递给后变速器，在一轴下方布置前驱动轴，驱动轴通过万向节与后变速器二轴连接，将行走的动力传递给前变速器，最终使该系统拥有挡位多、速比范围大、速度范围广等特点，动力输出可实现独立或同步切换，能适应丘陵山地的作业环境，满足各种作业需求。研究传动系统结构布置，在分段扭腰式传动系统的结构设计上采用梭形挡结构，倒挡布置在前桥传动箱内，主、副变速部分布置在后变速器中，进一步紧凑结构；减少齿数，提高齿轮利用率，实现主变速器同步器换挡以提高操纵性，副变速啮合套换挡以降低成本，动力输出采用湿式离合器控制；研究机构运动学和姿态调整技术及装置，实现车身姿态扭摆；研究高效驱动技术及装置，根据车轮滑转率判断打滑轮胎，实现驱动力的主动分配，提高发动机功率利用率及整机通过性，实现高效驱动。二是研制全姿态调整轮式拖拉机，完成该款中型轮式拖拉机总体布置、动力系统匹配、姿态调整的前后驱动桥等结构设计，建立整机数字模型，研制主动姿态调整后驱动桥关键零部件；研究摆臂下置式前驱动桥技术及装置，可实现前驱动轮始终与水平面保持垂直，以保持车身水平；主动姿态调节后驱动系统包括姿态可调节的驱动桥和控制系统，控制器读取拖拉机车身姿态的状态信息，控制后桥姿态调节装置同步摆动，实现对不同倾角地面的姿态调节。三是研制全向调平履带式拖拉机，搭建姿态调整测试系统，包括动态信号采集系统、应变测试分析系统和姿态信息采集系统，使用位移、压力、应变、姿态角度等传感器来测量姿态调整过程中调整的液压缸活塞杆位移、液压缸无杆腔油液压力、主从摇杆应变和车架姿态角度等物理量的变化情况，为结构优化及样机制作提供数据支撑；完成变速器关键零部件的设计、三维模型的建立以及部件的虚拟装配，完成发动机的选型购买及静液压驱动装置的匹配选型以及变速器关键零部件设计、图样绘制和定做加工，搭建拖拉机传动系统台架，验证整个系统匹配的合理性；开发集成拖拉机转向、制动、横向姿态调整、纵向姿态调整、农机具悬挂及调整等动作的液压系统。

2. 水田拖拉机行走驱动技术研究与整机开发

1）技术目标

针对南方水田泥脚深、水旱轮作、抢时性作业等特点，以解决水田作业适应性、保护耕底层和提高作业效率为重点，针对机具和水田界面泥水膜的形成与破坏机理、水田动力装备的行走动力学特性等问题开展技术研究，构建水田作业泥水膜滑行阻力模型；基于水田拖拉机数字化、模块化设计及制造技术，研发水田拖拉机核心部件轻量化、水田行走底盘及动力系统匹配等核心技术和关键零部件；集成相关技术资源，研制智能化水田专用拖拉机，实现产品系列化开发，并进行试验考核。

2）开发水平

采用任意拉格朗日 – 欧拉（Arbitrary Lagrange-Euler，ALE）多物质耦合算法建立土壤 – 水 – 空气三物质耦合有限元模型，运用流固耦合算法分析船型水田拖拉机船体模型与土壤 – 水 – 空气模型的相互作用过程。以前进速度、接地角和船首曲率半径为影响因子，以滑行阻力和下陷深度为响应值，按照二次正交旋转中心组合法进行仿真试验，并利用试制的水田土壤试验台进行验证；通过仿真试验获得各因素对滑行阻力的影响程度以及船型水田拖拉机船体的最优参数，优化船型水田拖拉机机体设计。

研制水田土壤滑行阻力检测试验平台，平台由试验土槽、电控牵引平台、表水与泥深水平控制装置、牵引悬挂装置、驱动安全控制系统等组成，可模拟不同水分条件下的水田土壤作业条件，同时测定船型水田拖拉机的前进阻力、土壤对机具的黏附力、表层水对机具泥水膜形成及减阻效果的影响规律等，是水田拖拉机与土壤相互作用力、水田土壤条件与机具工况最小阻力优化等方面试验的基础，同时试验研究船型水田拖拉机船型参数对滑行阻力的影响规律，为参数优化设计奠定重要基础；研究履带式水田拖拉机在水田土壤工况下的运动学和动力学特性，建立不同类型土壤在不同含水率时的力学模型，并与履带式拖拉机的物理模型进行耦合，通过仿真试验研究在不同土壤含水率和泥脚深度时水田拖拉机驱动力、打滑率与前进速度的相关性，为水田拖拉机的设计工作提供基础理论依据。同时，以中型轮式拖拉机前端搭载相机为试验平台，进行作物垄向中心线视觉检测试验，构建基于北斗／视觉信息相融合的宏微水田拖拉机导航控制系统硬件结构，分析导航控制信息传输结构，并在此基础上研究基于北斗／视觉信息相融合的宏微水田拖拉机导航控制策略；构建双泵双马达的液压驱动履带底盘系统，使左右变量液压泵分别连接左右液压马达，左右液压马达分别驱动左右履带行走；构建基于高低速 CAN–BUS ISO1783 通信协议的水田拖拉机整机控制系统结构，采用基于模糊逻辑的水田拖拉机控制方法，即用 BP 神经网络的泛化能力来预测最优滑转率，通过将最优滑转率、悬挂阻力、实际滑转率和牵引力阈值作为输入，用模糊逻辑控制方法对拖拉机进行控制；构建基于 GPRS 无线通信的水田拖拉机作业工况信息监控系统，并研究基于卫星基站服务的差分北斗定位信息获取方法；完成水田拖拉机轻量化车身 CAE 及零部件设计，开发出复合材料在线模压专用树脂配方，旨在解决在线模压零部件的成形方法；完成支重轮密封系统结构改进及装配图设计，支重轮动、静密封副的密封性能仿真分析，新型密封副的结构改进以及支重轮密封副在水田环境的试验台搭建，据此开展密封试验；完成轻型履带水田拖拉机多模式变速传动系统的研发设计；完成轻型橡胶履带式水田拖拉机整机布置及行走传动系统设计；完成轻型橡胶履带式智能拖拉机整机开发方案及智能化系统架构设计；完成四轮驱动轮式拖拉机整机布置及行走传动系统、液压系统设计；完成船型滑撬式水田拖拉机整机布置方案，确定性能参数及整机配置，完成变速器设计和样机制作以及轮履切换装置的设计与工艺准备。

3. 园艺拖拉机智能化关键技术研究与整机开发

1）技术目标

针对园艺生产劳动强度大，作业标准化程度高，对作业机具多功能化、操作方便高效、节能环保的特殊要求，重点针对现代标准果园、茶园等生产条件开展模块化多功能动力输出、快捷悬挂系统、多自由度大偏转角、高承载前驱动桥、故障检测、总线等智能化控制与人机工程等核心技术与关键部件研究，以及系列专用拖拉机关键部件和原型样机的研制。

2）开发水平

开展模块化多功能动力输出系统研究，针对果园、茶园等不同作业环境下实现拖拉机灵活机动控制的需求，在动力传动系统设计上采用多轴动力输出方式，实现拖拉机前后多动力输出，通过模块化设计方法实现灵活的安装与拆卸功能；在多轴动力输出的基础上，研发基于电磁多片离合器动力分配技术和电液控制方法的后轴转速实时控制系统，实现多种机具的作业需求；开发静液压传动系统，实现 2~3 区间段无级变速并应用在 20~40 马力拖拉机上；研发前驱动传动系统，开发基于液压转向的大转向角前驱动桥和超级转向前桥，以符合果园、茶园的园艺作业要求；开展快捷悬挂系统关键技术研究，开发快速挂接机构、基于电控液压控制的前后悬挂系统、带有快换机构及伸缩功能的下拉杆，方便园艺机具的挂接及配套不同园艺机具；采用负载传感液压系统并研发前、后电液提升器；研究园艺拖拉机的智能控制技术，研发基于 CAN 总线的拖拉机虚拟仪表系统，开发发动机系统、底盘系统、快捷悬挂系统、作业系统，并且实现电控液压传动系统、电气系统、视觉导航系统、故障检测系统等拖拉机各种状态信息的实时显示功能；研究构建环境地图并规划合理行驶轨迹，建立表征纵 / 横 / 垂耦合行为特征的动力学模型和轮胎 – 土壤耦合力学模型，基于鲁棒控制原理开发自动驾驶控制技术，实现正常作业情况下的自动驾驶和特殊工况下的辅助驾驶；基于 SAE J1939 标准，定义适用于拖拉机的 CAN 总线应用层协议，搭建状态监测系统框架，实现信息的提取和传输，对园艺拖拉机进行故障检测；开展整机拖拉机的开发与整机试验验证，开展果园 / 茶园智能化园艺拖拉机的整机结构布置、发动机选型、多用轮胎及履带式行走系统设计，以配套非道路国Ⅳ排放发动机，完成园艺拖拉机底盘开发。

4.2.3.3 大型轮式拖拉机

大型拖拉机传统起点功率为 80 马力，随着深松作业等因素的要求，起点功率逐步向六缸发动机、130 马力以上转变。雷沃重工自主研发的 TG 系列产品功率最大应用到 185 马力，TK 系列产品达到 240 马力；中国一拖自主研发的 1604/1804 系列产品功率最大应用到 220 马力；LG 系列产品功率最大应用到 150 马力。

大型轮式拖拉机技术发展方向表现在以下方面：一是发动机技术发展。国Ⅲ排放法规顺利实施使发动机由自然吸气与增压升级到增压、中冷、电控喷油泵阶段，部分机型采用电控高压共轨技术且配备有控制器，大幅降低了振动和噪声水平；同时，采用增压、中冷、电控喷油泵系统可以增大功率，减少排放，提高扭矩储备，提高拖拉机通过性、经济性和环保性能。二是传动技术发展。离合器采用机械独立操纵双作用离合器，140 马力以上的拖拉机因产品和操纵力的问题采用单作用离合器；针对前驱动桥，130 马力以下的多采用一拖开创的菲亚特技术前桥，130 马力以上的多采用卡拉罗、德纳公司前桥，中置单油缸、50°以上大转角、差速锁等是今后的技术发展方向；针对变速箱普遍实现啮合套换挡向同步器换挡的升级，部分机型开始应用多锥面同步器，换挡能力和性能得到提高。三是液压电控技术发展。目前，液压技术在大型轮式拖拉机上进入全面应用阶段：在转向液压系统上，由开心系统向闭心负载反馈系统升级，使自动驾驶技术开始应用于大功率机型；在行驶传动上，由于动力换挡技术的发展，开始需要液压控制技术；在换挡功能上，采用简单的液压系统即可实现动力高低挡，动力倒挡、半动力换挡、全动力换挡则需要比较复杂的电控液压控制技术，需要增加控制器软件控制；自动换挡、无级变速、双离合换挡则需要更为复杂的控制器，利用软件对更多的信息通道进行实时控制。四是信息化控制技术发展。国内拖拉机信息化控制技术与电器控制技术同步发展，早期的大型轮式拖拉机电器系统结构简单，主要控制发动机启动和灯光控制，随着技术升级，电器控制拓展到动力换挡、电控液压系统，近年来开始向自动化、智能化控制方向发展。目前，大型轮式拖拉机关键技术研发目标和开发水平如下。

1. 重型拖拉机智能化关键技术研究与整机开发

1）技术目标

针对我国大马力拖拉机缺乏动力换挡、无级变速、负载传感液压提升等核心技术的现实难题，开展动力换挡和无级变速器、悬浮式转向驱动桥、智能操控、负载传感电液提升器等核心技术与关键零部件的研究以及智能重型拖拉机整机集成开发；开展重型拖拉机智能制造的生产线改造、制造执行系统的开发研究，建立相应的测试及评估方法、预测模型，为建立重型拖拉机智能制造方法与技术体系奠定基础。

2）开发水平

（1）智能重型拖拉机动力换挡关键技术研发。开展动力换挡传动箱技术研发，优化选配传动箱的挡位与速比；完成齿轮、轴、离合器等零部件的总体结构设计以及零部件结构的三维设计等；运用仿生技术设计开发具有仿生属性的动力换挡控制湿式离合器；研究离合器摩擦片、离合器毂体等关键零部件的加工制造技术；开展部分动力换挡传动箱的研发，设计挡位数为 32（16+16）的变速器；完成变速器 UG 的虚拟样机设计，利用 Romax 软件对传动系统进行建模，开展传动系统的仿真分析和评价；开展电液控制器等关键零部件的结构开发和系统集成，形成变速器测控技术。

（2）智能重型拖拉机无级变速关键技术研发。开发具有负载自适应控制、节能增效功能的多区段全自动液压机械无级变速器；开发弹性均载的三行星排汇流机构，利用同心轴齿轮之间的空间，使用多个行星轮来分担载荷，形成功率分流，旨在提高传动效率；开发抗震能力高的多肋板多孔隙分段式 HMCVT 箱体、径向嵌套式换段离合器；以整机油耗最小、传动效率最大为目标，采用改进优化算法，开发 HMCVT 液压控制系统，采用螺旋插装式电液比例阀控制油路压力和流量，使液压油路具有先导控制、负载传感和压力补偿等功能。

（3）电液提升器与悬浮式转向驱动桥关键技术研发。完成提升器三大阀组的设计工作以及电液提升系统的数学建模、仿真分析和性能试验；完成悬浮转向桥限滑差速器的研究设计；基于对流道的优化结构分析，配置相应工装，完成样件制作，并对阀体流道结构进行测试；完成悬浮前桥主要结构件桥壳、悬浮摇臂、转向节及传动件的试制。

（4）智能重型拖拉机整机集成开发。完成带安全驾驶室的样机装配、关键零部件预留接口，使其可直接装配至整机；根据不同作业模式及其作业负荷对整机控制性能的要求，确定各种作业模式及其作业负荷下的整机管理与控制策略，并进行整机性能优化；制定一体化精准作业集成控制系统方案，开展导航系统的研发并进行测试。

（5）重型拖拉机智能制造技术研究。完成大型轮式拖拉机的生产装配线设计，包含变速器分装线、底盘分装线、驾驶室分装线及整机装配线；基于 Tecnomatix 进行装配线仿真，构建拖拉机虚拟装配仿真环境，并对主动弧分装工位、差速器分装工位、中央传动装调分装工位等关键工位进行工艺仿真。

2.智能电动拖拉机关键技术研究与整机开发

1）技术目标

针对零排放、无污染、低噪声等特殊农业生产环节对绿色动力农机具的需求不断增加的趋势，开展大型轮式智能电动拖拉机中央集成控制及整机控制策略、动力模式与经济模式下的能量管理、无级调速、作业机组在不同工况下的动力匹配及整机集成等关键技术的研究；开展大型轮式智能电动拖拉机能量管理系统、功率分汇流变速器技术研究；集成研制电动拖拉机关键部件和系统及试验台。

2）开发水平

（1）研究双电动机耦合驱动技术。基于电动拖拉机的作业动力需求和动力耦合机构的特性，设计双电动机输入、多输出功率分汇流传动系统。基于行星齿轮机构，实现双电动机功率的汇流与分流，通过功率分流实现 PTO 定速输出，将双电动机功率汇流后经高低档变速系统，以满足拖拉机不同作业速度的需求。

（2）研究整机能量管理和协同控制策略。基于多模型预测控制算法和并行调节方法的能量管理系统，制订动力模式与经济模式下高效利用能量的电动拖拉机整机能量管理系统和协调控制策略，其中的中央集成控制器可实现智能电动拖拉机动力及传动元件间的协同控制、PTO 电动机与牵引电动机转速以及行驶速度与动力输出轴转速的协调控制。基于总线的智能传感技术和整机运行与作业数据的智能终端显示仪表和操控面板，可实现电动拖拉机的智能化操控。

（3）研制双电动机独立驱动电动拖拉机。完成双电动机独立驱动电动拖拉机的总体方案、整体造型等设计；采用计算流体力学仿真分析方法，以电池组的最高温度和最小温差为目标，以动力电池温度场特性为基础，基于液冷设计理念，初步搭建动力电池冷却系统硬件，包括主控芯片、数据检测单元、通信单元、数据存储单元、驱动单元等；初步研究电动拖拉机的电磁干扰特性，完成对电动拖拉机充电机的试制。

（4）研制双电动机耦合驱动电动拖拉机。突破整机模块化开发技术，集成功率分汇流变速系统、动力电池组、整车控制器及电动助力转向、悬挂及显示终端等模块，创制双电动机耦合驱动电动拖拉机，实现智能化控制和作业管理。

4.2.3.4　国内外技术差距

自国内实施购机补贴政策以来，受政策拉动、强劲需求、产能升级等因素影响，拖拉机产业技术水平实现了稳步快速发展。其中的标志性成果是 294.1 千瓦（400 马力）级别拖拉机开发成功，国Ⅲ发动机顺利过渡实施，整机电器控制进入 Can 控制时代，远程控制、精准农业系统、自动驾驶技术开始得到广泛应用，动力换挡技术实现关键性突破。

但与国外农机装备标杆企业的拖拉机产品相比，国内拖拉机产品技术发展仍相对缓慢，且长期以中低端产品为主，低端产能过剩，恶性竞争严重，高端产品生产能力不足。在主要关键技术方面，国内拖拉机技术水平基本与国际 20 世纪 90 年代的主流技术水平相当，技术差距较为明显，主要功能、性能配置、可靠性指标与发达经济体相比差距约 20 年以上。在发动机、动力换挡传动系、液压悬挂、驾驶室、电子控制系统、机具配套等方面差距巨大，尤其智能控制技术应用方面差距更为明显，具体技术差距对比如表 4-3 所示。

表 4-3   拖拉机国内外关键技术差距

项目	国内产品	国外产品
发动机	三阶段排放，电控直列泵、单体泵；高压共轨应用刚刚起步；自然吸气、增压、中冷柴油机占多数；振动、噪声普遍高，排气烟度超标	四阶段排放，电控单体泵、高压共轨、变截面涡轮增压器、后处理排放控制技术应用普遍；以增压和中冷、电控技术以及环保和节能为主要发展方向，排放要求严格；代用燃料应用普遍
传动系	以机械换挡为主，动力高低挡、半动力换挡应用起步；变速箱挡位少，一般无爬行挡；双级锥齿轮减速门式或行星最终传动前驱动桥；大马力全域动力换挡、无极变速箱缺失	动力高低挡、半动力换挡、全动力换挡、液压无级传动系广泛应用；双离合动力换挡、机械式无级变速、电力式无级变速等新型传动不断面市
悬挂系	以开心定量、半分置式或分置式液压悬挂系统为主；电控液压提升在大功率机型上少量应用	电控负载传感液压提升、液压输出系统普遍应用
仪表盘	以磁电式和电热式为主，电流大、易损坏，精度低且一致性差，可靠性较低；开始应用 Can 控制 LED 仪表，但精度低、采集不灵活、可靠性、抗电磁干扰性能差	采用微电脑芯片的车用数显或伺服电机驱动仪表，增加电子监控、故障诊断以及发动机、工作装置和整机操纵等的电子控制技术
动力输出	以后置、机械式动力输出轴为主；电力、油压输出端口数量少	单速前动力输出、可变速后动力输出应用普遍；中小功率中置动力输出应用广泛
操作性能	简易舒适型驾驶室，密封和隔音效果较差，内部配置简单，机械式手操纵，弹簧减振驾驶座椅	静音舒适型驾驶室，隔音密封良好、视野开阔；转向盘倾角与高度、驾驶座 8 向可调；大功率机型普遍应用控制扶手，操作方便，作业舒适

续表

项目	国内产品	国外产品
功率	量产最大功率为191.2千瓦（260马力）；机具配备比平均水平为1：2.5	最大整机功率为441.2千瓦（600马力）；机具配备比平均水平为1：5以上
外观造型	喷涂工艺较差，色彩以及款式较为陈旧，整体设计亮点不够突出	总体配置紧凑、线形流畅，冲压件平整光滑，覆盖件造型美观；油漆耐磨、耐热、耐光照和耐腐蚀性好，光泽牢固持久，色彩搭配协调，整机美感强
高新技术	Can控制时代，远程控制、精准农业系统、自动驾驶技术得到应用	3S等高新技术、无人驾驶拖拉机广泛应用

4.2.4　拖拉机产业与技术发展的制约因素

4.2.4.1　拖拉机市场萎缩，进入深度调整转型期

近年来，我国拖拉机产量持续下滑，大中型拖拉机集中度不断降低。据前瞻产业研究院发布的统计数据显示，在大型拖拉机产量方面，2018年12月产量为2958台，同比下降45.2%；而2018年1—12月大型拖拉机产量仅为40147台，累计同比下降27.1%，较同年1—11月的下降幅度也上升了0.2个百分点。在中型拖拉机产量方面，2018年12月产量为20801台，同比下降16%；而2018年1—12月中型拖拉机产量为203341台，累计同比下降6.1%，较同年1—11月下降幅度上升了2.9个百分点。在小型拖拉机产量方面，2018年12月产量为2.5万台，同比下降32.4%，而2018年1—12月小型拖拉机产量为32.8万台，累计同比下降34%，较同年1—11月下降了1.3个百分点。

然而，不仅拖拉机产品产量持续下滑，而且大中型拖拉机的行业集中度降低。据中国农业机械工业协会统计，2018年我国骨干农机装备制造企业拖拉机产量持续下滑，其中大中型拖拉机产量为17.98万台，同比下降20.8%；小四轮拖拉机产量为3.69万台，同比下降79.1%；手扶拖拉机产量7.23万台，同比下降21.2%。大中型拖拉机行业集中度持续降低，一大批中小企业进入大型拖拉机生产领域。据不完全统计，能生产147千瓦（200马力）及以上拖拉机的企业就有六七十家。从市场结构分析，功率段增幅呈现"两头大"的情况，大型拖拉机产量下滑超过27%，中型拖拉机下滑10%左右，手扶拖拉机下降5%~10%，而其中主要是对外销量比较大。同时，从出口

贸易来看，大中型拖拉机出口一改以往向好的趋势，2018年仅出口19562台，同比下降4.12%。拖拉机出口目前主要集中在44.1千瓦（60马力）以下的产品，占总出口量的62%；73.5千瓦（100马力）以上拖拉机出口3427台，其中外资企业出口2704台，占78.90%。各马力段拖拉机增幅及台数如图4-3所示。

4.2.4.2 生产企业和经销商数量庞大

从近年来的拖拉机生产企业和经销企业数量来看，大中型轮式拖拉机生产企业和经销企业持续增多，加剧了行业竞争态势。2016—2018年轮式拖拉机生产/经销企业数量变化情况如图4-4所示。

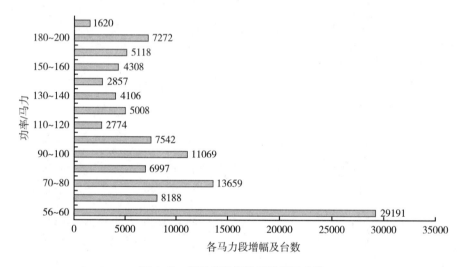

图 4-3　各马力段拖拉机增幅及台数

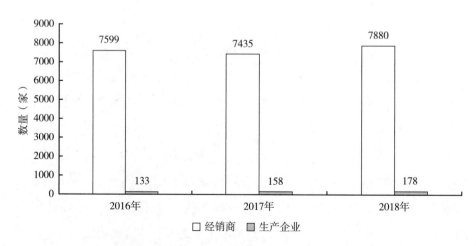

图 4-4　2016—2018年轮式拖拉机生产/经销企业数量变化

4.2.4.3 企业经营运行质量降低

随着生产资料成本及企业人工成本的持续上涨，农机装备制造企业利润空间缩小，产品和技术创新能力受到抑制，在整体市场需求降低的外部环境下，生产企业和流通企业资金风险加大、经营运行质量下滑，企业被迫采取收缩策略，拖拉机流通企业亏损面加大，经营规模与社会库存呈收缩态势，从业人员总数降低。

4.2.4.4 拖拉机行业形成多个产业集群

目前，我国规模拖拉机生产企业 170 余家，年产能从 1 万台至 30 万台不等，分布在全国 18 个省市区，其中山东、河南、江苏、浙江、河北五省是拖拉机生产企业集中的省份。山东形成最大的拖拉机生产企业集群，有 84 家企业，占拖拉机生产企业数量的近一半；而其中 53 家集中在潍坊，占山东集群的 63.1%。其他主要的集中地区是洛阳、济宁、宁波、常州、聊城、盐城等。产业集群的优势是产业链低成本运作，能够降低产品价格，但同时也造成产品同质化现象突出、产品技术创新动力不足。2018 年拖拉机生产企业分布地区占比情况如图 4-5 所示。

4.2.4.5 人才培养储备不足

农机装备行业人才，特别是熟悉行业发展趋势、研发经验丰富、创新能力强的高精尖人才和人才团队严重不足；结构性人才不足的现象较为普遍，除高端研发人员以外的外贸领域高端人才供给不足；同其他行业相比，农机装备行业待遇等各方面吸引

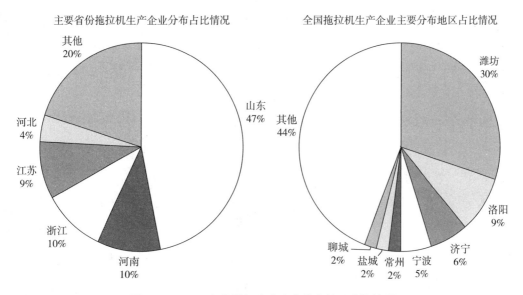

图 4-5 2018 年拖拉机生产企业分布地区占比情况

力不强，导致应用型技能型人才缺乏；诸多农机装备产业集聚效应明显的地区因区位优势不明显，人才吸引力不足；开设农机相关专业的院校较少，人才梯级培养缺乏后劲，难以满足新一轮农机装备产业发展的需要。总体而言，农机装备产业人才培养储备规模、层次和速度远远跟不上农机装备智慧化与智能化发展的需要。

4.2.5　拖拉机产业与技术发展路线图

4.2.5.1　拖拉机产业与技术发展的总体思路

统筹考虑拖拉机产业与技术的发展潜力、市场变化以及技术基础等因素，结合国家农业机械技术发展需求，确定拖拉机产业与技术发展的阶段性目标和时空布局，具体如下。

2020—2025年，适合各种地形（如丘陵山地、果园、水田）的拖拉机产品应达到齐全。国产农机产品市场占有率达95%以上，200马力以上大型拖拉机市场占有率达60%。全面掌握核心装置制造和整机可靠性关键技术，拖拉机平均无故障时间达到350小时。2025—2035年，拖拉机国内市场占有率达95%以上，高端产品市场占有率达30%以上。拖拉机平均无故障时间达到国际先进水平。

4.2.5.2　拖拉机产业与技术发展目标

近年来，我国农机装备产业快速发展，已成为世界最大的农机装备生产和使用大国，但占市场需求90%以上的国产农机装备为中低端产品，不能全面满足现代农业发展需要，信息化、智能化技术的快速应用进一步拉大了与发达经济体间的差距。根据目前国家对农机装备技术与产业的发展要求以及产业发展现状，对拖拉机产业与技术发展提出如下目标。

1. 智能化

拖拉机电气化、自动化、智能化，提供全方位解决方案将成为未来发展趋势。100~200马力具有动力换挡的拖拉机、200马力以上具有无级变速的拖拉机等将成为热销机型。随着中国拖拉机工业技术水平不断提高，越来越多的拖拉机新技术得到应用，以先进发达经济体国家为标杆，运用新一代信息技术与农业生产相结合，以满足精准农业的长足发展，不断提高生产效率。近几年，我国北斗卫星导航系统已逐步发展到民用阶段，为此，研制基于北斗导航定位系统的自动导航拖拉机不仅能推动中国传统农业的变革，而且能促进北斗导航定位系统的进一步发展。依托整机电气系统的升级、国Ⅲ发动机CAN协议的普及，安装北斗信号终端将实现整机使用信息及作业信息上传平台进行大数据汇总，可全面、及时地掌握拖拉机作业的详细信息，推进农业经济结构的合理优化，实现农业的可持续发展和区域产业结构调整，进一步推动智慧农业的建设进程。尤其是 2018 年 10 月由中国一拖主导研发的国内首款无驾驶室纯电动拖拉机面市，整机由无人驾驶系统、动力电池系统、智能控制系统、中置电机、驱动系统以及智能网联系统等五大核心系统构成，具有超前的设计理念，可实现车身 360° 障碍物检测与避障、路径跟踪以及农具操作等功能，标志着我国拖拉机制造业迈入新一代信息技术与先进制造深度融合的发展阶段，为新一代农机系统迭代提供了数据支撑。

2. 大型化

随着农业合作社、农机合作社、家庭农场、农机大户的崛起，土地流转现象加速，以合作社、农机大户、种植大户为代表的大客户比重明显上升，导致我国拖拉机市场需求进一步向大型化方向发展，需求结构呈现出较大变化。市场需求向大型化发展从数量上看相对降低了拖拉机市场的需求。以山东和河南两省为例，其拖拉机（包含小型拖拉机）保有量位居全国之首，但大中型拖拉机占其总保有量的比重仅为 20.6% 和 9.2%。为此，面向拖拉机产业需求大型化，下一步应当确立如下产业技术发展方向。

1）继续扩大 220 马力以下机械式动力换挡拖拉机产业链

分马力段来看，国内外动力换挡拖拉机的市场销量差异较为明显，2020 年 200 马力及以上动力换挡拖拉机实现补贴销售 598 台，其中国外品牌拖拉机占比 96%，国内品牌占比 4%；100~200 马力段动力换挡拖拉机实现补贴销售 714 台，国内与国外品牌各占一半；100 马力以下动力换挡拖拉机实现补贴销售 322 台，均为国内品牌。由此可见，国外品牌占据了大马力动力换挡轮拖市场，而国产品牌则在竞争 160 马力以下的动力换挡轮拖市场。中国第一台动力换挡拖拉机是在一拖制造完成的，打破了国外农机装备制造企业在这一技术领域的垄断。目前，一拖集团、雷沃集团、常发、五征集团、泰山、国泰等几家国内主要拖拉机生产企业都有动力换挡机型推出，而动力换挡拖拉机目前主要的使用地集中在东北、新疆、内蒙古等地。究其原因，动力换挡主要应用在大型拖拉机上且基本采用电控换挡技术，因此其系统构成较为复杂，成本高、价格贵。此外，配套技术的不完善也是导致动力换挡拖拉机普及缓慢的另一重要原因。

发展机械式动力换挡技术。传统的机械式换挡方式结构简单，使用维护较为方便，成本相对较低，价格与传统机械换挡系统相差不大，且相对于复杂的电控动力换挡而言，在技术上比较容易实现；然而该技术仍需各有关农机装备制造企业实现关键零部件的自主研发，只有掌握了关键零部件的自主研发技术，才能真正掌握市场并降低成本。

2）研究开发 191~235 千瓦无级变速轮式拖拉机

影响拖拉机性能的关键部分是变速器，它不仅决定拖拉机的动力性和燃油经济性，而且决定拖拉机的作业效率。变速器可分为有级和无级两种，传统的机械式有级变速器采用多对齿轮变速，很难保证发动机处于最佳动力性和最佳燃油经济性工作区，换挡时会产生冲击和噪声，舒适性大大降低，但其拥有效率高、成本低的特点，因此该变速器应用较为广泛。而采用电子控制技术的无级变速器可实现传动比在一定范围内的连续变化，确保拖拉机一直处于最佳动力性和最佳燃油经济性工作区，提高了拖拉机的动力性、经济性、生产效率，同时其操作实现了自动化，简化了驾驶员操作，也为综合控制拖拉机传动系提供了可能。

综上所述，传统机械变速箱已经不能满足大马力及特大马力拖拉机的作业要求，而湿式离合器的影响限制了动力换挡在重型拖拉机上的应用。考虑到作业需求及燃油经济性，优先发展重型拖拉机无级变速技术已迫在眉睫。

3）研究开发轮毂电机高效智能电力传动轮式拖拉机

轮毂电机驱动系统可以灵活地布置于各类车辆的前轮、后轮乃至所有车轮中，直接驱动轮毂旋转。相比于内燃机、单电机等传统集中驱动方式，其在动力配置、传动结构、操控性能以及能源利用等方面的技术优势和特点极为明显，主要表现为以下几方面。

传动结构简单采用轮毂电机后，可以省去离合器、变速器、传动轴、差速器乃至分动器，使车辆结构更加简单且减轻了质量，确保拖拉机具备更好的利用空间；依靠电机直接驱动传动，效率也将显著提高；由于轮毂电机具备单个车轮独立驱动的特性，因此无论是前驱、后驱还是四驱形式，都能够以较为灵活的方式实现驱动。同时，轮毂电机可以通过左右车轮的不同转速甚至反转，实现类似履带式车辆的差动转向，大大减小车辆的转弯半径，且在特殊情况下几乎可以实现原地转向，对于特种车辆而言具有重要价值。

轮毂电机技术具备很大的优势，其布局更为灵活，不需要复杂的机械传动系统。但同时也存在一定的缺陷与不足，如需要解决密封和起步电流 / 扭矩间的平衡关系，以及转向时驱动轮的差速问题等。为此，高品质轮毂电机及其驱动控制系统目前已经成为国内外拖拉机产业与技术发展的重要研究对象，此项技术将在未来广泛应用于我国新型研制的拖拉机产品中。

4.2.5.3 拖拉机产业与技术发展总体路线图

结合拖拉机产业与技术发展的总体思路，绘制拖拉机产业与技术的总体路线图，如图4-6所示。

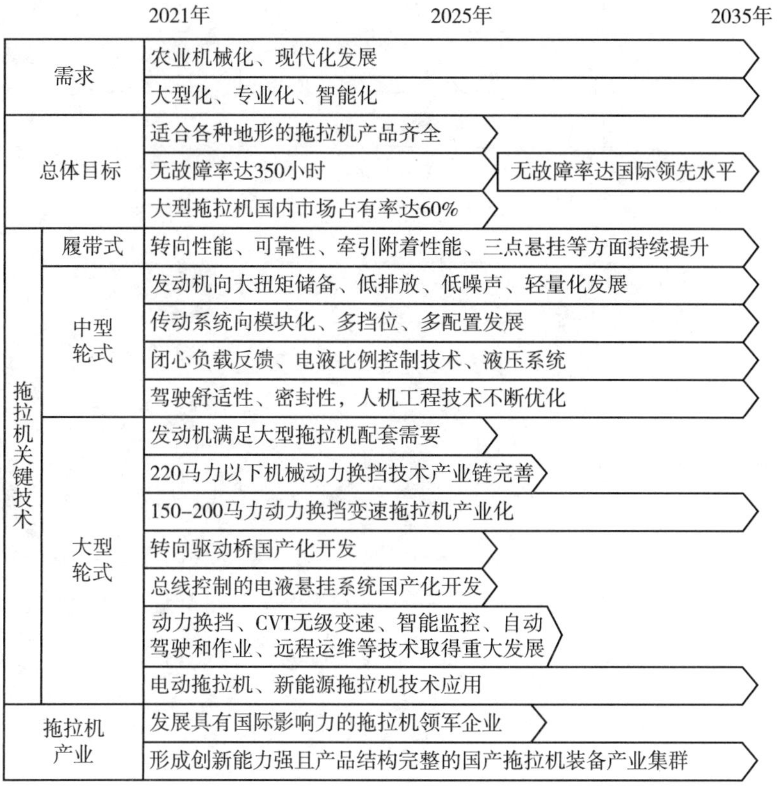

	2021年	2025年	2035年
需求	农业机械化、现代化发展		
	大型化、专业化、智能化		
总体目标	适合各种地形的拖拉机产品齐全		
	无故障率达350小时	无故障率达国际领先水平	
	大型拖拉机国内市场占有率达60%		
拖拉机关键技术 — 履带式	转向性能、可靠性、牵引附着性能、三点悬挂等方面持续提升		
中型轮式	发动机向大扭矩储备、低排放、低噪声、轻量化发展		
	传动系统向模块化、多挡位、多配置发展		
	闭心负载反馈、电液比例控制技术、液压系统		
	驾驶舒适性、密封性，人机工程技术不断优化		
大型轮式	发动机满足大型拖拉机配套需要		
	220马力以下机械动力换挡技术产业链完善		
	150–200马力动力换挡变速拖拉机产业化		
	转向驱动桥国产化开发		
	总线控制的电液悬挂系统国产化开发		
	动力换挡、CVT无级变速、智能监控、自动驾驶和作业、远程运维等技术取得重大发展		
	电动拖拉机、新能源拖拉机技术应用		
拖拉机产业	发展具有国际影响力的拖拉机领军企业		
	形成创新能力强且产品结构完整的国产拖拉机装备产业集群		

图4-6 拖拉机产业与技术发展总体路线图

4.3 智能灌溉产业与技术发展路线图制定

4.3.1 智能灌溉产业关键技术

4.3.1.1 智能灌溉技术架构

农机装备智能灌溉技术通过基于无线传感器的物联网、云计算、大数据、人工智能、3S 以及无线通信等关键技术，集智能感知、智能分析、智能控制为一体，为农业生产灌溉提供智能预测与决策方案，以达到自动化、精确化以及智能化灌溉的目的。一个完整的智能灌溉系统主要由感知层、传输层、应用层以及操作层四个层面构成，不同层面之间紧密关联、相互影响，智能灌溉技术架构图如图 4-7 所示。

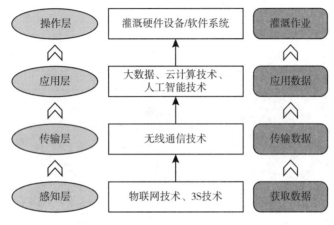

图 4-7　智能灌溉技术架构图

1. 感知层

智能感知层由各种物联网设备传感器及遥感设备组成，是整个农业物联网系统的基础，通过对各种土壤类传感器、气象站和视频摄像系统等进行监测，可实时获取农作物生长的环境信息，包含空气的温湿度、风向风速、降雨量、光照和 CO_2，土壤的温度、湿度、水势、pH 值，以及叶面的温度、湿度等，还可以实时监测农作物的生长状况。

2. 传输层

传输层主要完成数据信息的传输功能，是进行信息交换、传递的数据通路。传输层主要作为通信中心，负责信息的传输，是整个智能灌溉系统的通讯中心，也是维持系统正常运作的核心与关键。通过无线技术传输感知层所获取的各种信息，也易于将操作指令发布，使其与应用层和感知层的联系更为紧密。

3. 应用层

应用层包括数据存储分析、生产任务执行和展示操作系统，主要负责数据分析和应用，是整个农业物联网系统的信息终端，并可以远程监测、处理和分析由感知层获取的农作物生长环境的各种信息，进行精准灌溉、灌肥指导。以数据为基础建立专家系统，以辅助农业生产管理、作物追踪溯源和病虫害远程监测以及农田作物生长环境视频监控等，与感知层、传输层共同搭建起作物整个生长环境的远程智能管理监测系统，并最终通过计算机软件（App、Web、Wap平台）以数据、图片、视频等形式展现出来。通过应用层的数据分析，作物生长期间的合理灌溉时间以及需求量可被精准掌握，从而根据作物生长需求规律进行精准灌溉。

4. 操作层

操作层主要负责执行灌溉任务。在收到灌溉决策系统的灌溉指令后就要立即执行，具体的操作步骤是打开田间水泵和阀门，并根据作物生长时灌溉水和肥料所需的时间、数量进行自动灌溉。整个智能灌溉的流程大致为：传感器与遥感设备（感知层）——无线通信设备（传输层）——云平台（应用层）——智能灌溉软件与自动化灌溉设备（操作层）。

4.3.1.2 智能灌溉关键技术

1. 智能感知：物联网技术和3S技术

1）物联网技术

感知层是智能灌溉系统的核心，是获取数据信息的关键部分。物联网技术作为应用于智能灌溉中的重要技术之一，是利用传感器、遥感等先进技术实现信息全面感知、可靠传输和智能处理的网络。将物联网技术应用到农业灌溉领域，可对农田及农作物的各种信息进行采集、传递，并且整合各种农业灌溉信息，更加系统化地管理农业灌溉的各个环节，为农田节水灌溉的智能化管理提供科学依据，从而实现农业灌溉的智能化。

2）无线传感器技术

感知层中应用得较为普遍的是无线传感器技术，该技术在智能灌溉中的应用是将智能传感器按照一定的布局安装在灌溉农田内，通过安装各种环境监测传感器、土壤传感器、气象站、太阳总辐射传感器和视频摄像系统等，可实时获取农作物生长的环境信息以及其他生长指标数据，还可以实时监测农作物的生长状况。根据在智能灌溉系统中的功能，传感器可分为温湿度传感器、土壤类传感器、气象类传感器等类别。

3）RFID技术

利用RFID技术，可以随时随地提取所需要的信息，可以任意抽取某一区域在某一时刻的数据，并且将农作物的信息记录在RFID标签内；并且利用RFID阅读器读取标签内的信息，即可了解农作物在任何时段、任一区域的生长情况。为此，可充分利用 RFID 的特征来进行农作物灌溉，可以提前将农作物需水量、农药喷洒量、肥料需求量等信息写入 RFID 标签内，并利用计算机实现对农作物的精准控制和管理；此外，还可将 RFID 标签内的信息传递到网络，实现每个环节的透明性。

4）3S 技术

3S 技术是遥感技术（Remote Sensing，RS）、地理信息系统（Geography Information Systems，GIS）和全球定位系统（Global Positioning Systems，GPS）的统称，是空间技术、传感器技术、卫星定位与导航技术和计算机技术、通信技术相结合，是通过多学科高度集成对空间信息进行采集、处理、管理、分析、表达、传播和应用的现代信息技术。在农业灌溉作业中，利用 3S 技术可以有效地实时采集大量农业生产或管理过程的相关信息，通过对信息进一步处理与分析，按需给作物施水，可以最大限度提高农业水资源的利用率。3S 技术在智能灌溉中的功能如表 4-4 所示。

表 4-4   3S 技术在智能灌溉中的功能

3S技术	功能
遥感技术	遥感技术的优势在于信息收集，用于获取大面积农作物生长实际需求的信息，如土壤水分、作物蒸散发信息与环境温度等
全球定位系统	全球定位系统技术从本质上来说是提供三维位置和时间，主要用来确定田间地块土壤信息采样点位置，然后结合其土壤的含水量、氮、磷、钾、有机质和病虫害等不同信息的分布情况，辅助农业生产中的灌溉、施肥和喷药等田间操作
地理信息系统	地理信息系统用于农田土地数据管理，查询土壤、自然条件、作物苗情、作物产量等数据，管理农田空间数据；绘制各种产量图、田间长势图、农田土壤信息图等

（1）遥感技术。田间定点采用无线传感器网络技术，可以实现大面积监测，但传感器布点数量是继续考虑的难题，若布点太少则代表性差，不能满足精量灌溉要求；而布点多会增加成本，也将影响耕作；地面车载移动监测虽然克服了地面布点的缺点，但对于大面积农田灌溉来说仍然存在成本高的问题。然而，利用遥感技术则可以快速获取大面积的土壤水分和作物蒸散发信息，在智能灌溉中发挥信息采集与动态监测的优势。其中，应用于农业灌溉中的两种遥感技术分别为卫星遥感技术与无人机遥感技术。

卫星遥感技术主要是通过卫星的传感器测得目标物体的信息数据，再通过处理系统对所获得的目标信息数据进行分析、判读与识别的通信技术。换言之，遥感技术主要依托超高的分辨率传感器以实现对目标的探测。利用遥感技术对不同的农作物生长期进行全方位、多角度的监控是为了规避出现农作物"被虫吃"的现象。该技术覆盖的信息量较大、处理信息数据的速度快、分辨率高，可以快速获取大面积的土壤水分和作物蒸散发信息，提高收集相关信息数据的速度以及数据信息的精确性和完整性。但是，由于存在时空分辨率低、显著受天气影响等问题，其在指导农田精准灌溉的实际应用方面受到很大限制，并且卫星遥感技术还存在因时空分辨率低而导致的瞬时拓延、空间尺度转换、遥感参数与模型参数定量对应等技术难题。因此，精量灌溉技术的发展迫切需要一种高精度、高效率的大范围农田土壤和作物水分信息快速感知技术。针对这一需求，考虑到无人机具有起降灵活的特点，并且可以机载多光谱、热红外、高光谱等相机，因此将无人机遥感技术应用于农业灌溉可从根本上解决上述难题，克服地面监测效率低、成本高、影响田间作业等问题。无人机遥感技术可以高通量地获取多个地块的高时空分辨率图像，使精准分析农业气象条件、土壤条件、作物表型等参数的空间变异性及其相互关系成为可能，为在大面积农田范围内快速感知作物缺水空间变异性提供了新手段，在智能精准灌溉技术管理应用中具有明显的优势和广阔的前景。

（2）全球定位系统。智能精准灌溉需做到既能满足作物生长过程中对灌水时间、灌水量、灌水位置、灌水成分的精确要求，又能按照田间每个操作单元的具体条件精细准确地调整农业用水管理措施，最大限度地提高农机灌溉水的利用效率。因此，在田间运用 GPS 土地参数采样器采集植物生长的环境参数（如土壤湿度、地温等），通过 GPS 中心控制基站利用专家系统进行植物分析，可以调控植物的生长环境、精确控制节水灌溉系统。GPS 与智能化的灌溉机械设备（如移动式灌溉车等）配套可应用于农田土壤墒情、苗情、病虫害的信息采集，通过电子传感器和安装在田间及移动式灌溉机械上的 GPS 系统，可以不断记录下整个种植季节过程中几乎每平方米上的各种信息。

（3）地理信息系统。GIS 是以地理空间数据库为基础，在计算机软硬件平台的支持下对空间数据进行分类、分级、分层地采集、管理、操作、分析、模拟和显示的空间信息系统。GIS 一般具有五大功能，即数据的采集与编辑功能、地理数据库管理功能、制图功能、空间查询与空间分析功能以及可视化表达与输出功能，主要作用于土地管理、土壤成分、土层厚度、土壤中氮磷钾及有机肥含量，当地历年来的气温、降雨、雷雨及大风风速等的测量，以及作物苗情、病虫害的发展趋势、作物产量的空间分布等方面的空间信息数据库和机械空间信息的各种处理，能够为建立作物灌溉管理的辅助决策支持系统分析模型以及智能化专家诊断系统提供科学指导。

　　2. 数据传输：信息和通信技术

　　目前，信息和通信技术在智能节水灌溉系统的应用较为广泛，常见的应用方式主要分为两种，一种是充分利用现有的移动通信网络，将 GSM 或者 GPRS 模块与单片机、传感器进行结合，将采集到的土壤墒情信息通过移动通信网络进行远程传输。而将移动通信网络作为信号传输媒介具有如下不足：一是移动通信网络属于商用通信网络，每次通讯都会产生一定的费用，因此在一次性的安装投入后还需后续相应的维护费用；二是方案所采用的 GSM 或者 GPRS 模块费用较为昂贵，通过传感器采集的大量数据尚需人工处理和判断，配套的软件工具与算法还不够完善，从一定程度上说仍无法算作是真正意义上的智能控制系统。

　　另一种是采用 ZigBee 技术。ZigBee 是一种无线自组网，由 ZDO 所定义的 Coordinater 发起网络，其他设备会自动搜寻网络并加入其中。同时 ZigBee 网络还具有较强的自愈能力与抗击毁能力，具有较高的系统稳定性，能避免布线时的巨大工程量，并且布设灵活。ZigBee 作为节能、低成本和高可靠性的智能技术，支持通过多层、分散和网状网络的短距离（10~20 米）数据通信，因此在农业领域的 WSN 应用较为广泛。此外，支持 ZigBee 的设备具有工作周期短的特点，因而广泛适用于农业灌溉管理、农药和肥料控制以及水质管理等，但需定期更新信息。

　　智能灌溉产业领域其他的信息和通信技术还有 Wi-Fi、GPRS/3G/4G/5G、WiMAX。Wi-Fi 是基于 IEEE802.11 标准系列（IEEE802.11，802.11a/b/g/n）协议的无线局域网（WLAN），用于信息交换或无线连接至互联网。目前，它是智能手机、平板电脑、台式机和笔记本电脑等设备中使用最广泛的无线技术。在农机装备智能灌溉产业技术应用中，Wi-Fi 拓展了通过 adhoc 网络连接多种类型设备的异构体系结构的使用。GPRS 是基于全球移动通信系统的蜂窝电话的分组数据业务，其在 2G 系统中实现了50~100kbps 的数据速率；然而，在 GPRS 中的吞吐量和延迟是可变的，并且取决于共享相同资源的其他用户的数量。尽管 GPRS 带来的最大优势是缓解了无线设备的范围限制，即任何两个设备都可以通信，只要它们都位于 GSM 服务区，但是其更适合定期监测应用而不适用实时跟踪型应用。GPRS 的高级版本（3G 和 4G）提供了更高的数据速率，其中 3G 和 4G 是第 3 代和第 4 代移动通信技术，这些技术实现的相应数据传输速率分别为 3G 和 4G 中的 200kbps 和 100Mbps~1Gbps。WiMAX 是全球微波接入互操作性（Worldwide Interoperability for Microwave Access）的缩写，其具备的远程支持和高速通信功能使 WiMAX 成为农业智能灌溉领域应用的最佳技术，涉及农业智能灌溉系统监控、作物区域边界监控以及远程控制水泵、灯光和耕作系统的远程实时诊断。

3. 智能分析：大数据、云计算技术

1）大数据技术

大数据技术是在"互联网+"背景下出现的新兴技术，其在获取、存储、管理、分析方面超过传统数据库软件的工作能力，具有数据处理规模大、种类繁多、速度快、数据价值密度低等特点。由于农田智能灌溉的实际作业环境较为复杂，作物需水量的影响因素较多，因此数据信息量较大，而大数据技术的特色就在于可对海量农田环境数据信息进行充分挖掘，提高数据的"加工能力"，保证灌溉决策的正确性。因此，大数据技术为农业物联网技术和农业信息化的快速发展奠定了基础，通过长期分析获得的数据发现作物的生长规律，能对将来可能出现的问题做出相应的预测判断，从而使智能精准灌溉成为可能。其工作原理是通过传感器将农田信息发送给农业大数据信息系统，系统根据采集的农田信息，结合种植作物的品种、生长期以及天气预报等数据进行分析，制定合理的浇灌方案，远程控制每台水泵每天的浇灌量，从而实现科学、智能、精确浇灌，达到节水节能、节约人工和增产增收。

2）云计算技术

云计算是近期一种新提出的计算模式，其应用在现代农业灌溉领域的技术实质是计算、存储、服务器、应用软件等 IT 软件、硬件资源的虚拟化，在智能灌溉系统中的主要功能包括数据交换与资源共享，基于云计算的交换平台将实现水利部门间的信息联动与政务工作协同。同时，云计算拥有的"信息集成、资源共享"特性将在灌区信息管理系统的信息交换平台中发挥巨大作用，通过交换平台的应用，在水利部、水利科研规划部门、基层单位与灌区水务局之间建立"信息桥梁"，将各单位与灌区管理相关的系统接入云平台，通过云平台内部信息驱动引擎，实现不同水利系统间的信息整合、交换、共享和政务工作协同。

云服务中心是整个灌区信息管理系统的核心，确保了综合信息管理系统、综合决策支持系统、供水联合调度系统、智能灌溉管理系统等各类信息系统的应用。云服务中心通过对大量实时监测数据和历史数据的高性能分析计算和数据挖掘，能够准确判断灌区水资源状况和变化趋势，对防洪、抗旱等事件进行预警、应急调度等任务。云服务中心将业务应用系统的数据和其他相关数据作为基础数据源，采用科学的数据组织处理方法，通过丰富的报表、多维分析等方法找出这些数据内部蕴藏的大量有用信息，对工程运行与维护管理、水文气象等各方面进行科学分析，并做出可信的判断和预测，为灌区的决策管理者和灌区水利工作提供及时、准确、科学的辅助决策依据。

4. 智能决策：人工智能技术

当前农业灌溉通常利用先进科学技术，如自动灌溉技术、数据训练技术、数据处理技术等。人工智能系统拥有类似于人类的大脑，能够对当地环境的湿度等参数进行实时检测和系统分析。使用人工智能代替传统劳动力工作，利用大数据精准判断灌溉时间，能够有效地满足农作物对于水的需求，并且营造适合农作物生长的环境，推动农业经济的高质量发展。在农业灌溉作业中，以往农民通常根据种植经验粗略地把握灌溉用水量，无法根据多变的种植环境条件有针对性地进行调整，且在多作物灌溉方面更是无计可施。尤其是农作物的生长土壤是非线性和具有滞后性的复杂系统，通常无法获得被控对象清晰的数学模型，而模糊控制、神经网络、专家系统等人工智能控制算法能根据环境信息的变化做出适应性反应，对农作物用水需求量进行智能分析，创建最优灌溉调度方案并进行分配决策，自动控制农业施肥和灌溉，实现灌溉和施肥作业的一体化、智能化，从而弥补传统灌溉与施肥工作的缺陷，保障农业灌溉和施肥的精准性和高效性。其中，应用于农业灌溉作业中的人工智能控制技术主要包括模糊控制技术、神经网络控制技术以及专家系统控制技术等。

1）模糊控制技术

模糊控制技术在智能化农田灌溉中被广泛使用，其主要职能是总结多年来在传统农田灌溉、种植等过程中的经验，再借助自然语言表达出来；或者是经过对实际灌溉数据进行分析与整合得出控制规律，再凭借计算机进行智能化处理，以达到智能灌溉的目的。模糊控制技术与以往的灌溉控制方法相比更加简单，因为其不需要单独构建一个属于灌溉农田的数学模型，并且土壤系统的特点十分明显，通常是惯性与非线性；另一重要原因是，处于土壤中生长的作物生长期会因为环境的变化而产生不同程度的影响，由此很难统一创建一个具有精准性的数学模型，为此，模糊控制技术非常适用于农田灌溉的智能控制。

2）神经网络控制技术

神经网络应用于灌溉领域可以解决灌溉控制领域难以解决的两大难题：一是被控对象（土壤）存在不确定性和非线性特性；二是农田多环境因子之间的相互耦合。模糊控制算法解决了将现代农业智能灌溉系统中自然语言和人类思维推理表达进行数学化的问题，使机器能够模拟人脑的感知、推理等智能行为。但是，在模糊控制系统的应用过程中还有不少亟须开展的工作，如大量数据的处理、操作经验的归纳总结等，特别是灌溉系统中模糊规则的形成、隶属函数的选型与调整等工作尚需依赖人工完成。因此，可以将神经网络和模糊控制融合在一起，这样能够克服模糊控制器不具备自学习能力的缺点，从而使机器能更好地模拟人类，提高灌溉的智能化程度和效率。

3）专家系统控制技术

传统农作物种植多以经验为主，而农业专家系统则是将农业技术与信息技术进行融合，在综合分析各类农业领域相关知识、经验、数据与模型后，计算得出最优的解决方案，可用于指导智慧农业生产。当农业专家系统运用在农业灌溉领域时，可以大大提高灌溉的智能性，使灌溉系统具有诊断、决策及预测等功能。

4.3.2　智能灌溉产业与技术目前领先的国家和地区

4.3.2.1　发达经济体智能灌溉产业体系已趋成熟

现代农业发展与水资源的储备和利用技术休戚相关，水资源的不合理利用甚至浪费是制约农业现代化发展的瓶颈，水资源的地域分布不均和季节分布不均、干旱缺水与水资源短缺现已成为制约现代农业可持续发展的重要因素，为此，发展智能灌溉是实现农业高效用水的重要手段，已经成为世界现代农业发展的一大趋势，一些发达经济体的智能灌溉产业与技术均呈现高技术、高投入和管理现代化的特点，如以色列、美国、英国等国家对节水灌溉技术研究起步较早，农业现代化和精细化水平较高，智能灌溉控制体系已经相当成熟。

1. 以色列基本实现灌溉管理精准化与智能化

在农业灌溉方面，以色列科学管理、充分整合水资源，大力研发高新、精准、智能灌溉设备。以色列60%以上的国土处于干旱或半干旱状态，水资源严重匮乏，但由于长期致力于发展水技术特别是农业节水技术，最大限度地利用了水资源。因此自建国以来，以色列的农业生产增长了12倍，而农业用水量只增长了3.3倍，其中先进的灌溉技术对以色列的农业发展发挥了重要作用。以色列著名节水灌溉公司耐特菲姆于2019年2月推出耐碧特（NetBeat）平台，该平台综合应用物联网、传感器、云计算技术，整合主控单元、田间终端、云端软件、动态作物模型、传感器、水肥系统等，根据作物生长的不同阶段提供不同的水肥建议，并根据环境变化实时调整灌溉策略。另外，以色列生产的80%灌溉设备用以出口，其农业科技贡献率在90%以上；其水肥一体化技术能将灌溉水利用率提高到 95% 以上、肥料利用率提高到 80% 以上，微灌面积占总灌溉面积的 80% 以上，全国农业灌溉管理基本上实现了节约化、精准化和智能化。

2. 美国已建成完善的智能灌溉技术应用与管理系统

美国智能灌溉产业与技术的发展建立在农业生产高度专业化、规模化、企业化的基础上，并且已经建成了完善的智能灌溉技术应用与管理系统。早在 20 世纪 80 年代，美国雨鸟公司、摩托罗拉等几家公司就合作开发了智能中央计算机灌溉控制系统，即开始将计算机应用于温室控制和管理。自 20 世纪 90 年代起，美国开始应用数字农业技术，其中包括在农业灌溉环节应用遥感技术对作物生长过程进行检测和预报。21 世纪初，3S 技术、智能机械系统和计算机网络系统已在大农场中得到综合应用，智能农机装备进入了商品化阶段。如约翰迪尔公司的"绿色之星"精准农业系统，基于物联网技术与"3S"技术搭建的智能灌溉系统，能够进行精细灌溉、灌溉设备管理和灌溉计划管理，可绘制农场产量的"数字地图"，在机械化生产大农场中的市场占有率达到了 65% 以上。另外，在大数据、物联网等数字技术飞速发展的助推下，美国数字农业技术已与农业生产的产前、产中、产后形成紧密衔接，应用范畴覆盖从作物生长的微观监测到宏观农业经济的分析。此外，美国也已形成完善的智能灌溉技术服务组织网络，美国服务类企业与公益性服务机构可为农业经营主体提供较为完善的智能灌溉技术服务，如美国农业技术服务组织为农民灌溉作业提供了丰富的数据信息。

3. 英国信息化技术应用助推农业灌溉智能化发展

英国信息化技术应用助推农业灌溉产业与技术向数字化、智能化以及精准化发展。英国农村地区信息化基础设施完备，互联网、3G 信号已实现基本覆盖。在此基础上，智能灌溉技术得以实现在农业领域的全方位应用，如借助遥感技术进行作物生产监测与产量预报、农业资源调查、农业生态环境评价和灾害监测等；英国 Massey Ferguson 公司研发的"农田之星"信息管理系统，借助传感识别技术和 GPS 技术，能够更为精准地进行农作物生长状态监测、数据记录分析和灌溉方案制定；智能灌溉设备已基本装备卫星定位系统、电脑控制和软件应用系统，能够根据不同位置、不同质量的地块情形实现自动化、精准化、变量化作业，同时可以采集作物信息用以制作电子地图和调整灌溉策略。2013 年，英国启动《农业技术战略》，提出了应用大数据、物联网技术和智能技术进一步发展精准农业，从而提升农业灌溉效率，如借助 GateKeeper 专家系统提供辅助灌溉决策和农场管理，以及将自动感知技术广泛应用在施肥、施药、灌溉机械上等。

4. 其他发达经济体智能灌溉产业与技术研究开发水平

目前，德国正致力于发展更高水平的数字农业。通过大数据和云技术的应用，农田的天气、土壤、降水、温度、地理位置等数据能够上传至云端且在云平台上进行处理，然后将处理好的数据发送到智能化的大型农业机械上，指挥农机装备进行精细作业。由此，农民可获取种植何种作物、作物接受光照强度如何、土壤中水分和肥料分布情况等信息，据此优化生产并实现增产增收。并且，德国政府积极出台相关政策以支持数字农业发展，如在互联网上显示多种作物生产信息，包括某区域的温度、湿度、光照度、适种品种等，让种植农户据此信息来选择作物品种以及种植地点。

日本的农户人均耕地面积有限、社会老龄化不断加剧，因此利用互联网技术振兴农业的呼声愈加高涨。日本利用互联网将农户积累的技术和知识数据化，让下一代农户或农业企业来继承。通过将高精度传感器所收集的气象大数据以及农作物的生长数据实时发送给农户或管理人员，浇灌和施肥作业的合理规划能够被确保。同时，日本政府高度重视农业物联网的发展，将农业物联网纳入政府计划。日本政府指出，到2020 年，农业物联网的规模将达到 580 亿 ~600 亿日元。此外，日本政府还计划在 10年内将农业物联网作为信息来源，并推广农业机器人。

法国综合运用高科技手段对农业生态环境进行综合检测，并结合农业互联网技术和传感器传感技术，精准且动态地获取相应的农作物生态数据，为农业精细化灌溉提供技术基础。

4.3.2.2　多项智能灌溉关键技术应用水平以美国等发达经济体较为领先

1. 美国的农业传感器技术研究起步早

早在 2003 年，美国国家科学基金委员会首次全面制定无线传感技术研究规划，重点研究方向包括传感器网络特征、通信协议、数据查询以及安全保障等议题；在此推动下，美国加州大学伯克利分校、加州大学洛杉矶分校、加州理工学院、麻省理工学院等知名学府与研究机构开创了传感器技术基础理论和核心技术的研究先河。随后，英国、日本、中国、德国等国家相继成立或拓展相应研究组织，促进了无线传感技术从核心理论到应用研究的发展步伐。新西兰运用传感器网络来监测当地葡萄园发生霜冻的潜在风险，并基于传感器收集的数据制定相应的果园防护策略。澳大利亚对农场灌溉、施肥与牧群活动进行无线传感器监测，为牧区精准管理提供了较为成功的应用案例。在精准农业方面，特别是土壤系统监测、微气象动态监控、作物日常生长特征以及结合无人机低空摄影等方面，无线传感技术也取得了丰硕的研究成果，一系列综述报告、专业论文相继正式发表，为精准农业进入传感大数据时代奠定了坚实的基础。

2. 人工智能技术应用以美国最为先进和成熟

在农业灌溉领域引入人工智能技术的想法在 20 世纪初就已被提出。近年来，人工智能技术被广泛应用到现代农业生产中，应用中涉及诸多关键技术，如模糊控制技术、神经网络控制技术以及专家系统控制技术等。其中，农业专家系统的研究始于 20 世纪 70 年代末，以美国最为先进和成熟。1978 年，美国伊利诺斯大学开发的大豆病虫害诊断专家系统是世界上应用最早的专家系统；美国约翰迪尔公司作为全球最大的农机装备制造商，是精细农业的领导者，该公司的农业智能机器人可以进行智能除草、灌溉、施肥和喷药。

在发达经济体农业现代化发展过程中，人工智能技术得到了科研学者和农机装备制造企业的高度重视，通过不断深化相关的理论和实践应用，逐步成为农业和服务业的技术顶梁柱。国外的一些先进国家，如美国、以色列、德国和加拿大等，运用先进的电子技术、计算机技术和控制技术来实现农业灌溉技术的自动化、智能化。在设施农业灌溉控制技术方面，国外的技术已经在控制精度、稳定性和可操作性上有了很大提升，已经由过去简单的水力控制、机械控制发展到后期的机械电子混合控制、模糊控制，甚至已有生物技术和神经网络控制等。在控制技术方面，国外发达经济体主要是将电气信息技术、人工智能技术应用到农业领域，随着传感器等技术的不断发展，各国也趋向于研发控制与检测一体化的技术，且更注重作物生长状况，建立了一套计算机灌溉控制系统，在设计方面较大地提高了灵活性。

3. 发达经济体大数据、云平台技术应用广泛

国外发达经济体，尤其是水资源和土地资源匮乏的国家，均比较重视水利信息化建设，以期最大限度地提高灌溉水利用率，实现单位土地经济效益的最大化，且经过长期发展，节水、环保、高效、科学的种植与管理理念已经与信息管理系统实现了有机融合。其中，以色列是一个水资源严重紧缺的国家，农业用水量占总供水量的62%，为了提高灌溉水效率，以色列农田均采用了喷灌、滴灌技术和自动控制技术，实现了水量计量、水价政策、灌溉过程的计算机管理和遥控，确保了水肥同步，使灌溉水平均利用率达到90%。

在智能化方面，以色列农业具有较高的信息化和数字化基础，其农场可以利用大

数据定制符合自身实际的作物耕种方案。以色列农业技术企业 Taranis 利用卫星图像、作物实地生长报告以及当地病虫害分布等大数据资源建立植物生长模型，能够随时采取可视化数据并且预测植物病虫害风险和气候变化，农民据此可精确雾化灌溉设备的阈值及方向、肥料及杀虫剂使用数量等；AKOL 公司建立了包含不同区域农民工作习惯和作业方式在内的庞大农业数据库，综合分析区域内土壤状况、温度和湿度数据、害虫指数等，结合当地农民的工作习惯，帮助农民制定更加精细的种植方案。

美国佛罗里达大学开发的 AFSIRS 系统，可以根据作物类型、土壤情况、灌溉系统、生长季节、气候条件和管理方式等变量，估计出对象区域的灌溉需水量。该系统收集了佛罗里达州 9 个气象观测站的长期观测资料数据，对当地气象条件进行了较为全面的了解，能够广泛应用于农业智能灌溉活动。

4. 基于无线通信技术的智能灌溉以美国、以色列较为出色

国外发达经济体中，关于无线通信技术在农业灌溉领域的研究做得较为出色的是美国、以色列。农业灌溉在无线通信技术的帮助下已逐渐实现智能化，可显著降低农户在灌溉中的劳动成本和时间成本。农业灌溉智能化程度较高的国家已经积累了十分丰富的相关技术，如美国的雨鸟公司已经针对农业滴灌技术发明了 130 多项联邦专利，生产了 4000 多种喷灌和微灌设备，并根据具体的应用出品了 IQ-Cloud 智能管理软件，便于用户在不同平台、设备和地点对智能灌溉系统进行实时管理。以色列作为中东地区的国家，土壤沙化的问题一直较为严重，因此农业灌溉技术侧重于开源节流，其农业技术设备公司的产品研发均十分重视灌溉产品中节水功能的开发与其他设备功能的兼容性，在灌溉技术上实现了全程自动化智能灌溉系统的突破。

4.3.3　中国智能灌溉产业与技术研究开发水平

在我国现有的 19.2 亿亩耕地中，有近一半是没有灌溉条件的"望天田"，而对于已建成的 9.52 亿亩灌溉耕地，灌溉水有效利用率也只有 53%，远低于世界先进水平。目前，仍有 91% 的灌区采用地面灌水技术，且在一些自流灌区，大水漫灌现象较为常见，全国农田灌溉水有效利用系数仅 0.565，即意味着近一半灌区水量在输水、配水和田间灌水过程中损失掉了，为此，发展高效、节能和环保的技术和产品已成为灌溉技术发展的必然趋势，是农机装备产品设计和制造的主要方向，其中，智能化与信息化是灌溉机械行业全面提高发展质量和核心竞争力的关键，将互联网平台和信息通信技术融合到产品全生命周期，实现生产过程数字化、网络化和智能化，形成智能化

灌溉模式是未来必然的发展方向。目前，我国农机排灌设备存在系统能耗高、适应性差、智能化程度较低等问题，与发达经济体知名农机装备制造企业生产的设备相比还有较大差距。

4.3.3.1　国内智能灌溉产业与技术整体水平落后于发达经济体

在农业灌溉方面，国外的一些发达国家，如美国、以色列和德国等，运用先进的电子技术、计算机技术和控制技术来实现灌溉技术的自动化、智能化。在设施农业灌溉控制技术方面，国外的技术已经在控制精度、稳定性和可操作性上有了很大提升，已由过去简单的水力控制、机械控制发展到后期的机械电子混合控制、模糊控制，甚至有了生物技术和神经网络控制等。针对控制技术，国外发达经济体主要是将电气信息技术、人工智能技术应用到农业领域，而随着传感器等技术的不断发展，各国开始趋向于研发控制与检测一体化的技术，且更注重作物生长状况，致力于建立计算机灌溉控制系统，在系统设计方面具有很大的灵活度。相比而言，国内智能灌溉产业与技术整体水平落后于发达经济体，主要体现在如下两方面。

1. 技术研发起步较晚

20世纪70年代中期到80年代后期是我国节水灌溉行业的起步阶段，我国政府开始从欧美、以色列等发达经济体引进喷灌、微灌、滴灌技术以及相关灌溉生产设备，并用10多年时间在国内进行相关实验、研发和示范推广。在该阶段，我国的节水灌溉行业发展力量比较薄弱，政府相关政策和资金的支持力度也不大，因此相关技术基本处于摸索、实验和推广阶段。

20世纪90年代初期到20世纪末，我国进入节水灌溉技术推广和行业快速发展阶段。当时国内水资源以及先进的种植技术与水肥技术普遍匮乏，经济作物的大面积耕种使国家开始加大力度推广节水灌溉技术。在此期间，国家通过建立节水灌溉重点县和示范区，以及发放节水灌溉项目贴息贷款和节水灌溉企业技改贷款等方式来支持和推进节水灌溉行业的发展。20世纪90年代后期，节水灌溉相关产品的生产企业数量呈现逐年成倍增长的态势，其间诞生了百余家生产节水灌溉产品的制造企业。这一时期由于水利、农业及其他相关行业对节水灌溉产品和技术的需求旺盛，我国节水灌溉行业发展势头强劲，开始形成一定的市场规模。

21世纪初至今，我国节水灌溉行业市场竞争日趋激烈，节水灌溉设备生产企业数量增速明显，行业内产品数量和质量、技术水平、信息化程度都有了较大程度的提升。但与此同时，大多数企业存在规模较小、资金短缺、各类专业技术人员缺乏、研发和创新能力较弱等问题，一些技术含量与制造工艺要求相对较高的产品和国外同类产品相比仍然有较大的差距，一些核心部件仍然主要依赖进口。

2. 产业集中于中低端市场

放眼全球的农业灌溉类制造企业，以色列、美国等发达经济体始终处于世界领先地位，尤其是在灌溉设备的研发和制造领域一直占据高端节水市场。而我国现阶段的农业灌溉生产技术水平、信息化程度、产品的数量与质量等虽然有了较大幅度的提升，在某些中端领域产品质量接近发达经济体水平，但由于企业规模较小、资金实力不足、研发创新能力较弱等客观原因，导致国内农业灌溉产品只能集中在低端领域，且同质化现象严重，行业竞争激烈。大禹节水、润农节水、新疆天业等少数企业可算是我国农业灌溉技术水平及制造工艺较高的企业，它们在中端市场具有较强的竞争力，但仍然未能突破被外资企业垄断的高端市场。灌溉设备的市场格局如图4-8所示。

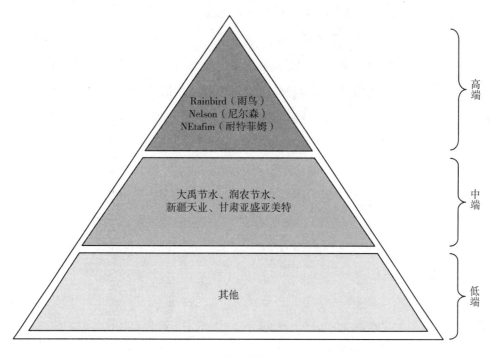

图4-8 灌溉设备市场格局

综上可见，当前我国节水灌溉设备行业的整体竞争格局是：节水灌溉行业内的企业普遍规模较小，行业集中度不高。近几年由于国家加大了对节水农业的支持力度和资金投入，节水灌溉行业前景看好，进入该行业的投资者逐步增多，使得行业的市场竞争趋于激烈。针对国内市场，由于国际节水灌溉巨头在价格上处于劣势，已逐步退出国内中低端节水灌溉市场的竞争，而在高端节水灌溉设备市场形成一定的垄断优势；国内节水灌溉龙头企业在产品质量和技术上不断进步，已经能在中端产品领域赢得竞争并向高端产品市场发起挑战。

4.3.3.2 智能灌溉关键基础技术持续突破

1. 北斗导航系统实现全球组网，已达国际领先水平

2011年4月10日，中国第八颗北斗导航卫星成功发射，标志着北斗区域卫星导航系统的基本建成。此前，中国已成功发射八颗北斗导航卫星，并已开始建设拥有自主知识产权的卫星导航系统，该系统将逐步扩展为基于系统联网和测试的全球卫星导航系统。北斗系统主要具有三大功能，即快速定位、短信息交流和精确时间。与 GPS 等卫星定位系统相比，北斗系统不仅可以让用户知道其准确位置，而且还可以将位置告知他人。随着北斗三号全球卫星导航系统的开通，未来将会为农业生产提供更加精准、智能的服务。基于北斗导航系统的智能灌溉系统既能满足作物生长过程中对灌水时间、灌水量、灌水位置、灌水成分的精确要求，又能按照田间每个操作单元的具体条件，精准地调整农业用水管理措施，最大限度地提高水的利用效率。同时，通过该系统还可以准确获取当前灌溉作业设备的实时位置，跟踪显示实时作业情况，准确获取作业面积等相关数据，监控作业质量，提高灌溉作业效率。

2. 高端无人机遥感技术已实现产业化

无人机技术的逐渐成熟推动了农业应用领域的发展。就目前而言，无人机的主要应用领域集中在农业植保、电力巡检和安防三大应用领域。从2018年到2019年11月相关制造企业的销售额来分析，农业植保、电力巡检和安防三大应用领域的无人机销售额已经占到无人机整体销售额的70%以上，其中农业植保领域占据了绝对的领先地位，具体占比如图4-9所示。

在国家发改委于2005年认定的企业技术中心创新能力建设项目"无人驾驶空中对地观测系统研发平台能力建设"的支撑下，实验完成了无人机航空遥感的自动化作业，解决了大型无人机平台、遥感载荷、空中遥感控制子系统以及地面数据接收等方面的关键技术，实现在中雨、大风情况下的长航时遥感作业飞行，为中国无人机遥感系统的产业化研制和功能实现奠定了技术基础，标志着我国高端无人机遥感系统产业化的开端，填补了我国工业型民用无人机遥感领域的空白。"十三五"期间，科技部其他重大专项、相关部委科技立项也大量涉及无人机遥感技术，其根本目标是要实现

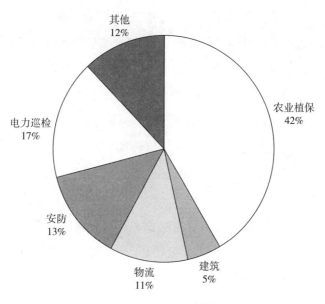

图 4-9　无人机应用领域占比

从有人航空遥感向无人航空遥感的跨越，为全国厘米级分辨率获取能力建设以及世界遥感强国的国家战略发展奠定基础。无人机作为新型遥感平台，相比于传统的卫星和航空遥感，在灵活性和分辨率方面有其独特优势，并且数据信息也有相当或更高的准确度。无人机技术在遥感中的应用满足了智能灌溉中的监管和应用需求，完善了遥感技术的时空维度，为更多层面的作物信息获取和灌溉决策反应提供了支持。

3. 5G 通信技术全球领先，推动灌溉智能化发展

我国在 5G 技术方面领先全球，而 5G 技术作为当代最先进的通信技术，将在智慧农业的跨越式发展中扮演重要角色。过去，物联网技术难以在农业生产实践中充分应用很大程度上受到了传输速度的制约。而 5G 技术的出现让基于物联网技术的智慧农业有了大规模应用的可能。5G 技术具有超高速率、超低时延、超大连接等特性，可以满足高清视频、虚拟现实等大数据量传输的实时应用；同时，因流量密度和连接数密度大幅度提高，以 5G 技术为基础建立的农业物联网平台在系统协同化与智能化上的水平大大提升，可以实现多用户、多点、多天线、多摄取的协同组网以及网络间灵活地自动调整，从而为灌溉智能化赋能。

4.3.3.3　智能灌溉产业与技术发展存在薄弱环节

从智能灌溉产业链环节看，中国智能灌溉市场存在"中间强两头弱"现象，即网络传输层发展较好、感知层和应用层发展动力不足。

首先，感知层负责信息的采集，主要是通过传感器、遥感技术等采集数据，国内的农业传感器主要包括农业环境传感器和动植物本体（生命）信息传感器两大类，其中光、温、水、气、热等常规环境传感器技术已比较成熟，但与国外相比还存在标准不统一、稳定性较差等问题；而高端农业传感器严重依赖进口，进口比例达到80%。其次，网络层负责信息的传输，随着IPV6先进网络技术的出现以及3G/4G/5G网络的建设，农村已成为电信运营商的蓝海，将网络传输技术应用于农机装备全产业链的步伐正在加快。最后，应用层是指通过数据挖掘和知识发展，将感知层输出的各种数据信息建成基于业务逻辑的管理控制策略和模型。目前，各类模糊控制技术、神经网络控制技术以及专家系统控制技术等智能控制技术，农业物联网解决方案以及软件服务等发展迅速，虽然应用前景非常广阔，但仍处于萌芽起步阶段，其产值对农业灌溉产业市场产值的贡献率不到10%，各项技术的发展仍有待进一步完善。

1. 农业物联网发展初具规模但仍需提高

目前，我国智慧农业的研究及开发已初具规模，标准化技术和应用过程也相对成熟。国内部分发达农业区域已运用物联网技术对农业进行全程监控，并将相关数据及时反馈给农业农村部，能够协助农业农村部进行科学合理的决策，从而提高农业农村部的决策水平；在其余欠发达农业区，多数农户停留在知晓农业物联网的概念，但并非深入了解，因此相关部门积极组织广大农民运用新一代信息技术对数据信息进行分析、整合与共享，实现对传统农业架构的改造，从而极大地提高其生产效率，稳定甚至增加农户收入。但由于农业物联网架构下的智慧农业在我国实行时间较晚，在某些领域还亟待提高，如自动控制领域缺乏一套标准的规范应用流程、集成技术相对薄弱、合理有效的运营机制和模式尚未建立等。

中国国际物联网（传感网）博览会组委会发布的《2014—2015年中国物联网发展年度报告》指出，至2015年，我国已初步形成完整的物联网产业体系，物联网市场总体规模达到7500亿元，年复合增长率超过25%，2015—2020年也以超过30%的复合增长率增长，2020年已达到了6万亿元。由于物联网产业的实质是自动化产业与互联网产业的叠加，而物联网可以应用在农业资源和生态环境监测、农业生产精细化管理、农产品储运等主动环节，导致农业物联网与整个物联网行业交织在一起呈现错综复杂的态势，据此，专家估测智能农业领域约占整个物联网产业的4.2%左右，其余领域占比如图4-10所示。

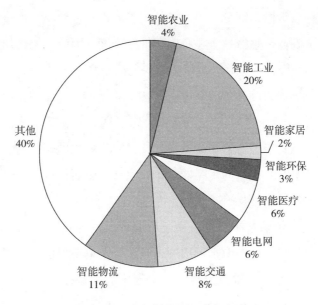

图 4-10 各领域物联网产业占比

2. 农业传感器亟须高端化发展

传感器技术能够准确实时地反映农业生产情况，不仅能及时对出现病状的农作物进行处理，而且可通过对获得的数据进行长期分析，发现作物的生长规律，并对将来可能会出现的问题做出相应的判断，因此大数据技术使精准决策成为可能。在具体研究方面，国内学者已初步完成对农业环境下土壤湿度、温度、pH 值、含水率、密度、有机质等基础参数的实时动态监测，在作物需水指标的检测方面也取得了阶段性进展。但我国农业传感器产业与技术仍存在以下问题。

（1）传感器种类少，核心技术匮乏。我国现阶段所使用的农业传感器设备种类不够丰富，对传感器的测试原理、外形、功能的设计仍然停留在对国外设备的模仿阶段；在顶尖的光谱技术、自动化控制技术、人工智能技术研究方面较难实现技术突破；农机装备产业技术被发达经济体垄断，因此在农业传感器的推广与应用方面的整体进程缓慢。

（2）农业传感器测试稳定性差。由于作业环境多在户外农田中，农业传感器极容易受到外界环境的干扰。以田间物联网设备为例，当农田物联网传感节点长期处于无人值守的状态时，传感器设备风蚀、水蚀严重，会导致其使用寿命缩短、测试准确度下降。

（3）缺乏适合我国的盈利模式。目前，我国农业传感器技术领域的投资模式、盈利模式仍然处于探索阶段，部分传感器设备高昂的售价也让农民、小农场主群体难以接受，间接增大了农业传感器技术在我国的推广难度。因此，探索出适合我国农情的农业传感器投资盈利模式，也是当前亟待解决的问题之一。

（4）农业传感器集成度较低。现有农业传感器设备已经能够完成对作物生长信息（株高、叶面积指数、叶干重等）、田间环境信息（温度、湿度、光照强度、气体浓度等）的基本测试，但是传感器的功能较为单一，缺乏集成度较高的农业传感器，且在同一测试点往往需要安装大量的传感器设备。此外，田间传感器节点多采用单点和静态测定方法，而覆盖面积以及测试速度有待进一步加强。

（5）传感器实时传输水平较低。由于种养环境较为复杂，农业传感器设备间的互通、数据传输存在问题，如作物冠层过高或过于密集将阻挡传感器信号的发送及接收。因此，传感器节点的布置以及传感网络架构的组建往往需要更加系统的科学研究，而当前对于该方面的研究较少；此外，传感器数据的实时云端传输能够使农事操作人员、科研人员对于田间环境状况、作物生长状况有更加准确的判断，因此，如何高效地实现传感器数据汇聚、实时上传也是亟需解决的难题之一。

（6）农业传感器应用标准体系尚不完善。农业传感器所涉及的测试结果较多，即使使用同一种传感器，如果研究人员设置的标准不同，得到的结果也会出现较大的差异，这种差异将会在数据结合研究中体现出来。因此，统一农业传感器在数据传输、接口等方面的标准能够使农业传感器的设计更加快速、便捷。

而针对智能化节水灌溉系统，往往需要众多传感器组成传感器网络来对农田及农作物的各种信息进行采集。由于传感器科技含量较高，目前产品多为国外进口且价格昂贵，因此，我国现阶段亟须针对农作物生长环境自主研制可靠性高且适用性强的无线传感器。

3. 云计算、大数据与人工智能技术发展迅速，但需加快落地步伐

以大数据、云计算技术为基础的智能灌溉离不开各种监测技术和自动化装备，但目前我国农业以小规模生产为主，这种生产方式直接导致了物联网的引入成本较高，且中国目前没有建立完整的农业物联网技术标准体系，农业物联网技术产品质量参差不齐、稳定性差、可靠性难以保证。此外，目前中国的农业自动化水平也较低，各种农用大机械的普及率不高，不能获得精细作业的数据，导致智能化装备的开发面临困难。根据研究公司 Market and Markets 的数据显示，2018 年农业市场的 AI 价值为 6 亿美元，预计到 2025 年将达到 26 亿美元，预测期间的复合年均增长率为 22.5%。虽然

就目前来看，AI农业才开启落地步伐，仍处于初步发展阶段，但随着AI技术的不断进步，未来我国农业将向数字化与智能化方向转型，并迎来全新的价值创造。

我国人工智能技术不断发展，自20世纪90年代以来，我国农机装备产业在智能农业、智能牧场、农产品智能加工车间构建等方面实现了重大突破。20世纪90年代以后，我国的农业专家系统得到了快速发展，国家自然科学基金委、科技部、农业部等多部门相继开展了相关的攻关课题。2017年7月，国务院印发的《新一代人工智能发展规划》中明确提出："发展智能农业、建立典型农业大数据智能决策分析系统，开展智能农场、智能化植物工厂、智能牧场、智能渔场、智能果园、农产品加工智能车间、农产品绿色智能供应链等集成应用示范"。目前，大数据技术已经在医疗、制造、交通、金融、互联网等行业中广泛应用，其可为农业物联网技术和农业信息化的快速发展奠定基础。

虽然人工智能技术在我国现代农业生产中应用的时间相对较短，但农业人工智能在近期却发展得十分迅速，出现了许多成功案例。如北京农业局开发的TRM-FZ1多通道光辐照监测系统，拥有自动巡回测试与记录温室内的二氧化碳浓度、光照、土壤含水量、温湿度等重要参数分布及变化的能力；阿里云推出的ET农业大脑可在农业种植方面对农产品产量和质量进行预测，分析市场供需关系，形成智能化的种植计划，以销定产。通过建立农作物生长模型，指定农作物的全生长周期水肥方案，实现实时的水肥决策，有效降低水肥成本、提高农作物产量。此外，采用图像识别技术能够实现大田农作物的资产盘点，为农业生产的订单匹配提前做计划。

4. 农业产业3S发展需进一步规模化、专业化

面对智能灌溉的要求，我国3S技术发展所存在的主要问题是缺少直接面向农业生产的规模化的3S软硬件产品；而在美国等一些发达经济体中，已有一些可支持农业生产与管理的3S软硬件产品，农业生产者可以在各主流产品中从容地选择基本满足自身需求的产品。但国内却缺少相应的国产化软硬件产品。国内外3S技术发展差距主要可总结如下。

1）GIS

从全球范围看，GIS行业已经形成了以美国和欧洲为主的头部企业竞争格局。目前，世界范围内开展卫星遥感及数据服务业务的公司主要包括美国谷歌地球（Google Earth）、美国环境系统研究所公司（ESRI）、法国信息地球公司（INFOTERRA）等，这些巨头在技术和市场份额上均领先我国。相比之下，我国GIS产业当前尚处于起步

阶段，行业集中度不高，企业规模普遍较小，尚未形成明显的龙头公司。另外，通过对灌区灌溉水利用率的研究可以发现，GIS 参与下的灌区灌溉水利用率与传统的灌溉模式相比提升了约 20%，由此可见，GIS 对我国节水战略有着重大意义。目前，我国 GIS 技术在灌区灌溉体系中的应用只有约 62%，故今后我国需要进一步提高 GIS 技术在灌区灌溉体系中的应用率；而国内市场上目前只有少数几款支持农业 GIS 的软件产品，且相较于国外发达经济体，这些产品的功能偏少且没有形成规模化的专业市场。

2）RS

中国农业遥感监测系统是由中国农业农村部遥感应用中心基于国内外相关研究而开发的，主要由数据库子系统、作物覆盖度变化监测模块、作物产量估算模块、作物生长监测模块、土壤水分监测模块、灾害监测模块、信息服务模块构成，监测的作物主要有小麦、水稻、玉米、大豆、棉花、油菜、甘蔗等，该系统于 1999 年投入运行，并按照我国农业农村部农业信息传播日程为农业相关管理部门提供特定的监测信息。目前，随着中国"高分辨率地球监测系统"的启动和发展，所需的遥感数据从刚开始的依赖国外到当前的逐渐自给，发展已逐渐趋向成熟且操作性能得到提高。然而关于农用 RS 软件，目前仍以国外的几款主流通用 RS 软件为主，我国仅有部分地区开发了针对某个地区与某些特定农业分支的专用 GIS、RS 相结合的农用系统。

3）GPS

针对农用定位需求，目前国外智能农机装备大都使用差分卫星定位系统（DGPS），如美国天宝公司（Trimble）生产的 AgGPS132 为亚米级信标导航差分 DGPS，AgGPS214 为厘米级的载波相位差分 DGPS，而国内的北斗导航产品还无法使 GPS 达到在美国本土同级别的商用化程度。大部分国内农用定位仍然采用 GPS 信号，且在中国使用高精度 GPS 信号的成本要远高于美国本土。为此，我国正积极开展 DGPS 在精细农业中的应用研究以及相关设备的研制。

5. 多种智能控制技术需进一步综合发展

目前，我国应用最为普遍的水肥一体化智能控制系统采用"系统首部供肥 + 肥料浓度恒定系统""恒压管道传输 + 棚内小首部智能比例调控"的方式。其中，系统首部由水泵间、水处理间、混肥间、控制间和肥料库房组成，根据用户在可编程控制器上设置的灌溉施肥程序和电导率等信息，机器可自行将肥料通过肥料泵吸入桶中调配，并将调配好的肥料养分准确地注入灌溉管网中，连同灌溉水一起适时适量地浇灌作物，这种方式在解放劳动力的同时也提高了水肥利用效率。棚内小首部还可根据作物微量元素和灌溉肥液 pH 值调节需要，通过小型便携式施肥机向棚内灌溉主管网中注入微量元素或酸液，从而达到精准灌溉。从农业灌溉用水角度出发，可将恒压恒流技术应用于农业节水灌溉工程中，该技术能根据作物和所需营养元素的不同进行科学合理的灌溉施肥，从而为作物提供及时、精确的水分和养分供应，但灌溉装备也需要具备与其相适应的多样化、多功能特性。

节水灌溉装备在农业的耕种管收过程中占据重要地位，其中的滴灌水肥一体化技术将作物与水肥管理过程相互融合，是水肥利用率较高的一项灌溉技术，也是目前节水灌溉与农机农艺结合较为紧密的技术，在经济作物上具有重要的应用价值，但对于主要粮食作物的灌溉施肥模式仍有待进一步建立和完善，在水肥一体化装备、灌水施肥性能评价、集约化农田变异特性和水肥管理技术等方面尚有深入研发的空间。此外，针对某一灌溉控制任务，国内采用的人工智能技术多聚焦于数学语言的描述，且局限在单项智能技术的应用，而实际上，一个系统的灌溉任务具有多重性和时变性，需要通过多种智能技术相结合来完成任务集合的处理，实现智能节水灌溉。使用智能控制技术能够根据作物需求进行合理灌溉，但每种智能控制技术都有各自的优缺点，因此，有必要融合多种智能控制方法，针对被控对象和灌溉任务的复杂性、不确定性和多变性，自主有效地实现复杂信息的处理、优化和判断，最终达到智能节水灌溉的目的。

6. 无线通信技术应用智能化水平较低

20 世纪 50 年代，我国从国外引进了节水灌溉技术和设备，这些技术和设备在 20 世纪 90 年代得到了广泛应用。与国外发达经济体相比，我国的自动灌溉控制系统智能化水平较低，且未能生产可实现智能化的无线通信灌溉产品。目前，我国无线传感网络技术在农业灌溉领域的研究取得了一定成果，如无锡市将智能农业物联网检测系统应用在水蜜桃邮寄基地，在桃林中安置传感器和微型气象站，实时采集水蜜桃生长环境的温度、湿度、光照强度等信息。然而，我国农业用水的有效利用率远低于欧洲等发达经济体水平，且我国无线通信技术在农业灌溉中的应用存在智能化较弱、系统性较差、及时性无法保障等缺陷；此外，虽然现阶段灌溉产品在我国已得到了广泛应用，但设备仪器间的对接未脱离人工监测和操作，设备功能仍不够精密与便捷。

4.3.4   中国智能灌溉产业与技术发展的制约因素

4.3.4.1   智能灌溉核心技术尚未突破

在取得了大量成就的同时，我们也应该看到，中国的智慧农业仍然缺乏基础研究和技术积累，整体技术水平落后于发达经济体 15~20 年。这表现在中国智能农业不仅面临短板问题，还面临整体技术水平低的"短桶"问题。目前，制约我国智能农业发展的短板技术有三种：一是农业专用传感器落后，我国自主开发的农业传感器数量不到世界的 10%，且产品稳定性差；二是农作物模型和智能决策的准确性低，在多数情况下仍使用时序控制代替按需决策控制；三是缺乏智能和精确的操作设备，操作质量较差。

在上述提及的短板技术中，国内的农业传感器在可靠性及稳定性方面与国外产品的差距尤为明显，主要表现在：一是生产企业缺少设备监测标准和技术积累，且采用传统的误差测试；大部分农业种植养殖传感器缺少电磁兼容 EMC、环境可靠性和安规等测试，当遇到强干扰、雷击、强静电、高辐射、温湿度变化大、腐蚀气体液体、强降水、防水密度压力不够等问题时，将严重影响农业种植养殖传感器的性能和功能。二是目前国内相关农业种植养殖传感器制造企业技术基础比较薄弱，亟须相关 IT 技术方面的改进，如纳米技术、生物基因、化学成分及时分析等技术可为农业种植养殖生物传感器的应用奠定基础。另外，虽然中国在传感器研发、设计、代工生产、封装测试等环节已形成完整的制造产业链，但是对于一些技术难度高的核心领域，我国的传感器制造企业依旧无法攻克。以韦尔股份为例，其是国内 CIS 图像传感器龙头企业，全球的市场份额在收购豪威科技后排名第三。韦尔的 CIS 图像传感器制成节点（像素层）为 55 纳米，代工厂商主要为台积电、中芯国际、华力微等；而索尼的制成节点已达到 90 纳米，主要由台积电代工生产；此外，国内的晶圆代工厂商在产能上也是远远落后于台积电、索尼、三星等海外知名企业。因此，智能化节水灌溉系统往往需要依靠众多传感器组成传感器网络对农田及农作物的各种信息进行采集，而由于传感器科技含量较高，目前多为国外进口且价格昂贵。因此，我国现阶段亟须针对农作物生长环境，自主研制可靠性高且适用性强的无线传感器。

4.3.4.2   智能灌溉产业化能力不足

"产业化能力"是科技落地转化和市场化的先决条件。而在智能灌溉关键技术方面，针对 GIS 技术，我国灌区灌溉体系中对其的应用只有约 62%，且国内市场上目前只有少数几款支持农业 GIS 的软件产品，这些产品功能相较于国外发达经济体要少很多，表明我国智能灌溉的产业化能力明显不足。因此，今后我国需要进一步提高如 GIS 等智能灌溉关键技术的产业化能力。

另外，在应用推广方面，虽然全国各省市均开展了智能灌溉技术应用试点建设，但大多处于"盆景"状态，缺乏大规模应用智能灌溉技术的"风景"。同时，大部分项目停留在信息的简单传递和展示上，表现成分大于实际效果；且项目与农业灌溉整合的深度不够，解决农业灌溉实际问题的效果不足。

4.3.4.3 智能灌溉产业投入机制不完善

美国、日本等国的农田水利投入机制以法为据，各级政府职责明确。如美国《水资源开发法》明确规定，"联邦政府占农业供水工程投资的65%，州、地方政府占35%"，灌区工程投入则由灌区管理机构或农户自发融资设立，政府提供免息贷款。同时，美国、西班牙等国的政府资金投入与市场融资相结合的机制较为成熟，表现为联邦或州政府在兴建大型水利工程时还积极吸引社会资本进入，其一般工程项目既有灌溉节水功能，又有城市供水、发电等功能，投资者可以通过相关业务收取回报。而与美国、西班牙相比，日本政府对于农田水利设施投入力度更大，其《土地改良法》以及《土地改良法施行令》明确规定，根据农田水利项目规模的不同，中央政府需相应负担不同程度的财政支出，一般不低于50%。日本政府对土地改良区的建设投入一般不计投资成本，农户仅需负担 5%~15% 的投入费用，且可获得国家农林渔业金融公库的低息贷款，同时政府还对土地改良区的运行维护提供一定的补贴，每年在维护土地改良区中支出的政府补贴一般占 13%~15%。

从投资比例及投入偿还角度来看，中国政府在大型农田水利设施方面的投入比例超过美国、西班牙，但不及日本。目前，中国大中型灌溉水利设施及更新换代工程由政府投入，农户通过缴纳水费收回部分成本，但农业水价不及供水成本的1/3，水费收入不足以弥补工程投入及维护成本，因此可以认为中国对大中型灌区工程投入属于无偿支出。从投资比例来看，中国政府在小型农田水利工程中承担的比例超过美国、西班牙，与日本相当。小型农田水利运行维护费则主要由农户承担，据水利部测算，2014 年全国小型农田水利工程管理维护费用约 150 亿元，其中中央财政统筹安排农田水利资金中的 20%（约 25 亿元）用于小型农田水利工程管理维护，意味着中央财政提供的资金仅占全国小型农田水利维护费的 20% 左右，与需求的 100 多亿元相比，缺口巨大。

4.3.4.4 智能灌溉实际应用过程存在的问题

智能化节水灌溉系统实现了精准（精准灌水、精准施肥等）、高效（劳动效率高、增产幅度大）、节约（节水、节能、节地、节肥等）、环保（环境友好、盐渍土改良利用等）、易控（机械化、自动化、集约化），也促进了我国农业向规模化、集约化、标准化、信息化、现代化方向发展，但在其应用中仍存在以下问题。

（1）智能化节水灌溉系统造价仍然偏高。中小型农业商户无法承担高昂的费用购买智能灌溉系统，从而影响了该系统的大面积推广。智能化节水灌溉系统涉及产品较多，科技含量较高，目前多为国外进口，因此系统整体造价相对偏高，这给原本经济实力有限的农业生产单位造成了沉重的经济负担，故许多单位主动放弃对该系统的购买和使用，客观上影响了智能化节水灌溉系统的大面积推广，成为推广智能灌溉的一大挑战。

（2）智能化节水灌溉系统研发推广相较发达经济体仍存在很大差距。与在智能化节水灌溉方面研究较为先进的以色列等国家相比，我国的智能化节水灌溉系统研究整体水平偏低，缺乏标志性的研究成果，无法在更大范围与更高层次实现对节水灌溉实践的有效支撑，一定程度上制约了系统的推广应用和效用发挥，因此亟须加大研发及示范推广力度。

（3）缺乏灌溉系统管理技术专业人才。现有的管理人员技术水平较低，缺乏系统化的专业培训，造成系统管理维护者对系统的性能和特点不了解、对设备的操作和维护不熟练，因此系统运转不畅、效率低下、难以达到预期效果的现象时有发生，严重制约了系统促产增效作用的发挥，影响了用户的使用积极性。

（4）不同作物和土壤类型所需的灌溉水量不同。若没有因地制宜地实施灌溉方案，而是使用了过多或过少的水量，则将有可能造成产量损失或质量达不到要求。在过多灌溉的情况下，径流会导致营养物的流失以及水资源的浪费；而水量过少则将无法满足农作物的生长需求。因此，使用智能灌溉调度系统可以帮助用户确定最佳的灌溉方案，有效提高生产力并减少这些不利的环境影响，也是农业灌溉智能化的必要途径，但由于使用该系统前期需要较高投入，农民的积极性很难被调动，导致新技术的实施进展较为缓慢。

（5）基于物联网和无线传感器的智能灌溉技术涵盖多学科知识。不同类别的农作物对土壤环境和温湿度环境的要求不同，并且地下根部分和地上茎叶部分对水分的要求也不同，有些作物价值在根部，而有些的价值在叶部，这就需要智能化灌溉系统根据不同的要求采用不同的灌溉方式。但该技术的实施具有较高的挑战性，表现为需要结合农业科学、电子科学、计算机信息科学、环境科学等多学科知识。

（6）智能化农业设备供给水平不足。当前，中国流通的智能农业设备专用芯片并没有根据我国农业的特点而进行设计，设计中忽视了对芯片使用具有较大影响的环境要求，通常导致农业设施专用芯片在使用过程中的损坏。同时，中国不同地区的农业生产场景不同，对于智能化农业设备的具体要求也不同，而当前的智能农业设备尚不能满足我国复杂多样的农业场景，供给水平尚需进一步完善和提高。

（7）农民应用智能灌溉设备的能力不够。一方面，智能化农业设备需要大量的资金投入，但购入后的大部分时间处于闲置状态，且资金回笼周期较长，而农民的资金有限。另一方面，智能化农业设备需要一定的知识水平才能进行操作，而农民对于智能化设备的操作并不熟练，通常停留在传统农业设备的操作理念上，这在一定程度上阻碍了农业智能化设备的应用与普及。

4.3.5　智能灌溉产业与技术发展路线图

4.3.5.1　智能灌溉产业与技术发展的总体思路

按照国家部署，从当前到 2035 年是我国基本实现现代化的关键时期。而加快智慧农业发展必须立足新的发展阶段、贯彻新发展理念，实现农业的高质高效发展。为此，需针对"保障国家粮食安全、食品安全、生态安全，促进农民持续增收"的目标，聚焦农业"新基建"、智慧灌溉及其他农业相关技术产业化等方向，按照"抓重点、补短板、强弱项"的总体思路，开展智慧农业重点建设。具体做法是：一要突出农业科技自立自强，加强智慧农业的战略性、前沿性、基础性研究与关键共性技术研发，论证实施智慧农业重大科技专项与应用示范工程；二要攻关农业传感器与高端芯片、农业大数据智能与知识模型、农业人工智能算法与云服务等关键技术，研制高端智能灌溉装备、农业智能感知产品、农业自主作业（无人机）智能服务等重点产品；三要推动高端产品在智慧农（牧、渔）场、植物工厂、农产品加工智能车间、农产品智慧供应链等的集成应用示范，培育农业软件开发与智能信息服务、农业传感器与测控终端、农业智能灌溉装备制造等配套产业；四要融合生物技术（品种选育）、信息技术（数字赋能）、智能装备（机器替代），建立以"AI+ 大数据 + 新一代通信技术 + 物联网 + 北斗卫星导航"为技术支撑、与农业强国发展目标相适应、达到世界先进水平的智能灌溉产业技术体系；五要推动农业"机器替代人力""电脑替代人脑"和

"自主技术竞争力增强"三大转变，提升农业生产智能化和经营网络化水平，强化农业质量效益和竞争力，拓展农民增收空间，助力乡村全面振兴。

在此目标下，推广实施自动化智能灌溉，改变目前普遍存在的粗放灌水方式、提高灌溉水利用率是解决灌溉节水问题的有效措施。在"十二五"期间，中国灌溉排水发展中心将中小型农田灌溉智能化改造列为试点工程，而"十三五"期间则提出要"全面开展并基本完成重点中型灌区、小型农田水利建设重点县信息化建设任务"。因此，经过数年来的推动，我国中小型农田灌溉智能化市场空间必将实现持续增长。

根据国际咨询机构的研究和市场预测，到 2025 年，智能农业的全球市场价值将达到 300.1 亿美元，其中增长最快的将是亚太地区（中国和印度），复合增长率在 2017—2025 年约为 11.5%，主要内容包括精准农业、智能畜牧业、智能渔业和智能温室，主要技术包括遥感和传感器技术、农业大数据和云计算服务技术以及智能农业设备（如无人机）。另外，根据新思界产业研究中心发布的《2020—2025 年中国智能灌溉行业市场深度调研及发展前景预测报告》显示，欧美发达国家的规模型农场种植较为普遍，对智能灌溉系统的需求强烈，因而这些国家也是全球主要的智能灌溉供给和消费市场。2019 年，全球智能灌溉系统市场规模接近 60 亿元，预计到 2025 年，随着全球智慧城市的不断建设、节水意识的不断提高、农业领域投资将不断加大，全球智能灌溉市场规模将保持 15% 以上的增速快速发展，届时有望超过 140 亿元。

目前，由于中国实行家庭联产承包责任制的农业种植模式，智能灌溉技术的价格较高，个体户及家庭种植户较难承担相应费用，导致智能灌溉技术在国内的应用普及度还不高。我国是世界上最缺水的 13 个国家之一，人均水资源占有量只有 2100 立方米，仅为世界平均水平的 28%，因此，智能灌溉技术为农业和城市灌溉系统提供了较好的技术选择。未来，随着中国农村土地流转制度化、规范化，从事专业农业种植的企业将不断增多，规模化种植将更加普遍，为智能灌溉行业创造了极好的发展前景，中国也将成为全球最有潜力和最主要的智能灌溉市场之一。

农田智能灌溉受政府宏观调控因素影响较大。农田、水利等行业事关国计民生，国家宏观调控是根据宏观经济环境和经济周期的变化进行调整，因此必然会影响行业内企业的经济利益。预计在较长时间内，政府仍将继续推动农田灌溉智能化建设，从而为农田智能灌溉的发展提供良好的外部环境。但如果相关政策发生变化，将会影响行业内企业的经营绩效，因此，企业可能面临由政策不确定性带来的经营性风险。

农田智能灌溉的市场化程度较高，属于完全竞争市场。目前，农田智能灌溉领域内的企业规模普遍较小、研发投入不足，产品技术含量普遍不高。近年来，随着政府逐年加大对农村水利领域的投资建设力度，农田智能灌溉的市场规模不断扩大，但与此同时，其他具有一定技术及资金优势的大型企业可能进入这一细分行业，导致市场化程度进一步提高、行业竞争进一步加剧。以此为背景，提出中国智能灌溉产业与技术发展目标以及智能灌溉关键技术发展目标。

1. 中国智能灌溉产业与技术发展目标

实现农业灌溉大数据融汇治理、大数据认知分析、大数据深度学习等农业大数据共性关键技术突破，制定农业灌溉大数据标准规范，建设智能灌溉大数据中心，为数据转化为知识提供支撑。研制高端农业智能灌溉设备，加强农业灌溉 AI 等技术基础研发，研发人机协同与农业智能灌溉系统、农业人机混合智能交互技术，为突破农业知识模型的构建提供基础。

在高品质、高精度、高可靠、低功耗农业环境信息感知，农作物生长信息感知，农业灌溉装备专用传感器等技术方向实施攻关，基本实现农业传感器与高端芯片的自主可控，缓解智慧农业高通量信息获取难题。

实施农业智能灌溉科技创新，发展适应性强、性价比高、承担劳动强度大、可智能决策的灌溉系统，示范和推广农业智能灌溉集成技术。开展农作物知识模型、核心算法与灌溉决策系统等共性关键技术研究，推动农业灌溉大数据智能水平的提升。运用软件即服务理念，发展可适性农业灌溉云服务技术，显著降低智慧农业灌溉运维成本，为广大用户提供便捷的定制化服务。

到 2035 年，农业灌溉全产业链数字化、智能化基本实现，智慧农业取得标志性进展，我国进入世界农业灌溉强国前列。智能灌溉的"新基建"、新理论、新技术、新装备、新产品、新业态取得突破，自主创新能力和水平全面提升。农业主要环节的数字化全面转向全产业链、全环节的数字化和网络化，批量建成智能灌溉标准化示范区，基本建成"软件定义、数据驱动、装备支撑、产业融合"的智能灌溉产业体系。农业灌溉传感器与测控终端、农业智能灌溉设备制造、农业灌溉软件等产业规模不断壮大，智慧农业产业核心竞争力达到国际先进水平。

2. 智能灌溉关键技术发展目标

1）无线传感器技术

运用传感器等各类感知技术实时获取农业现场信息，通过各类网络传输，将信息融合处理并通过农业作业终端实现最优化的精准作业与控制。力争 2035 年达到 2000

亿~3000 亿元的市场规模，实现传感器全面应用，彻底实现农业颠覆。届时，农业生产过程将完全可感知，并实现精细化、精准化、无人化；并且农业物联网整体技术完全成熟，商业化机制也完全形成。

2）大数据、云计算技术

2035 年，大数据与云计算技术进入成熟期，将对大规模多源异构农业数据进行采集、存储、挖掘，用于农业智能与精准决策，为农业生产、经营、管理和服务提供全面、准确、客观的指导。届时，农业生产实现数据化，农村治理实现透明化，农民服务实现个性化，产业规模将达 2000 亿元人民币以上。

3）人工智能技术

基于大数据智能、感知计算、人机混合智能、群体智能、自主协同与决策等的新一代人工智能技术将深入农业生产、农村治理和农民生活的各个层面，2035 年的市场规模将接近 2500 亿元人民币。届时，农业生产效率、资源利用率、土地产出率都将成倍增加，农村治理更加高效透明，农民生活更加便利。

			2021年	2025年	2035年
需求			农业生产结构调整，传统农业向集约化农业转变		
			加强水资源管理，提高农业水利用率至0.7以上		
总体目标			节水灌溉效率提升		
			智能灌溉技术取得重要突破	总体进入智能灌溉技术强国	
			智能灌溉支撑产业取得重要发展	智能灌溉产业体系基本完成	
智能灌溉关键技术	智能感知	传感器技术	农作物生长信息感知技术		
			环境信息感知技术		
			灌溉设备传感器技术		
		3S技术	GIS农田灌溉信息管理系统		
			高端无人机遥感技术		
			基于GPS/北斗导航的灌溉设备管理技术		
	智能分析	大数据、云计算技术	可适性农田灌溉云服务技术		
			灌溉大数据管理与云计算技术		
	智能控制	人工智能技术	农业灌溉支持决策系统		
			综合性农业灌溉知识模型与算法		
	数据传输	移动通信技术	基于4G/5G的远程信息传输技术		
智能灌溉产业			农业传感器产业工程		
			基于3S技术的灌溉软硬件产业培育		
			农作物与环境智能监测产业		
			智能灌溉标准化示范区建设推进	智能灌溉技术应用推广	

图 4-11 智能灌溉产业与技术发展总体路线图

4.3.5.2　智能灌溉产业与技术发展总体路线图

结合智能灌溉产业与技术发展的总体思路，绘制智能灌溉产业与技术的总体路线图，如图 4-11 所示。

4.4　联合收获机产业与技术发展路线图制定

4.4.1　联合收获机产业关键技术

《中国制造 2025》重点领域技术创新绿皮书中指出，我国农机装备发展的重点产品之一是高效能收获机械，包括喂入量 10 千克 / 秒及以上的大型谷物联合收获机、喂入量 8 千克 / 秒及以上的高通过性水稻联合收获机，以及新型玉米籽粒收获机、采棉机、甘蔗收获机、油菜收获机、饲草料收获机等，其中重点研发静液压驱动、导航定位、故障诊断、主要参数实时采集与自动监控技术，且将以下部件作为重点发展对象。

4.4.1.1　联合收获机专用传感器

我国在联合收获机上的一些关键技术仍存在瓶颈。例如在发达经济体已经普及的谷物产量检测技术，国外自 20 世纪 80 年代开始研究该技术，主要以突破冲量式籽粒流量检测传感器技术居多，该技术主要通过谷物质量流量传感器实时测量并记录作物小区产量、水分含量、总产量，使系统能够保存这些作物信息，为建立精准农业处方图提供了科学的数据基础。目前应用的谷物质量流量传感器主要有四种类型：冲量式谷物质量流量传感器、光电式容积谷物质量流量传感器、γ 射线式谷物质量流量传感器以及刮板轮式容积谷物质量流量传感器。20 世纪 80 年代中期以来，各农机装备制造企业开始关注联合收获机产量监测系统的开发与研究，并率先在大型谷物收获机上推广应用。英、美、加、德等国开始研制带有产量监测系统和产量自动计量系统的谷物联合收获机，以构建农田产量分布图。目前，联合收获机产量监测系统已在市场上推出成熟的商品化产品，到 20 世纪末，美国约 90% 以上的谷物收获机装有谷物产量监测系统。我国对谷物产量检测的技术尚处于摸索阶段，主要是在引进国外相关技术的基础上进行不断创新来促进技术发展；然而，受我国农业机械化水平、农业规模化生产水平的限制，以及谷物产量检测科研模拟与田间实践之间精确度相差悬殊，该技术在我国农业生产中难以大面积推广与应用。

　　籽粒损失传感器是联合收获机最重要的传感器之一。国外的谷物损失传感器主要是针对小麦、玉米等旱作物损失的检测，研究主要局限于创新传感器本身的制造技术或测试方法，测量频率较低且装置的成本较高。而水稻是我国的主要粮食作物，其物理力学特性与小麦差别较大，因此，国外研制的籽粒损失监测传感器不适合我国国情，有必要研制适合我国国情的籽粒损失监测传感器。

4.4.1.2　农业机械导航及控制作业装置

　　开发并生产位置传感器、导航控制器、显控终端，满足农机自动驾驶精确导航与精准控制要求；开发并生产集身份识别、导航定位、工况监测、产量监测于一体的收获机监测终端，实现农机装备的远程精细监测与在线运维；开发并生产农机深松作业检测与监视装置，满足耕深实时监测和作业精准计量要求；开发并生产农用无人机导航装置，实现航空应用远程监测与避碰；开发并生产通用型增强信号收发装置，满足各类农机装备高精度信号应用。

4.4.1.3　作业电液控制单元

　　针对农具升降、载荷、入土深度控制要求，开发具有精确控制策略的控制器及传感器系统，实现力、位及相互混合等多种方式的传感器精确控制，研发电控系统中数据信息的设置、采集与应用技术。突破智能阀控技术，实现变量负载传感节能，形成动力平台与作业机组的姿态控制以及功率自动循环控制，开发绿色、节能、高效的控制管理系统。

4.4.1.4　静液压驱动装置

　　研制用于高效能轮式和履带式联合收获机，且满足市场需求的高效率、高可靠性的静液压驱动装置。

4.4.1.5　智能化制造技术

　　"十三五"国家重点研发计划之"智能农机装备"重点专项中，将联合收获机作为主导产品，致力于推进其智能制造技术研发，并逐步构建起自主的智能农机装备技术体系。智能制造将助力农机装备产业转型升级，推动新一代信息技术与农机装备制造技术融合发展就是要推进制造过程的智能化，可在重点领域试点建设智能工厂／数字化车间，加快人机智能交互、工业机器人、智能物流管理等技术和装备在农业生产过程中的应用，为强化农机装备产业基础能力提供全面支撑。同时，需着力攻克影响核心基础零部件（元器件）性能和稳定性的关键共性技术，支持核心基础零部件（元器件）、先进基础工艺的首批次或跨领域应用，突破核心基础零部件的工程化、产业化瓶颈，为农机装备产业全面推行绿色发展带来契机；积极推行低碳化、循环化和集约化，提高农机装备制造业的资源利用效率；实施清洁生产水平提升计划，扎实推进大气、水、土壤污染源头防治专项，构建高效、清洁、低碳、循环的农机装备绿色制造体系。

4.4.2　联合收获机产业与技术目前领先的国家和地区

4.4.2.1　领先国家和地区联合收获机产业未来发展趋势

在全球联合收获机产业市场中，欧美与日韩企业占据了大部分份额，但欧美与日韩的发展模式不同，欧美联合收获机企业的发展遵循并购、重组、本地化、全球协同的模式。并购是企业扩展的必经之路，国际巨头约翰迪尔、凯斯纽荷兰、爱科等基本都是通过并购一路发展而来，之后再从重组到全球协同，最终实现国际化、全球化的目标。典型代表企业是爱科，其先后收购了几十个品牌，如挑战者、芬特、维美德和麦赛福格森，通过不断收购重组，爱科实现了品牌本地化和全球协同。由此不难看出，欧美企业擅长通过投入大量资本，以一步到位的方式建立前期基础，然后通过全球技术共享和本地化开发等模式实现真正的国际化。然而，欧美企业大部分是通过资本运作来完成收购重组的，几乎每家跨国巨头都有自己的投资公司，这种资本运作模式虽然能较快地建立基础，但存在成本高、成功率低的风险，尤其是有些行为并非出于单纯的资本运作，而是带领团队去干预企业日常经营，极易导致收购与重组的失败。目前来看，在诸多收购案例中较为成功的是德国芬特被爱科收购，整个收购过程没有任何外部力量的强加干涉，芬特获得了足够的资本和渠道，爱科将芬特的技术应用于旗下其他品牌，使产品质量得到本质提升，企业效益被进一步放大，且在资本市场具有较高信誉，取得了投资人的认可。综上所述，欧美资本市场较为成熟，在该方面的管理经验较为丰富，比较适合这种资本运作模式实现联合收获机产业的发展壮大。

与此不同，日韩联合收获机企业的发展遵循代工、组装、建立自主品牌、自主研发的路线。目前日韩主要的农机装备代表性企业有日本的久保田、洋马、井关以及韩国的乐星，其在国际上拥有较高的知名度，且都在其他国家建立了生产基地。早期，日韩的农机装备制造企业依靠代工打响了国际知名度，如约翰迪尔、纽荷兰等欧美企业都与日韩农机装备制造企业建立过代工关系，主要产品是小型农机。在代工过程中，部分企业逐渐挖掘出自己的竞争优势，开始在代工之余从事自主品牌的生产；而有些企业则是对自己的空白产品线进行补充，并以代工为起点进行新产品的研发，以此和国际巨头们同台竞技，比较典型的企业是久保田，其发展路线就是从代工到自主研发的过程。

当前，世界农机装备产业发展格局正经历着显著变化，体现为多家综合实力强劲的企业同台竞争而不是一家独大。久保田的案例深刻体现了这一变化趋势，20世纪60年代前后，约翰迪尔依靠产品质量赢得了世界农机装备巨头地位，而现今，久保田等企业正不断动摇着约翰迪尔的行业领先位置。未来可能将有更多农机装备制造企业利用技术革命向约翰迪尔发起挑战，如爱科在体量上虽然与约翰迪尔尚有差距，但其在精准农业领域已取得一定优势，尤其是以爱科旗下企业芬特和麦赛福格森为代表推动的联合收获机智能化，这类产品随着技术成本的降低，或将具备较大的竞争优势；而凯斯纽荷兰则组建了 AGXTEND 孵化器，对农业颠覆性技术进行了深入研究，同时，通过企业间的收购重组，凯斯纽荷兰的联合收获机制造业务已经具备了较强的市场竞争力。由此可见，国外联合收获机制造企业将不断在某一领域建立排他性及异质性资源优势，许多大型跨国企业在业务管理、资本运作以及技术研发方面的投入及取得的成果几乎是不可替代的；且大部分跨国农机装备巨头的管理模式和创新研究都是对标具有相同性质的跨领域企业，即在属地以外的地区不断投资建厂，通过建立海外工厂进行属地化生产，由此成为具有世界级影响力的农机装备制造企业。例如凯斯纽荷兰集团的业务分布在180个国家和地区，拥有64个生产工厂和49个研发中心；约翰迪尔在几乎所有重要的农机装备市场均设有自己的工厂；爱科更是通过收购与兼并将业务撒播到全球各地。总之，想要成为世界级农机装备制造企业，就必然要在属地之外建设具有自主生产能力的工厂，以此不断提升在全球重要农机装备市场上的份额。

以美国联合收获机产业未来发展趋势为例，美国政府特别重视农业发展，注重使农业资源得到高效利用，开发能确保实现农业可持续发展的装备机械，同时不断强化学科融合与研用结合的技术研发体系。就美国花生收获机械化技术而言，公立大学与科研机构、机械制造企业、花生种植农场等各主体既存在合作又各自具有分工，其中，大学与科研机构一般只进行基础性、战略性和方向性研究，同时向农民和企业宣传研究成果和发展方向；而花生收获机械的研发属于企业自身的经营行为，需要农机装备制造企业进行研发前期的可行性研究、筹集研发资金和技术力量，将技术最终转化为产品。在此过程中，联邦和州政府不为企业提供任何研发与生产补助，而是给种植花生的农民提供花生价格补贴，由此提高农民的经济购买力和使用新型花生收获机械的积极性。这一做法意味着花生收获机械制造企业为求生存，必然将与同类企业竞争，而提高企业竞争力的关键是不断进行技术创新、推出新的收获机械产品，且在技术创新时需为研发新产品进行前期投入并承担研发失败的风险。

4.4.2.2　领先国家和地区联合收获机技术未来发展趋势

进入 21 世纪，欧美等发达国家已经在农业收获环节全面实现机械化，在联合收获机的研制和推广方面具有较大的先发优势。其联合收获机技术发展至今，在机型、品种、结构和性能等方面均有了极大的发展，大型联合收获机产品技术已趋成熟，产品品种齐全，系列完整，能满足各种收获条件下全面机械化的需要，且在核心技术与装置、智能操控、节能环保等方面实现了较大的突破。在产品方面，国外知名联合收获机制造企业，如美国约翰迪尔、凯斯纽荷兰、爱科，德国克拉斯等，实现了作物种、收、加工系列化作业，形成了全面机械化体系；在关键核心技术方面，已广泛采用割刀自磨刃、金属探测、干物质含量和作物组分以及在线产量测量、负荷反馈控制等先进技术；在适应规模化高效发展方面，采用智能导航、故障诊断等技术发展高端智能化产品，满足多样化的生产需求。

当下，欧美发达国家收获机械发展以品种多样化、功能专业化、设备大型化、控制自动化、智能决策化、管理信息化等高效能装备以及关注环境可持续发展为主要方向。为了提高大田粮食作物收获机的利用率、适应性、安全性和可靠性，欧美国家的产品技术更新速度加快，每年都有与谷物联合收获机相关的新技术和新结构产生，一些新部件甚至成为大型谷物联合收获机的标准配置。近年来，大型谷物联合收获机广泛采用新型的转子式轴流分离系统、新型谷物分离量调节器以及新型底盘平衡系统，有效提高了谷物联合收获机的作业效率，改善了作业性能和收获质量。同时，欧美等国推行农机机电液一体化、自动化及智能化新技术，采用计算机模拟设计与试验，对收获机的作业参数进行有效的实时监测和调控。例如，为了有效减少脱粒滚筒堵塞现象，开发了脱粒滚筒负荷监控系统；为了方便机手实时观察机器作业状况与机器位置，设计了收获作业监控系统，这些新系统的安装与投入使机手只需观察各个监测系统的参数就可以轻松地应对田间作业，直接减少了损失并降低了劳动强度。近年来，国外学者对谷物联合收获机产品进行了较大的技术改进与应用研究，如通过增加分离系统尺寸提高分离的性能、采用大功率发动机提高产品的作业超负荷能力、应用 GPS 定位及高智能传感器等电子信息技术进行机器故障监控和机器作业质量改善。根据国外大农场农业生产模式的需求，国外谷物联合收获机当前技术发展正朝着大功率、高可靠性、高智能化方向发展。

尽管各发达国家国情不尽相同，联合收获机产业发展历史存在差异，机型结构普遍繁多，但都是以提高联合收获机作业效率为主要目的，并向着大型化、智能化和功能复合化的趋势发展，具体呈现出以下几种趋势。

（1）自动化与智能化。自动化、智能化是联合收获机发展的必然趋势，近年来，欧美学者特别重视精密传感器技术在收获机械中的研发和应用，通过各类传感器的应用实现了联合收获机作业的自动化和智能化。目前，国外先进的联合收获机大部分已实现对收获谷物的信息、部件作业状况的在线监测，并可调整其工作参数；在联合收获机的设计和研制方面，国外农机装备制造企业普遍借助计算机辅助设计、辅助制造和辅助试验等工具，同时能更为成熟地将机电液一体化、信息化及智能化等新技术融入联合收获机的研发中，成功开发并大量应用先进的控制系统，如广泛采用液压驱动、电子监测系统、自动化控制系统，利用传感器对谷物属性进行在线监测，采用GPS辅助系统进行综合管理，采用全自动导向系统、自动驾驶系统、脱粒滚筒恒速控制系统、作业速度自动控制系统等。未来的联合收获机必将更加广泛地使用数据采集技术、智能控制技术，不断提高联合收获机的智能化与信息化水平，实现对收获过程中各种工作信息的智能化管理与自动化调整，并不断提高远程故障诊断能力。国外大型自走式谷物联合收获机的技术发展方向是使收获作业逐步实现完全自动化，如提高谷物联合收获机的作业质量，实现高效、可靠、精准化作业，并对联合收获机各项作业参数进行实时监测及自动调控，最终提高生产效率和作业质量，同时降低故障发生概率，最佳化联合收获机的使用效能。

（2）精准化。国外的农业生产注重推广精准化大田作业，由于作业规模较大，因此国外对联合收获机的研究多具有功率大、割幅宽的特点。当前，国外普遍生产和使用的是自走式联合收获机，并配有全球卫星定位系统、谷物品质在线检测装置、籽粒损失监测装置以及工作时间和收获面积监测系统等；同时，采用智能化控制技术实现对割茬高度、自动对行的控制和对脱粒系统、清选回送、切碎装置和拨禾轮转速的监控。这些措施可以提高联合收获机的作业质量，实现高效可靠的精准化作业，使联合收获机的工作效能达至最优。

（3）功能复合化。世界范围内主要农作物耕种区普遍存在多种作物轮作制度，该模式要求联合收获机具有功能复合性特征，以实现一机多用，提高利用效率，降低使用成本。国外在研发联合收获机的过程中普遍采用模块化设计思路，将割台底盘设计成一个通用性很强的平台，根据收获作物的特点来配置相应的割台。如约翰迪尔公司研发的 S660 型联合收获机采用了快速挂接技术，一个机手在几分钟内就可以完成割台更换，并根据需要选配不同作物类型割台，实现小麦、水稻、玉米和大豆等多种作物的机械化收获，而脱粒、分离、清洗、秸秆流控制等环节一般通过调节参数以满足不同作物的要求。因此，现代化联合收获机已经不再要求机手逐项调节各参数，而往往只需选定收获作物的模式，系统就可以自动匹配各项装置的参数。此外，为了满足不同产量地块的作业需求，联合收获机还可以灵活配备多种不同割幅的割台，其他系统装置可以自动调节配置从而适应不同割台作物喂入量的变化，即高度功能复合化的联合收获机，不仅提高了机器的作业利用率、降低了使用成本，也为用户维护设备带来了便利。

（4）高舒适、人性化。良好的操作环境能够提高驾驶员操作的舒适性，降低工作强度，也可延长连续工作时间，因此，实现智能调节温度、有效降低噪音以及采用全封闭透明的驾驶室是农机装备未来必然的发展方向；同时，配备先进的辅助驾驶系统能够降低驾驶员的工作强度，提高收获作业的可操作性，因此，国外大部分联合收获机均配备了控制手柄和液晶触摸显示屏，方便对联合收获机各项工作部件参数进行设定和调整。

近年来，欧美及日韩等发达经济体将技术研发的重心转移到如下几个领域中：

（1）谷物损失监测技术。国外有学者开展了籽粒夹带损失监测传感器方面的研究工作，监测原理主要集中在冲击声音识别监测和冲击压电效应两方面。例如美国提出采用声音辨识的方法来监测谷物损失，通过高灵敏度的麦克风来获取籽粒和秸秆等物料冲击感应板的声音信号，并对信号进行放大滤波等处理，根据采样比例最终得到损失量并送入二次仪表显示。由于物料冲击产生的声音信号非常微弱，在联合收获机作业过程中，其内部机械噪声很强，极易对传感器产生干扰。Teejet 公司的 LH765 型谷物损失监测器包括安装在逐稿器和清选筛后部的损失传感器、信号处理器和显示仪表，该系统能够将夹带与清选损失信息进行综合处理，进而提高联合收获机的工作性能，并且对不同谷物具有良好的适应性。传感器采用压电晶体作为检测元件，即在一块长方形金属板的中心位置粘贴一片压电晶体，当损失籽粒下落时将会冲击传感器的弹性元件金属板，压电晶体将金属板所产生的机械振动转变为相应的脉冲信号；由于不同物料冲击传感器金属板时所产生的信号频率和幅值不同，通过提取这些不同物料的信号特征，利用信号处理方法将秸秆杂余等信号滤除，保留籽粒信号，最终得到损失量。然而，这种方法一方面受限于敏感材料的类型，不能大幅提高所测撞击频率的上限，可能会降低测量精度；另一方面只能得到传感器在有效区域内的籽粒损失总量，而无法获得其空间分布状况。

（2）脱粒滚筒负载检测系统。该系统通过实时监测脱粒滚筒中的谷物量，能有效防止脱粒滚筒堵塞现象的发生。芬特公司 IDEAL10T 型联合收获机采用双脱粒滚筒，以识别脱粒和分离清洗的新型传感器系统为基础，将收割装置和识别功能进行全自动耦合，最终设定脱粒滚筒负载，并使设备自动调整行走速度和喂料速率；道依茨法尔公司 C9306TS 型联合收获机实现了多段凹板筛的前后可调、双级筛区的通风优化，具备涡轮分离器，配备负荷传感液压系统，实现电子调节功能，其喂料速率控制系统可综合脱粒滚筒的作物喂入量、作物损失率和发动机负荷等方面的参数，通过自动调节联合收获机行走速度，保障作物均衡一致的喂入。

（3）收获作业监视传感系统。该系统通过实时监测联合收获机作业状况、机器位置、行走路线等，方便机手进行实时调整。随着技术不断发展，降低机手的操作难度逐渐成为趋势，机手收获作业将变得更加轻松，其不需要了解收获机的作业原理、作业过程和具体参数如何设置，只需将预想的目标和要求输入操作系统中，系统就会智能匹配相关各项参数，并根据各种作业的突发状况实时调整。约翰迪尔的 S785i 型收获机就设计有触摸屏显示器和刷卡功能，其快捷按钮的设计符合人体工程学，操作较为便捷，无须对联合收获机进行持续微调，从而极大地降低了机手劳动强度；芬特的 IDEAL10T 型联合收获机已经完全舍弃了方向盘设计，而是依据人体工程学设计完成收获机的转向、速度调节等，使得操作与驾乘更为舒适。此外，国外学者也将 GPS 定位、自动驾驶、系统监控等电子信息技术不断融入联合收获机的故障监控和作业质量改善过程，使联合收获机的信息化和智能化水平不断提高。

（4）行走速度自动控制技术。国外诸多学者为联合收获机研制了多种形式的行走速度自动控制系统，如以发动机负荷的变化表征收获机负荷，监测发动机的负载扭矩并将其作为反馈，调整全喂入式联合收获机的行走速度，使喂入量保持相对稳定，从而稳定机器工作状态，力求联合收获机控制系统既能应对作物突发状况，又能为收获机动态地选择合适的行走速度，使损失率控制在一定的范围。日本久保田公司的 ZX3000 半喂入式联合收获机将经由传感器测量的滚筒扭矩作为负荷反馈，用电动机改变无级变速器中的变量油泵斜盘角度，从而调节收获机行走速度并使负荷稳定。此外，还有诸多学者致力于研发依据多个参考量来调整收获机行走速度的自动控制系统，如同时以脱粒滚筒负荷和主搅龙扭矩为参考量的控制系统，由此研发具有信息获取、智能决策和精准作业能力的新一代农机装备。有鉴于此，我国必须加强联合收获机行业技术标准体系、行业数据服务信息化能力、行业试验检测能力、产品数字化设计平台建设，推动数字化、智能化、清洁生产、虚拟制造、网络制造、并行制造、模块化、快速资源重组等技术的应用。

4.4.3 中国联合收获机产业与技术研究开发水平

4.4.3.1 联合收获机产业发展水平

国内联合收获机研究起步较晚，早期以模仿并从苏联、美国、加拿大等国家进口为主，其中，很多连接或支承部位没有经过详细的计算，而是根据发达国家已造好的收获机尺寸进行设计制造，导致收获机的体积与质量较为庞大。进入21世纪，在国家购机补贴等惠农政策的推动下，涌现出了一大批国产联合收获机制造企业，雷沃、沃得、勇猛等国内农机装备制造企业不断发展壮大，联合收获机的性价比越来越高，进而不断从国际农机装备龙头企业手中争夺联合收获机的市场份额。经过近70年的发展，广大科研机构以及农机装备制造企业充分借鉴国外先进技术，并在实践中不断改进与创新，使各种联合收获机的保有量持续增长，基本实现了水稻、小麦和玉米等主要作物的机械化收获。

我国收获装备技术的发展既受国内加快发展现代农牧业政策的影响，也受国际饲草料与秸秆收获装备技术发展的推动，主要关注收获装备关键装置、新材料、新工艺的探索和研究，旨在使收获装备更加趋向高效化、智能化和人性化，并逐步形成科学合理的收获方式，保障收获作物的品质，提高生产效率；同时，针对我国的地域分布特点，可自主研发生产亟需的收获机械产品。为此，我国收获机械装备在核心部件与共性关键技术方面亟待突破，以缩小与欧美国家同类产品之间的差距。

在国内联合收获机品牌中，制造水平与知名度较高的有雷沃、沃得、中联重科、勇猛等，当前国内联合收获机市场格局已经趋向稳定，市场集中度较高，在国家惠农政策的推动下，我国农业机械化水平快速提升，大田粮食作物机收率实现同步提升，全国小麦机收率达95%以上，水稻机收率约70%，玉米机收率保持在65%以上，为保持主要粮食作物连续多年实现丰产丰收以及保障粮食战略安全做出了突出贡献。经过多年的发展，小麦、水稻和玉米等主要粮食作物的机械化收获装备已基本实现国产化，且产品质量不断提升，市场正步入理性调整阶段，面临新的资源聚集和能力突破。目前，马铃薯机收率在40%左右，随着马铃薯收获机的不断发展和中小型拖拉机的推广应用，我国一些地区开始进行自主研发，与拖拉机配套使用的各种机型的悬挂式或牵引式马铃薯收获机逐渐发展起来。但同时由于我国面积辽阔，不同区域马铃薯的种植方式和生活环境、气候条件等存在差异，对马铃薯收获机械的性能要求不尽相同，现阶段尚未真正研制出适应性强、性能可靠、作业质量高的马铃薯收获机。

4.4.3.2 联合收获机技术发展水平

我国在联合收获机领域致力于开展高效收获技术及装备的研发，并且融合机电、液压、控制、材料以及农艺等技术，在低损挖掘、高效切割、智能控制等方面取得了阶段性进展，有效提升了收获水平，进一步满足了高效、低损收获的需要。

联合收获机的主要技术参数为喂入量，不同喂入量联合收获机所占据的市场份额可为联合收获机产业技术的发展状况提供重要参考。据中国农业机械工业协会统计，近年来我国轮式小麦收获机产销量不断下滑，但产品结构逐步优化提升，向大功率、多功能、智能化方向发展的趋势明显。2018年我国生产轮式小麦收获机15399台，同比下降52.66%，其中喂入量为6千克/秒的横轴流机型占3.9%，6千克/秒的纵轴流机型占4.7%；7千克/秒的横轴流机型占7%，7千克/秒的纵轴流机型已基本退出市场；8千克/秒的横轴流机型占65.6%，成为主导产品；9千克/秒的纵轴流机型占2.2%。此外，履带水稻收获机的功率和集中度进一步提高，2018年我国累计生产履带水稻收获机67090台，同比下降17.14%，其中喂入量小于2千克/秒的产品下降83.68%；喂入量在2~3千克/秒的产品下降72.64%；喂入量在3~4千克/秒的产品产量为8844台，同比增长96.14%，表明小喂入量产品功率上延趋势明显；喂入量在4~5千克/秒的产品下降48.93%；喂入量在5~6千克/秒的产品产量为48600台，同比下降17.07%，尽管该功率段产品产量下滑，但在所有产品中的份额占72.4%，成为市场主导机型。

根据作物种类划分，联合收获机的适用对象可分为粮食作物与经济作物，粮食作物包括稻麦、玉米、花生及马铃薯等，经济作物包括油菜、甘蔗、棉花及油莎豆等。不同类别机型的技术水平处于不同的发展阶段，具体情况如下。

1. 稻麦收获机械

水稻和小麦是我国的两大粮食作物，其收获机械的发展自20世纪50年代开始，经过引进、仿制和自主开发设计等阶段，现已形成种类齐全、型式多样的格局。当前，我国小麦收获机械化水平已达95%左右，水稻收获机械化水平为80%左右，且水稻和小麦收获机械多为兼用联合稻麦收获机，已基本满足生产实际的需求。在智能农机装备项目支持下，我国致力于开展智能稻麦联合收获技术与装备的研发，且已在联合收获机械智能化控制、高效减损收割、高通量脱粒分离与清选等关键技术方面取得进展，形成并投入应用喂入量为 10 千克 / 秒和 12 千克 / 秒的智能高效稻麦联合收获机样机。但稻麦联合收获机在技术方面仍具有较大的提升空间，在使用过程中尚存在以下问题。

（1）切割作业过程不协调。现有的单动刀切割器的切割速度低、惯性力引起的振动大，导致割台零件易疲劳甚至断裂，同时影响整机工作时的行走性能；割台高度的控制由机手根据作物的高度人工调节，因此存在较大的不一致性；欠缺喂入量的控制机构，无法保证机组在最佳工况下作业。

（2）滚筒转速的控制技术缺乏。对于恒定转速的脱粒滚筒，过高的转速会导致谷粒破损率增加，转速过低又会影响脱净率，因此，研发依据喂入量和喂入物料的含水率来自动控制滚筒转速的技术显得十分必要。

（3）脱粒分离与清选性能有待进一步提高。现有收获机上的横置轴流式脱分装置的脱出物中碎茎秆多，较多的杂余物在清选过程中从尾筛落下并随籽粒进入粮箱，造成籽粒含杂率较高，有些装置的籽粒含杂率甚至高达 5%~7%，无法达到 ≤ 2% 的行业要求；此外，风机振动筛组合式清选装置虽然对水稻和小麦的清选效果较好，但存在结构庞大、功耗较高的问题。

（4）不同作物品种收获适应性差。由于我国幅员辽阔，水稻小麦品种众多，因此，不同机型在不同时间收获不同品种作物时的适应性难以保证。

2. 玉米收获机械

玉米机械化收获主要有果穗收获和籽粒收获两种方式。果穗收获技术目前相对成熟，摘穗普遍采用拉茎辊与摘穗板组合的形式；剥皮装置可以分为横置式和纵置式，剥皮辊也有橡胶辊、铁辊和胶铁混合辊等不同类型。目前市场上主流的玉米收获机械产品是自走式玉米收获机，但随着科研技术的创新和市场需求的变化，籽粒收获、穗茎联合收获等其他类型的玉米收获机产品技术已成熟，逐渐成为市场上的新生力量。而履带式玉米收获机、鲜食玉米收获机和玉米收获打捆一体机等新机型也在不断被研发、试验和推广，现已在玉米植株切割输送、减损摘穗、高含水率籽粒低损脱粒、智能控制等关键技术方面取得了阶段性突破，并进行了初步试验，可做到含水率 30%以下玉米的籽粒破损率为 7%。目前，国产玉米联合收获机在作业过程中暴露的主要质量问题如下。

（1）整机可靠性低。机械结构部件间的装配、电气和液压元件的可靠性直接决定整机性能。而在玉米联合收获机作业过程中，经常出现结构部件损坏、操作控制系统失灵和液压件密封性差等问题，轴承损坏、胶带链条断裂、链轮磨损和液压元件漏油等故障发生频次较高，整机通用性低、可靠性低、装配工艺不过关。

（2）适应性差。我国玉米种植区域面积较大，各地区的种植品种、种植模式和收获成熟程度不尽相同，对玉米联合收获机的适应性提出了较高要求。而在作业过程中，受秸秆的含水率、果穗下垂和接穗位置等因素影响，往往造成秸秆堵塞现象，收获损失率大、破碎率高、剥净率低，作业性能不稳。

3. 花生收获机械

在花生收获机械方面，我国致力于研发花生减阻挖掘、果土分离、高效脱果、无阻滞清选等关键技术，研制了高效自走式花生联合收获机以及花生挖掘铺放和捡拾脱果收获机等。实现花生收获机械化的方式主要有两种，即分段收获与联合收获，而当前主要以挖掘式单环节作业为主，智能高效联合收获的比例依然较低，因此，较低的花生收获机械化水平已成为制约花生生产发展和产业成长的主要瓶颈。目前，花生收获机械技术发展主要存在以下问题。

（1）花生挖掘机的翻棵功能缺失，清土效果不理想。虽然市场上的花生挖掘机速度快、损失率较低，一直以来非常受用户欢迎，但由于国内花生挖掘机的清土效果普遍不好且不具有翻棵功能，因此不能有效保证铺放的植株荚果向上，极易出现晾晒后干湿不均匀的现象，无法有效满足分段收获时捡拾摘果机械的作业条件。

（2）花生捡拾收获机与花生挖掘机不配套使用。由于国内的花生挖掘机在收获晾晒后的干湿不均匀，因此同一时间挖掘的花生含水率差别较大，而土壤种植的花生在挖掘铺放后的带土率高，导致捡拾收获机所收获的荚果破碎率和含杂率较高，影响了机收花生的品质；此外，设备作业时粉尘浓度大，环境污染严重。

（3）花生联合收获机适用性较差。当前，花生联合收获机的性能指标受土壤类型、土壤墒情、种植方式、作业品种等因素影响较大，且无法实现对落果的机收；此外，人工操控机器时的设备操作难度高、操作不准确，导致收获效果较差。

4. 马铃薯收获机械

目前，国内马铃薯联合收获机在技术发展方面主要存在以下问题。

（1）配套动力问题。由于马铃薯联合收获机要实现掘土收获、振动筛分等作业，机型功耗往往较大，需要大型拖拉机进行拖带作业，这与目前国内农村地区主要以中小型拖拉机为主的现状很不适应。同时，由于目前马铃薯播种机的发展相对滞后，主要采用犁翻人工点播的作业方式，其行距、株距和播深等均无法做到有效控制，这将进一步提高马铃薯收获机械的动力消耗。因此，为了进一步推广马铃薯收获机械，应当首先普及马铃薯的机械化播种，同时对马铃薯收获机械的掘土部件、筛分部件和输运机构等进行详细研究，找出合理的配置方式，减少机具的动力消耗，尽量实现利用中型拖拉机进行拖带作业，为马铃薯机械化收获的全面普及提供基础。

（2）机具工作可靠性和适应性有待提高。马铃薯生产具有很强的地域性，在全国已形成了各具特点的栽培方式和栽作类型。目前，中国有4个马铃薯栽培区，分别为北方一作区、中原二作区、南方二作区和西南一、二季作垂直分布区，不同区域的气候、土壤和马铃薯生长方式均有较大差异，使马铃薯收获机械的发展受到了一定限制。当前现有的马铃薯收获机械一般只适用于单一的作业环境，设备的适应性较差，无法进行大面积推广，且现有机具的工作可靠性较差，故障发生频率较多，收获前需要调整的辅助时间长，生产效率较低；机具针对沙质土壤收获效果较好，针对黏土等土壤的作业效果不佳；作业效果难以完全满足收获需要，且薯土分离效果不好，伤薯率较高，需要进行深入的技术改进。

（3）生产成本高，工作效率低。目前多数马铃薯收获机械的研究尚处于初期探索阶段，对马铃薯收获过程中的土壤－马铃薯－机具之间的相互受力关系和运动关系缺乏深入研究，往往是凭借经验对机具进行修改完善，缺乏科学理论的分析指导，设计的参数是依据外国产品进行选取，与国内马铃薯实际情况不适应，导致机型开发进度缓慢、研发费用高、研发效率低。

（4）机具的机械化水平与智能化程度偏低。中国自20世纪60年代开始自行研制马铃薯收获机，到了80年代，国外各种规格的先进机型被逐步引入，自主研发能力得到进一步提升。目前，国内马铃薯收获机的型式较多，马铃薯联合收获机实现了成功研制，农村中小种植户主要使用分段收获的马铃薯挖掘机。总体而言，中国马铃薯收获机械的整体水平与国外发达经济体相比仍存在较大差距，设备的智能化程度还不够完善，远不能达到农业生产的需求，各种识别和智能控制手段目前还停留在实验室研发阶段，机具实际使用前需要进行大量参数调整，某些特殊地域只能采取人机结合的方式来完成收获任务。

5. 油菜收获机械

随着我国农业机械化程度的进一步提高，油菜种植、直播与收获技术取得了较大进步，目前已研发了油菜智能化、低损收获关键技术与装置，研制了自走式油菜联合收获机和油菜割晒、捡拾收获机样机并进行了试验。我国油菜被广泛种植于长江流域，作为冬季农作物，不与粮食作物争地，能够改良土壤，并有效提高土壤有机质的含量。但近些年来，我国油菜产量难以得到提高，究其原因，主要是我国油菜机械化播种及收获程度偏低，而造成机械化程度偏低的原因是国产联合收获机的损失率、籽粒破损率、收获效率及工作稳定性等指标难以让种植户满意，农户的收益与成本不对等，导致利润难以得到保障。因此，种植户的生产积极性不高，较难形成油菜规模种植，机械化自然难以实施。目前，长江流域冬油菜的播种面积、产量均占全国的90%以上，其中70%采用人工育苗移栽的方式，大约只有30%为直播，收割方式主要是分段及联合收获；而北方的春油菜产区基本采用直播的种植方式，并且采用机械化联合收获。与全国油菜种植面积相比，目前我国油菜收获机械保有量仅有1.4万台左右，全国油菜生产综合机械化率仅为3%~5%，机播水平仅为12%，机收水平仅为13%。

由此不难看出，我国油菜联合收获机发展起步较晚，机收率远低于小麦、水稻等主要粮食作物。目前，国内市场上具有代表性的油菜联合收获机机型有江苏沃得农业机械有限公司的4LZY-2型、湖州星光农机制造有限公司的幸运星4LL-2.0D型、雷沃国际重工股份有限公司的4LZ-2A型、浙江柳林机械有限公司的4LZ-160B型等。由于以上机型大多是在履带式稻麦联合收获机的基础上经过更换一些专用工作部件改型设计而来，因此缺乏作业状态监测与作业性能控制等智能化装置，在作业时总损失率大、含杂率高、适应性差，且用途单一，整机使用效率低。此外，由于油菜脱出物的含水率高，在清选过程中脱出物容易糊筛，且收获过程中籽粒割台损失率和清选损失率均较大。

6. 甘蔗收获机械

经过数十年的发展，无论是国外先进的甘蔗收获机，还是国内自主研发的相关产品，都经历了多次的应用实践及迭代升级，取得了阶段性进展，攻克了甘蔗切割、输送、茎叶分离、电液智能控制等关键技术，开发了切断式甘蔗联合收获机样机并进行了试验。然而，我国甘蔗收获机械化进程依旧缓慢，甘蔗收获机主要存在以下问题。

（1）产品的适应性、通用性和可靠性有待提高。目前市场上的甘蔗收获机产品在遇到甘蔗种植行距1.4米以下和倒伏严重时，由于螺旋扶蔗的两螺旋间距离不能改变，导致切段式甘蔗联合收获机的作业效率较低；而整秆式甘蔗联合收获机在对弯曲和倒伏严重的甘蔗进行作业时仍存在扶蔗困难、损失率高等问题。此外，甘蔗收获机拥有40%的液压系统，而液压系统经常发生故障，主要表现为油压不稳、易漏油、部分油压管易爆裂等；设备的割刀材质也不过关，刀口易钝且不耐磨，工作中若碰到石头等硬物时易产生断刀问题。

（2）产品的综合性能有待提高和完善，包括产品的技术性能、作业性能和经济性能。在技术性能方面，国产甘蔗收获机的技术水平普遍不够成熟，产品质量不稳定，而国外产品的适应性不够，导致收获损失较大；作业性能不佳表现在收获切割的质量欠佳，如甘蔗破头率高、切割损失率大。此外，现有国产机型大多基于国外机型的改进，针对我国8°~15°山地蔗区的适应性较差；经济性能欠佳表现在产品未能实现大批量投产且相关配套资源较少，产品制造成本偏高。

（3）机械化收获的模式还不成熟。甘蔗机械化收获的实现不仅取决于收获机，还与土地经营规模、种植农艺、配套机具、管理方案和榨糖工艺等整个产业链相关，因此需要对整体收获模式进行试验，并总结和推广成功经验。

（4）收获含杂率高、损耗大。人工收获甘蔗的含杂率一般在1%左右，而机械化收获甘蔗的含杂率普遍达7%左右，如遇到雨天或潮湿天气，则收获的甘蔗质量更差；此外，由于缺乏自适应扶蔗系统，导致作业时经常碾压倒伏蔗秆，田间作业的适应性不足。在农机农艺配套的情况下，机械化收获甘蔗时损失约0.5吨/亩，加上糖厂扣杂0.4吨/亩，最终的甘蔗损失率约达0.9吨/亩。

7. 棉花收获机械

我国棉花收获机械化的发展经历了引进、仿制和自主研发3个阶段。2015年，新疆机械研究院股份有限公司、山东天鹅棉业机械股份有限公司、南京农业机械化研究所和常州东风农机集团等公司相继进行了3行采棉机的研制，但都处于研发试验阶段，尚未形成最终产品。目前，国产采棉机在价格方面具有很大优势，国产3行采棉机的最终售价为100万~125万元，5行机为125万~150万元，6行机为250万元左右，因此，虽然设备的稳定性和一致性存在不足，但其性价比优势非常明显，能够有效满足低端用户和小规模种植用户的需求，具有非常好的竞争力；此外，国产采棉机针对中国市场而设计，更贴近本地需求，在保养、维修、换件上价格也更实惠，某些部件的价格甚至低于国外设备。据了解，当前采棉机的关键部件采棉头和采棉锭已经完全实现了国产化，国产零部件价格只有进口件的20%左右，且性能上并不输于进口件。

目前，我国积极开展自走式智能采棉机的设备研发，突破了自动对行、在线测产、工况监控等关键技术，开发了智能控制系统，研制了6行棉箱式、打包式高效智能采棉机样机并进行了试验。但国产采棉机在采收性能、可靠性方面仍与进口采棉机存在较大差距，采棉机采摘行数与种植农艺模式仍存在不配套问题；采棉头虽已实现国产化，但仍未完全突破耐磨材料、制造工艺、规模加工和整组精密装配等技术，采棉指等关键部件仍依赖进口，采棉机智能检测与控制技术仍为空白，棉花收获机械技术发展存在的问题具体如下。

（1）设备使用可靠性差。虽然国产棉花收获机与同等档次的国外机型相比，在个别性能指标上表现出优势，但在设备使用可靠性方面具有较大差异。一方面，我国棉花收获机产品制造水平低，即使是国内大型企业生产的设备也与国外产品存在较大差距。国外发达经济体的大中型农机装备制造企业广泛采用现代化制造技术，辅以计算机和激光等技术，如采用计算机控制机器人焊接、装配及喷漆生产线，对箱体类零件、复杂板件及异型管件等进行程序编制后能够在加工中心自动完成加工。此外，国外农机装备制造企业的检测手段先进，大多依靠计算机完成，而国内多数企业仍由人工完成；另一方面，发达经济体的棉花收获机产品可实现智能化监控，即对工作部件在作业过程中进行全程监控、显示和报警，一旦发现某工作部件有问题，驾驶员将及时采取措施，排除存在的问题，以保证机器时刻处于正常工作状态，降低故障发生频率。

（2）配套件产品质量差。棉花收获机的结构复杂、零部件较多，是集机械、电子、液压及橡胶等配件于一体的高技术含量产品，因此，收获机的产品质量、使用性能以及可靠程度除了与设备本身的制造和装配质量相关外，还受配套件质量的影响。目前，我国联合收获机的故障率有1/3来自配套件的损坏，国产配套件质量与国外相比相差甚远，专业化零部件规模制造的配套能力不足。以发动机和胶带为例，一方面，国产发动机尺寸大、质量大、易漏油且噪声大。由于发动机某些零件的加工精度低，导致发动机噪声较大，且装配后结合不严密、密封性差，往往产生漏油问题；由于制造精度达不到设计要求，某些零件在工作过程中往往过早磨损或损坏，降低了设备使用寿命，因此国产棉花收获机的故障率相较国外产品要偏高。另一方面，胶带的使用寿命低、磨损快、易拉长，作业过程中需要不断张紧，否则易影响作业效率，或造成某些工作部件的堵塞，进而发生设备故障。尤其是针对承受负荷较大部位的三角胶带，其易拉长的现象十分明显，有些大型机械设备往往刚工作几小时就需要张紧，且胶带磨损较快、使用寿命低。综上，要提高棉花收获机的使用可靠性，必须提高相应配套件的产品质量。

（3）材料工艺及热处理差。棉花收获机产品所使用的板类、轴类及齿轮类零件较多，在设备使用过程中，板类零件往往发生裂纹与变形，而轴类零件有时发生断裂，齿轮类零件则发生断齿或出现磨损较快等问题。虽然这些零件的尺寸和所用材料与国外设备大致相同，但国外机械设备却没有经常发生断裂和损坏等情况，说明国产收获机所使用的材料性能比国外差，工艺方面也存在一定差距。国外收获机的主要件都是在高精度数控设备上完成的；而国内中小企业的设备加工精度低，有些部件采用手工加工，还有些关键件加工模具本身的精度就达不到设计要求，因此加工出来的零件质量很难保证。此外，棉花收获机的焊接件较多，在使用中经常出现开焊等问题，而国外设备却很少有开焊现象，原因是其采用机器人焊接，焊接质量好、牢固且可靠；而国内大多以人工手焊为主，往往产生漏焊或虚焊现象，因此，不同的焊接工艺所导致的设备质量也存在差异。另外，国内外棉花收获机在热处理方面也有较大差距，国外的热处理工艺先进，多为计算机程序控制，热处理质量好，能够满足设计要求；而国内在热处理方面多为手工控制，仅少数大型农机装备制造企业采用计算机控制，但控制程序与国外相比还有待提高，因为经热处理后的零件在使用中仍有易磨损或产生裂纹等问题，而相同的零件经过同样的热处理方式，在国外收获机使用过程中就不存在上述问题，表明国内的热处理工艺在控制程序上有待提升。

（4）外观和涂漆质量差。国外棉花收获机的外观造型美观大方，涂漆平滑光亮。国外设备的外形板件采用流线型设计，看起来较为圆滑，没有硬性的棱角，且采用整体冲压成型，完全符合设计要求，这种整体成形的模具价格昂贵，增加了整机成本；而国内产品在设计能力和制造能力方面虽然能达到与国外设备相近的水平，但生产成本的增加会对用户购买产品产生较大影响。另外，国产棉花收获机涂漆质量差。国外收获机通常采用无机漆自动喷涂，并至烘干房烘干，采用无机漆喷涂能够实现不褪色，在日光下也不会产生光合作用；且采用自动喷涂工艺可实现漆面的均匀、平整、光滑，涂漆质量相对较好。而由于无机漆的价格昂贵，采用自动喷涂并至烘干房烘干的成本较高，国内中小型收获机制造企业一般采用有机漆手工喷涂和自然烘干，有些大型制造企业则采用电泳涂漆然后烘干，喷涂成本较为便宜，但长时间暴露于阳光下将产生光合作用，发生褪色等问题，故漆面的平整度和光亮度都不及国外设备。综上可以看出，我国的棉花收获机与发达国家之间存在一定的差距，产品质量水平尚有较大的提升空间。为此，国内棉花收获机生产企业应尽快提高产品制造技术和性能质量，缩小同国外产品的差距，以促进我国棉花收获机械化水平的进一步提高。

8. 油莎豆收获机械

2019年5月，一拖（黑龙江）东方红工业园有限公司的研发人员根据自走式收获机械技术，结合马铃薯收获机械，历经37天成功试制完成自走式油莎豆收获机的设计，并进行了田间收获试验。目前，全国油莎豆收获机设备生产厂家有10余家，虽然其投放到市场上的油莎豆收获机产品各具特色，但整体生产过程呈现出小、散、乱、杂的局面，难以适应产业发展需要。因此，尽快研发生产具有国内统一标准的油莎豆收获机是油莎豆种植与产业发展的关键。

在智能化技术方面，欧美发达国家率先将先进电子信息技术广泛运用到油莎豆联合收获机上，根据收获机的作业质量自动调整各种工作参数，在提高生产效率的同时，将故障率控制在一定范围内，同时大大提高了整机的无故障工作时间。与这些先进技术相比，我国油莎豆收获机整体的自动化水平尚有较大差距，已严重制约了油莎豆收获机械化的发展。当前，国家已愈发注意到这一不足，积极开展科研攻关，针对收获机关键智能化技术，如谷物损失监测技术、谷物流量监测技术、行走速度自动控制技术等，从积极外引到尝试自主研发，正不断进行探索，取得了一定的突破。目前，关于油莎豆联合收获机智能化方面的研究主要集中在重要工作部件与作业环节的监测与报警，但这类装置仅可起到降低故障率、预防机器过载损坏、改善人机交互性能等作用，而有关智能化系统的研究与应用效果仍不十分理想，有待进一步探索。总体而言，实现智能化控制是油莎豆联合收获机发展的必然趋势，相关技术已逐步应用到传统收获机产品上，对于改进其工作性能、提高收获适应性和整体技术水平具有重要意义。我国油莎豆联合收获机重点智能化技术发展现状如下。

（1）谷物损失监测传感器。国内对籽粒损失检测的研究起步较晚，目前成型的产品较少，近年来，国内部分学者已开始进行籽粒损失检测方面的研究，但检测技术仍不成熟，现阶段比较具有代表性的工作有：①进行了压电冲击板式谷物损失传感器的结构改进和实验室标定，选用不同质量的豆类作为标定物，通过试验解决了沿传感器表面灵敏度分布不均以及线性度问题。②针对联合收获机作业过程中清选损失较大的问题，设计了一种以 AT89C52 单片机为核心的谷物清选损失监测系统，该系统能区别出谷粒和杂质信号，实时显示机具的前进速度和谷物清选损失率，当损失率超标时将会报警，以提示驾驶员及时调整相关机构，降低收获损失。仿真试验结果表明，该系统的响应速度快、准确性与稳定性较好，符合设计要求。③此外，已采用图像处理技术设计联合收获机的夹带损失传感器，并对夹带损失进行监视与检测，将采集到的图像进行灰度、滤波和二值化等处理，最后运用计算目标面积的方法来预报谷物损失个数。实验结果表明，该方法快速、简易且准确，能实时检测联合收获机的夹带损失。④同时，还开展了收获机谷物损失测量 PVDF 阵列传感器设计与试验方面的研究，分别选择 3 种不同含水率的水稻籽粒进行试验并给出了试验的测试结果，结果表明针对不同含水率的水稻样品，传感器的静态测量误差在 5% 左右。

（2）谷物流量监测传感器。目前，我国在谷物流量监测传感器方面的研究取得了一些成果。20 世纪 90 年代，东北垦区引进了凯斯和约翰迪尔公司生产的带产量监视器的谷物联合收获机，迈出了引进与消化精细农业技术的步伐。中国农业大学于 1998 年成立了"精细农业研究中心"，在 GPS 定位与导航、栅格采样、谷物及棉花测产系统和土壤含水率传感器技术等方面的研究走在了全国前列，2004 年，他们在消化并吸收国外联合收获机测产系统的基础上，自主开发了一套适用于谷物收获的测产系统。2000 年，上海市精准农业技术有限公司与上海交通大学机器人研究所合作，研制了我国第一台拥有自主知识产权的联合收获机智能测产系统"精准一号"，并积极研究如何生成相关产量图。2001 年，一种基于冲量原理的谷物产量监测系统被开发出来，且分别应用在没有外部机械振动和引入外部机械振动的两种情形，试验结果表明：在没有外部机械振动的情况下，该监测系统的测量误差小于 5%；当引入外部机械振动并加入硬件和软件滤波之后，测量误差小于 8%。2005 年，国内学者设计了一种基于单板冲击式谷物流量传感器的实时测产系统，通过试验发现，模拟试验和田间试验之间的误差达 15%，而在田间实时标定后，实际测产误差可小于 3%。2009 年，又有学者设计了压电式谷物质量流量传感器，并对压电材料用仿真和试验进行了研究；2010 年，对双板差分式谷物质量流量传感器进行了性能试验。然而截至目前，国内尚未出现商品化的谷物产量监测系统。由此可见，一个成熟的谷物产量监测系统必须经历较长时间的检验和改进才能真正应用于生产实践。为此，我国联合收获机行业需要不断学习和消化国外先进的谷物产量监测技术，逐渐自主开发出适合我国国情的谷物产量监测系统。

（3）行走速度自动控制装置。随着国家在农机装备制造领域的科技投入不断加大，国内学者开展了联合收获机行走速度自动控制系统方面的研究，如以碧浪 4LZ-2.0 型全喂入联合收获机为试验样机，研制了基于灰色预测模糊控制的负荷反馈装置，该装置以脱粒滚粮搅龙转速的偏差及偏差变化量作为输入量，以步进电机控制脉冲作为输出量，最终形成二维预测模糊控制器。另有学者通过分析和研究联合收获机的工作过程，寻求联合收获机的负荷变化与作业质量及作业效率之间的规律，提出了喂入量、脱粒滚筒转速、输粮搅龙转速、损失量等状态量是反映联合收获机负荷的主要状态量的观点，并通过分析各状态量与负荷之间的关系，引入智能控制算法，提出了基于多信号融合的负荷反馈控制方法，设计了基于 ARM 的负荷反馈控制系统，通过调节联合收获机的前进速度实现机组的满负荷工作。还有学者分析了联合收获机的工作过程，针对其工作过程中的非线性、时变性、滞后性等特征，提出利用灰色预测模糊控制方法对联合收获机的前进速度进行自动控制的理论，使收获机的负荷保持稳定。具体的贡献是，首先揭示了将预测控制和模糊控制相结合的必要性和重要性，其次设计了联合收获机前进速度控制装置，建立了灰色预测模糊控制模型并进行了仿真和试验。另有学者针对脱粒滚筒工作状况的复杂性及其灰色性质，提出基于灰色预测模糊理论的脱粒滚筒喂入量控制方法，可使系统依据先验知识对未来的喂入量进行预测，并根据模糊 PID 理论自动控制联合收获机的行进速度，使喂入量始终保持在合适的范围内。另有学者以收获机的行走速度和喂入量作为控制量，以滚筒转速作为被控量，建立了控制闭环系统，设计时变的鲁棒控制器；基于比例微分校正技术补偿无级变速的滞后环节，建立了增广的 SDC 伪线性化的系统方程，基于 SDRE 理论给出了时变的稳定结果，保证了非线性闭环系统的渐近稳定，提高了系统的鲁棒性，并设计了收敛的非线性时变干扰观测器，以对复杂环境下联合收获机的时变干扰进行在线估计，实现前馈补偿。

9. 大豆收获机械

目前，我国大豆收获机的研究处于起步阶段，机型多仿用其他国家的产品。国内大豆收获机普遍采用轮式联合收获机产品，即通过对割台及相应部分零部件的更换，可兼收小麦、大豆等多种谷物作物。随着近年来产品的不断升级，部分农机装备制造企业生产的联合收获机不再需要更换割台即可兼收小麦、水稻、大豆、油菜、高粱等作物，如中联研发的谷王 TB80B 联合收获机。而在专收大豆的收获机产品中，郑州中联收获机械有限公司的新疆 4LZ-8 大豆收获机产品表现突出。该型号大豆联合收获机是中联收获公司专为东北地区的大豆收获所研发的新产品，而在该设备基础上更换部分零配件后，又能同时兼收谷子、糜子和高粱；该收获机采用 3.25 米挠性割台，可收割五拢作物，收割大豆的割茬低；前后轮距适用 60~65 厘米种植结构的骑三收五收割作业；可调的滚筒转速和专用的滚筒机凹板使大豆、谷子等作物的破碎（破壳）率更低。目前，虽然我国大豆机械化收获现状在不同区域具有差异，但整体发展仍处于起步阶段，大部分收获方式仍然是传统的手工采摘豆荚，费时费力。针对该情形，国内逐渐进行相关机械的技术研究，并结合各地情况自主研发了一些机械装备。按照适用工作地形来分类，大豆收获机可简单分为大型联合收获机、用于分段收获的脱荚机和小型采摘机，各种机型在收获效率、损失率和销售价格等方面还不能很好地满足用户需求，因此，大豆收获机械在国内还需进一步发展。大豆收获机各机型以及关键技术发展现状总结如下。

（1）低割仿形技术。我国黄淮海大豆产区的农田地形复杂多样、地块小、地势高低不平，大豆收获作业时割台易铲土，从而形成严重的"泥花脸"现象。采用低割仿形技术可解决上述问题，收获机通过配备液压仿形割台、挠性割台、匀流输送割台等，可降低割台损失，减少大豆底荚漏割现象。其中，采用液压仿形割台可按需对割台实际高度进行控制，根据不同的大豆品种以及收获作业要求等，割茬高度可稳定在 9~15 厘米。针对黄淮海大豆产区适用的轮式大豆收获机和履带式大豆收获机，可配备割幅不同的挠性割台，以实现不同地形、不同坚实度土壤地块的大豆低割收获作业。与液压仿形割台相比，挠性割台的智能化程度较低，割台高度仍需人工控制，仿形高度的区间有限，但机械式的挠性割台稳定性较好、成本较低，目前推广应用的范围较大。因此，采用低割仿形技术可满足地形复杂、不同坡度地块和不同底荚高度的大豆品种收获作业，减少了大豆底荚漏割损失，降低了收获机割台的铲土次数，减少了"泥花脸"现象的发生。

（2）低破损柔性脱粒技术。大豆属于易脱、易碎作物，在收获时期，大豆籽粒的含水率较低，通常在 10%~15%，因此，脱粒过程极易造成大豆籽粒的破碎。传统的稻麦收获机脱粒滚筒在进行脱粒作业时的损失大、破碎严重，而低破损柔性脱粒技术则包括适合大豆收获的锥形脱粒滚筒、螺旋脱粒滚筒、"弓齿闭式滚筒＋圆孔凹板筛"

组合型式等不同柔性脱粒部件。其中，锥形脱粒滚筒具有整体式锥形喂入口、大直径单纵轴流钉齿式锥形滚筒、可调式滚筒上罩、分段式栅条凹板筛结构、蜗轮蜗杆式单点调节结构，可保证滚筒作业时喂入顺畅、均匀，降低脱粒作业的损失率和破碎率。螺旋脱粒滚筒的钉齿以螺旋式分布于滚筒圆周上并形成 6 匝螺旋线，当进行脱粒滚筒作业时，滚筒圆周上可形成不间断连续脱粒，在减少钉齿数量、大豆籽粒打击力度与频率的同时，保证脱粒效果；钉齿上采用橡胶套包裹，以实现柔性脱粒作用；在螺旋喂入端设计并安装了刮板结构，可加快谷物喂入速率，保证谷物流的连续性。"弓齿闭式滚筒 + 圆孔凹板筛"组合型式突破了传统开放式滚筒和栅条凹板筛结构，采用弓齿螺旋分布在闭合圆柱金属滚筒上，配合 25 毫米孔径的圆孔凹板筛，提高了大豆籽粒脱粒效率和凹板筛筛孔的通过性，减少大豆籽粒在脱粒滚筒内部的打击时间和次数，有效降低了大豆脱粒损失率和破碎率。同时，影响大豆收获机质量的另一关键技术是低破损籽粒输送技术。大豆收获过程中的籽粒破损主要来自大豆脱粒过程以及籽粒输送至粮箱的过程，针对传统的搅龙输粮所造成的大豆籽粒破损严重的情况，低破损籽粒输送技术是运用刮板输粮装置和勺链输粮装置，采用橡胶刮板、塑料勺链等柔性输送机构取代金属搅龙，大大降低了输送时对大豆籽粒的打击力、挤压力、摩擦力。与搅龙输粮装置相比，该技术可有效降低大豆籽粒输送过程的破碎率。

（3）分段收获脱荚机。农业农村部南京农业机械化研究所于 2010 年进行了 5TD60 型青大豆脱荚机设计与机器测试，该设备为人工单株喂料，植株经链式运输装置夹持，先后经过与送料方向呈 45° 和 70° 夹角的两对水平脱荚辊进行分次脱荚，然后分拣筛、除杂风机分离杂质，每小时脱荚可达到 300 千克。同期，湖北科研人员设计出用带刷毛的摘豆辊和摘豆带进行脱荚的机器；另有学者设计了 5MDZJ-380-1400型菜用大豆摘荚机，该机型的夹持机构在滚筒上方且与滚筒轴线保持一定角度，能够实现由滚筒上胶指从株顶到根部分离豆荚的功能，然后经风机分离杂质，由传送带输出豆荚。经过测试，该机型的平均损失率为 9.4%，平均综合损伤率为 27.3%，其中最为严重的属于挤压损伤。华中农业大学的研究人员通过调节弹簧使喂入夹持辊和脱荚辊可随喂入量同步发生变化，实现间距的自动调节。芜湖市某公司设计出单滚筒脱荚机，其滚筒圆周安装有三角形橡胶脱齿。德兴市某公司研发出上方进料式脱荚机，该机型基于对一般结构的调整，从上往下依次为输送带、脱荚腔、除茎腔、除叶腔、卸料口等，脱荚腔内由三角橡胶齿脱荚辊进行脱荚，除茎辊和筛网均在除茎腔内分离茎秆和叶片，最后利用风机清除掺杂的碎叶。

（4）小型采摘机。中国的南方地区多为山地丘陵，该地形适宜种植菜用大豆，因此，进行小型采摘机的研发有重要意义。有科研人员研制出一种鲜食大豆采摘机，该机器前端装有深松刀，可铲起菜用大豆并植株，链条夹持机构可将其拔起并输送植株，同时脱泥装置可拍掉泥土，然后大豆植株根部被夹持链条输送至毛刷辊摘荚装置中，脱下的豆荚和叶子、茎秆等一起进入清选装置，同时将豆秆还田，豆荚则进入存储室。另有学者把菜用大豆采摘和土地旋耕结合在一起，采摘装置通过悬挂连接在旋耕机前端，并经过弹齿滚筒进行豆荚摘取，通过收集装置进行豆荚收集，旋耕机则在后端对剩下的植株进行翻耕，同时解决采摘后的土地整理问题。

（5）联合收获机。基于国外进口的大豆联合收获机价格昂贵、国内机具大豆采摘情况不理想的现状，有学者设计了一款以细钢丝弹齿采摘辊、收集绞龙和传送带为主要机构的联合收获机，但该机器没有专门的清选机构；在北京林业大学研究人员的大豆收获机专利中，采摘装置采用梳齿滚筒和拨禾轮配合的设计，但同样没有设置清选装置。另有学者设计了履带式联合收获机，设备加装有筛选输送器和清选风扇，并且改进了输送带，让其与采摘装置能够实现同步升降。河南农业大学研究人员对自走式采摘机做了整体设计，在弹齿间距内设置齿槽与采摘带啮合，减少豆荚采摘后无法顺利掉落至传送带的情况，且对液压控制机构做了初步设计。另有研究人员在设计履带式联合收获机时，把采摘装置改造成弹齿和三角齿相间的组合，并采用分级输送方式；其他研究人员在对履带式联合收获机进行改进时，为了减轻机器重量而采用升降结构，可以在起垄种植地块实现横向和纵向收获。河北某公司生产的4YZ-MD全喂入式菜用大豆收获机，其割台可把植株从根部切断，并运输至后端采摘装置进行豆荚分离；利用清选辊和二次风选清除杂质，后续将逐步对风选机构、收料漏斗、拔枝出土等进行优化。中国农业科学院果蔬茶创新团队成功研制出4GQD-160多行自走式菜用大豆收获机，该设备重点突破了闭式静液压行走控制技术以及全液压多驱动技术，可以在一垄三行及一垄四行种植模式下进行菜用大豆的收获。

综上，大型联合收获机的收获效率较高，但目前对于收获率、损伤率的研究还没有足够的数据，仍有待进一步开展测试工作。

4.4.3.3　国内外技术差距

联合收获机国内外主要关键技术差距如表4-5所示。

表 4-5　联合收获机国内外关键技术差距

项目	国内产品	国外产品
稻麦收获机械	适应水田作业的大喂入量水稻收获机（目前，国内品牌水稻收获机以 5~7 千克/秒喂入量为主，12 千克/秒及以上的大喂入量收获机上的橡胶半链轨、橡胶全链轨技术仍不成熟，收获机的整机重量过大，水田通过能力较低，且影响其对于小田块的适应性，还没有形成大批量推广）；水稻联合收获机变速箱（国内对液压无级传动变速箱的研究较少，目前处于研究探索阶段。国内水稻联合收获机采用的是液压驱动机械换挡变速箱，无法满足自动控制要求）；大喂入量谷物联合收获机（国内谷物联合收获机喂入量以 8~10 千克/秒为主，虽然关键部件参数都实现了监测、显示和报警，但难以做到收获过程的自动调节与控制，仅有少部分机型的无故障时间能达到 70~100 小时）；小麦低损收获关键技术（在我国小麦主产区内作业的联合收获机机型主要是喂入量为 6~8 千克/秒的横轴流联合收获机和少量 8~10 千克/秒的纵轴流联合收获机，而喂入量为 4~6 千克/秒的履带式联合收获机主要应用在南方稻麦区，多数用于跨区作业生产。全国小麦平均收获损失率远高于国外发达经济体）	国外知名品牌，如约翰迪尔、凯斯、克拉斯、纽荷兰等生产的水稻收获机上的橡胶链轨技术已是标准配置；国外水稻联合收获机大多采用 HST 变速箱，部分采用 HMT 变速箱。约翰迪尔的 R40 型通用谷物联合收获机配备了 HST 液压无级变速行走装置。久保田公司的 PRO100 型联合收获机采用 HMT 变速箱，相较于 HST 变速器，其效率可提升 15% 以上，峰值效率可达到 85%，燃油经济性提高 10%~15%；欧美的谷物联合收获机以大马力为主，德国克拉斯能达到 530 马力，喂入量普遍在 12 千克/秒以上，有些能达到 15 千克/秒，并广泛采用液压驱动、电子监测系统、柔性仿形割台和自动化控制技术，可实时检测和记录主要工作参数、谷物湿度产量等信息，实现自动驾驶和自调平清选，保证 200 小时无故障作业；国外发达国家小麦联合收获技术已成熟，当前以发展大型全喂入式轴流或切流联合收获技术为主，正朝精量化、高效化和智能化方向发展，大功率发动机、智能监控系统和 GPS 辅助系统在联合收获机上获得广泛应用，同时对割台、脱粒、分离、清选和集粮等关键部位装置不断进行技术创新
玉米收获机械	高效清选技术（清选能力的不足制约着收获机向大喂入量方向发展，高含水收获时芯轴易破碎的现状影响着籽粒含杂率，而目前国内研究多集中于小喂入量）；作业参数与质量在线检测技术（国内针对收获滚筒损失、清选损失、籽粒破碎等收获性能与作业参数检测技术的研究刚刚起步，仍处于初级阶段，技术还不成熟，对于损失的监控、提醒和控制还没有相应的程序）；收获作业参数自适应调控技术（自适应调控技术主要是根据质量优先、效率优先等收获策略和田间状况来自动调整姿态与作业参数，目前尚未开展此类技术研究）	我国目前主流收获机喂入量在 8~10 千克/秒，国外大型收获机喂入量已经突破 40 千克/秒；丹麦技术比较先进，可根据作物颗粒的大小，通过检测仪器给出准确率在 95% 时的数据，同时可以通过程序协同，将损失数据检测和收获机行走速度进行关联，由此控制整机收获效率，减少收获损失；德国克拉斯公司的 CEMOS 系统已相对成熟并广泛投入应用

续表

项目	国内产品	国外产品
花生收获机械	适应丘陵山区的轻简型花生播种、收获机具（目前国内已有青岛万农达、青岛德兴万丰等企业针对丘陵山区特点和需求开展了轻简型花生播种和收获装备研发工作，已有部分产品在市场上销售和小范围应用，但大部分产品多为各地家庭作坊式企业生产，产品制造水平、作业质量和使用安全性无法保障）	以美国为代表的发达国家多为农场大面积种植，其生产装备也多为大型机具，因此国外目前尚无先进实用、可供借鉴的轻简型花生播种、收获装备
马铃薯收获机械	马铃薯低破损联合收获机（目前中机美诺、希成、洪珠、兄弟、德沃、丹阳荣嘉等企业均有马铃薯联合收获机销售，但因较高的伤薯率和含杂率以及分级水平等问题而无法达到贮藏要求，尤其是伤皮、碰撞伤对贮藏腐烂的影响较大。此外，国内产品在装车高度控制、专用防撞伤运输车等方面的研究还处于空白）	德国格立莫公司的马铃薯收获机较为先进，国内与其的差距主要在复合功能和智能化技术的应用方面，国外通常是自走式，配套动力在400马力左右，效率非常高，人员投入也少。由于国外马铃薯不以鲜食为主，收获后均立即进行加工处理，因而伤皮对品质的影响不大，但该设备收获时的伤皮却达不到国内要求，也不适合国内储藏鲜销品对降低损伤的要求
油菜收获机械	油菜联合收获机（江苏沃得、星光农机、雷沃重工等公司基于稻麦联合收获机改制形成了油菜联合收获机，但在损失率监测、智能化控制、稻麦油兼用方面还需继续开展研究。国内外产品差距主要体现在可靠性、稳定性上）；高性能油菜割晒机（佳木斯阳光、佳木斯华能等公司生产的高地隙割晒机适合北方大田块作业，但性能较差、可靠性低；盐城新明悦等公司生产的小型立式割晒机只适宜丘陵山区；长江、淮河流域高湿小田块需要的履带式小型割晒机缺乏）；油菜（水稻）联合收获机工作参数自动调节技术（国内在稻油联合收获机参数优化方面的研究主要基于作物处在单一特定状态，近年来获取作物状态信息的技术逐渐受到重视，但处于探索阶段）	约翰迪尔、克拉斯、凯斯的油菜联合收获机较为先进，能够实现一机多用，可靠性、稳定性好；美国约翰迪尔、加拿大MacDon的割晒机世界领先，可实现割台多自由度的自动调节，对地形地貌适应能力强；国外联合收获机自动化与智能化程度较高，大型收获机械已实现了工作参数自动调整，中小型收获机则主要依靠人工调节，但也具有工作参数条件方便的特点。国内适应丘陵山区的中小型稻油联合收获机与国外机具在参数调节方便性及可靠性等方面的差距明显

续表

项目	国内产品	国外产品
甘蔗收获机械	适应丘陵山地的全地形甘蔗收获机（洛阳辰汉、柳工农机、中联重机、沃得等生产的切段式联合收获机基本上属于国外机型的改进，对我国8°~15°山地蔗区的适应性差）；高效整秆收获机（该机型的作业效率低下、蔗茎破损率高）	美国、澳大利亚、巴西等主要产蔗国基本采用大型切段式甘蔗联合收获机，没有相应的丘陵山地甘蔗收获机机型；且美国、澳大利亚、巴西和日本等国基本采用切段式收割技术
棉花收获机械	6行打包采棉机（该机型在整机性能、可靠性等方面与国外相比还有一定差距）	国外主要采用6行采棉机，约翰迪尔、凯斯纽荷兰等企业的产品在智能化、信息化技术应用方面较为广泛，整机可靠性、使用寿命等均优于国内产品
大豆收获机械	大豆联合收获低破损籽粒输送部件（南京农机化研究所开展了大豆低破损籽粒输送关键部件研制，研发了气力式卸粮装置、勺链式籽粒提升装置等，相较于现有稻麦收获机的搅龙输送，其破碎率低、输送效率高，但尚未得到市场化应用）；大豆机收清选筛（南京农机化研究所针对大豆收获开展了高效清选技术研究，对上筛鱼眼筛、贝壳筛、鱼鳞筛等，下筛圆孔筛、网筛等不同组合进行了试验研究，测试了不同清选筛对大豆收获的适应性）	日本井关、奥地利温斯特泰格、德国HALDRUP等生产的收获机的大豆籽粒输送系统较为先进，大豆籽粒从进入割台到进入粮箱前均采用输送带输送，且采用气力式输送进行卸粮装袋，整机输送部件衔接合理、籽粒破碎少。约翰迪尔、凯斯、克拉斯等企业生产的大型轮式收获机较为先进，主要体现在清选筛面积大、下筛振动频率匹配合适、风机风道结构合理、气流均匀，清选损失低、含杂低；约翰迪尔采用键箱逐稿分离装置，脱过后可加强秸秆和籽粒的分离效果，夹带损失少、含杂低

4.4.4　联合收获机产业与技术发展的制约因素

联合收获机产业发展需要各种要素的有机组合推动，发展方式主要有两类，一类是内涵型扩大再生产方式，另一类是外延型扩大再生产方式。其中，外延型扩大再生产方式是指农机装备制造企业通过增加各类生产要素投入的方式来实现生产规模的扩大并促进经济效益的增长；而内涵型扩大再生产方式则是指农机装备制造企业主要以技术进步和推进科学管理的方法和手段来提高生产要素的质量和使用效益，以此扩大生产规模和提高生产管理水平。

实施现代农机装备技术改造，提升并创新传统农机技术，是加快转变中国农机装备行业增长方式、加速技术升级、实现可持续发展的重要举措。为此，需进行如下几方面的调整：一是进行原始创新、集成创新和引进消化吸收再创新，以突破高效、智能、节能环保的高端联合收获机装备及核心部件的关键性技术为重点，不断缩小与国际先进水平的差距；二是在填补国内技术空白的同时，以农机装备龙头骨干企业为载体，搭建基于未来国际化发展的业务管理和运行平台，实施"走出去"战略，通过提升产品技术水平和质量进入全球农机装备市场，开拓国际化发展道路，搭建全球营销服务网络体系，推动高附加值产品出口，最终逐步形成品牌优势，全面提升行业水平；三是集中联合收获机在技术创新方面的优势，努力培植创新型产业集群，培育具备核心竞争力的大型联合收获机制造企业，通过市场竞争与政策引导，实施组织结构优化战略，逐步形成专业化分工、社会化协作、大而强、小而专、以大带小、以小保大、相互促进、协调发展的新产业结构；四是进一步加速行业资本结构的调整，实行"国退、民扩、外补"策略，逐步形成以国有控股或股份制的大型农机装备集团企业为主导、以中小农机装备企业群为主体、以外资农机装备企业为补充的联合收获机产业新格局。

当前，中国联合收获机产业增长的实现方式主要依靠生产要素量的扩张，而非依靠生产要素效率的提高。发达国家联合收获机产业与技术的发展已可满足农业生产机械化的需要，新一轮农机装备的智能化、信息化技术以及先进制造和产品设计技术的应用使国外农机装备制造企业逐步占据了全球产业链价值链的高端，而中国联合收获机产业与国外发达经济体相比存在较大差距，表现为发达经济体的农机装备产业已实现了利用现代制造技术改造传统技术，设备现代化、管理信息化的趋势显著，而中国联合收获机制造水平仍然处于较低层次。如何采用现代制造技术加速对传统技术的改造，已成为产业能否实现可持续发展的关键问题。目前，国内联合收获机产业与技术发展的制约因素主要有以下几方面。

4.4.4.1 技术薄弱导致产业发展乏力

农机装备制造企业是带动行业科技进步和创新发展的主体，但现今企业创新驱动动力不足，行业内大多为劳动密集型生产加工企业，其技术装备较为落后、研发创新能力不强、创新型技术人才缺乏，在国际竞争中通常处于产业链价值链低端，创新的主动性和积极性受到冲击，创新空间备受压制，导致农机装备产品种类不丰富、技术水平较低。如长久以来，联合收获机的开发、研制、生产与销售仍主要针对一些中小功率、单机、结构简单、技术含量低的设备产品，而一些高性能、高技术含量和高效率的产品长期依赖进口；此外，与发达经济体产品相比，我国大多数联合收获机普遍存在工作效率不高、能耗高、环境不友好等问题，产品质量没有得到大幅提高，许多产品的现状是可用、能用但不耐用，因此在产品质量和可靠性方面与国外存在较大差距，影响了联合收获机产业的可持续发展。

4.4.4.2　产业结构问题阻碍了技术创新

我国农机装备制造产业存在内部创新驱动的运行机制不协调问题，一些具有较大影响力的农机装备制造企业在组织结构和体系方面以及产业链价值链各环节无法产生聚合效应，制约了农机装备制造企业利用有限资源发挥价值创造效用。如企业研发中心大多由一些专业技术人员组成，主要侧重研发新产品，这些人员擅长解决技术问题而不关心生产的可行性以及能否创造销售利润；而生产和销售部门出于对产品制造和市场领域的了解，更加注重控制生产成本，实现加工过程的可操作性，使产品能够满足现实的市场需求，因此通常不愿意生产创新性强、市场需求量小且加工工艺不稳定的产品。尽管这类产品可能会在未来某个时期进入市场，但由于其研发费用较高、生产过程中设备与人员投入过多且销售成功率较低，故生产和销售部门不愿意配合研发部门进行创新试验，而只愿意配合设计部门对改进型产品以及较易实现大批量生产且较好实现销售的产品进行试验，因此，企业内部创新驱动的运行机制不协调延缓了创新驱动进程，导致企业创新驱动的活力明显不足。

综上，由于技术开发经验和设计理论知识储备不足、研发投入少、高端人才流失等，我国联合收获机产业难以具有较强的国际竞争力，而行业内大型骨干企业的研发能力主要集中在对现有设备的改进和改型，新产品开发能力较为薄弱。尽管近年来国家不断拿出专项财政资金用于农机购置补贴，旨在促进农机装备制造企业对联合收获机的研发和改进力度，然而效果并不显著，原因是制造企业对政策扶持的依赖性较大，一定程度上降低了自主创新的积极性，企业较难有动力调整和优化已有产品结构，并依靠技术进步来推动自身绩效增长；加之企业长期具有不求思变的意识，更加导致了内部创新驱动动力的不足。因此，要想使联合收获机制造企业真正成为技术创新的主体，就必须针对我国联合收获机的发展现状，消化吸收并灵活运用现有相关先进技术，加强基础理论的研究和学习，把握国际先进技术的发展方向，对关键部件的技术进行突破创新，采取有效措施缩短与发达经济体之间的差距；并且充分发挥市场的调节作用，以内生动力引领产业发展，这样才能使我国联合收获机产业真正寻找到市场突破的路径，实现行业技术的快速发展和设备机械的升级换代，以创新为基点，提升行业国内外竞争力。

4.4.5　联合收获机产业与技术发展路线图

4.4.5.1　联合收获机产业与技术发展的总体思路

我国联合收获机技术的发展既与国内加快发展现代农牧业政策直接相关，也受国际收获装备技术发展进步的影响，重在对联合收获机的关键装置、新材料、新工艺进行探索和研究，使联合收获机更加趋于高效智能化和人性化，逐渐通过科学、合理的收获方式，保障收获作物的品质，提高作物的生产效率。为此，针对我国农作物地域分布特点，可自主研发与地形相适应的联合收获机装备产品。然而，我国收获机产品在核心部件与共性关键技术方面亟待加大研发投入，使其不断缩小与发达经济体同类产品间的差距。当前，我国农机装备产业发展进入新常态，呈现出以下四大特征：一是发展速度从高速增长转为中高速增长；二是发展方式从产能扩张转为提质增效；三是发展动力从要素驱动、投资驱动转向创新驱动；四是发展环境从粗放式资源拼凑向多重条件约束趋紧转变。下一阶段，我国联合收获机产业发展目标是全面实现大型化、智能化，并结合地域条件因地制宜确立不同区域的最佳收获方式和技术路线，有针对性地推进联合收获机技术研发和推广应用，提升机型的通用化水平，实现一机多用，统一标准化接口，通过引入新材料和新制造技术，提高农机装备的整体可靠性，降低维修频率和成本投入，实现联合收获机产业的可持续发展。为此，对各项目标发展的现状及未来发展趋势展开如下分析。

（1）大型化。当前，联合收获机的喂入量由小型化向大型化方向发展，这样可以减少收获机的作业时间，降低收获机操作人员的劳动强度。目前，国产品牌在联合收获机方面的竞争主要聚焦于喂入量为 6 千克 / 秒的履带式收获机械产品，国内几大农机装备领军企业不约而同地展出了喂入量 6 千克 / 秒甚至 7 千克 / 秒的机械设备，全喂入的不断升级使竞争态势仍然激烈。在今后的一段时期内，我国联合收获机的发展方向仍以大中型联合收获机为主，并且在保证其工作性能的基础上，不断增加发动机马力，加大收割割幅，提高喂入量，改善设备的作业效率。

（2）因地制宜化。我国农作物种植区域广泛且各地品种差异显著，各种作物收获方式均有其特点和适用条件，因此需要在深入调研的基础上，结合地域条件因地制宜确立不同区域的最佳收获方式和技术路线，且有针对性地推进联合收获机的技术研发和推广应用。针对当前各主产区耕种作物品类多样化的现状，从农机农艺相结合的角度出发，合理优化并形成区域规范的生产体系，为作物生产及其收获机械化提供基础条件。同时，还需研究适合于不同土壤状况的联合收获技术、人工辅助除杂技术以及料斗系统，突破作物清洁技术，研发机电液一体化系统，实现对设备的智能控制。此外，由于联合收获机的工作条件比较恶劣，容易导致零部件的腐蚀或断裂，因此在研究和设计联合收获机时要从结构、工艺和材料等方面综合考虑，以先进制造工艺来保证机器设备的高强度，进而提高零部件的耐用性和可靠性，同时优化联合收获机的整体结构，提高设备使用性能，开发更适合于国内农情的集仿形挖掘、去土、分秧、升运、除杂、落料、装车等功能于一体的智能联合收获装备。

（3）通用化。我国多数联合收获机在早期只能进行单一农作物的收割作业，随着机械化水平的发展，现已实现了底盘对不同收割工具的模块化连接，使机械设备能够兼收大豆、玉米、水稻等多种作物，其原理是通过更换不同功能以及不同割幅的割台来适应不同地区、亩产以及作物的收获需求。例如，为了提高联合收获机在应对各种地形时的工作能力，提高适应不同作物收获的能力，需要改进或创新割台的仿形装置、清选系统自动调平装置以及扶禾器等结构；为适应在潮湿地和水田环境中作业，行走装置需要采用多种宽度的轮胎和履带，有些设备还配备有双泵双马达结构，可通过对行走装置的调节来适应不同农田的作业要求，如标准轮胎可适应旱地棉花采摘、水田高花轮胎可适应水稻收获、半履带可适应小麦收割等。

（4）智能化。今后在我国联合收获机上将应用更多的智能化技术，利用信息通信、传感器和物联网技术等实现收获机运行状态的实时监测，出现问题可及时进行预警处理，防止因过度使用设备而造成损坏；此外，卫星导航系统和视觉导航系统等的应用可实现收获作业的精准化和高效化，电控液压马达等执行机构的使用可对联合收获机进行精准且可靠的变量调节，智能监控系统的应用可对作物收获质量进行在线监控、定量统计和质量检测，喂入量自调节装置、清选自平衡系统和各种辅助分离机构的使用同样能够较好地改善联合收获机的收获质量，实现谷物的精确收割，加强籽粒的检测力度，减少籽粒的收获损失。同时应加强对谷物质量（如水分、单位产量）的科学评估，做好收获作业完成后相应的保障工作。

（5）舒适化。我国多数品牌的联合收获机使用舒适度较差，其操作室是一个移动且封闭的环境，在进行谷物收获作业时操作人员比较枯燥和疲倦，因此，让操作人员拥有一个舒适的驾驶环境和优秀的人机交互环境可以有效缓解工作疲劳程度，保证作业安全，提高作业质量，也体现了以人为本的劳动生产原则。因此，在联合收获机内装配隔音性能良好、温度可调节的全封闭驾驶舱是产品未来发展的必然趋势，这就需要在产品内增加能够减少振动和噪声以及消除酷热与灰尘的防护措施，同时还需加强对联合收获机操作系统的简易化设计，通过自控装置、监视仪表等辅助技术来减轻操作人员的劳动强度，且配备液晶触摸屏和全方位的辅助操作系统，以便于操作人员对收获机的各个功能部件进行参数设置和调整，最终达到改善驾驶员操作环境的目的。

（6）节能环保化。未来，我国联合收获机的发展要不断引入新材料和新制造技术，提高设备的整体可靠性，降低产品维修频率和成本投入，并通过改进发动机技术实现能源的充分利用，减少污染气体的排放，做到低碳环保、生态节能型生产，从而实现社会效益与生态效益的统一。同时，联合收获机的关键部件应不拘泥于现有技术，而是通过不断的技术创新以提高谷物收获效率和收获作业的适应性与安全性，减少谷物损失；同时，加大新工艺与新材料的应用既能减少工业污染，又能加强设备性能，如为了加强联合收获机的割台骨架，可尝试采用大直径薄壁钢管以及表面硬化处理纹杆等新工艺。

4.4.5.2　联合收获机产业与技术发展目标

到2025年，我国力求实现联合收获机品类齐全，粮食作物生产全程机械化所需装备的技术水平大幅提升，主要经济作物生产全程机械化所需装备实现有效供给。同时，全面掌握核心零部件制造技术，关键零部件自给率拟达到70%以上；产品可靠性处于国际领先水平；区域主要农作物机械化技术模式日趋完善；产业布局更加优化，以优势农机装备制造企业为龙头，带动农机产业集聚化、集约化与集群化发展，培育并创建一批专业化特色突出的新型工业产业示范基地；形成3~5家具有较强国际竞争力的农机装备制造行业领军企业；全国农作物耕种收综合机械化率拟达75%以上，粮棉油糖主产县（市、区）基本实现农业机械化，丘陵山区县（市、区）农作物耕种收综合机械化率达55%；全面突破农业机械化中的薄弱环节，其中马铃薯种植与收获机械化率均达到45%，棉花收获机械化率达到60%，花生种植、收获机械化率分别达到65%和55%，油菜种植、收获机械化率分别达到50%和65%，甘蔗收获机械化率达到30%；适合大宗粮食和战略性经济作物生产的机械设备品种齐全，国产农机装备产品市场占有率稳定并高于95%；200马力以上大型联合收获机等高端产品的市场占有率达60%；突破动植物对象识别与监控方面的核心技术，全面投入使用智能化的收获作业机械；实现核心设备制造和整机可靠性关键技术的掌握，提高联合收获机的平均无故障时间，使该指标达到国际先进水平；农机装备制造产业主营业务收入达8000亿元。

在先进联合收获机机型研制方面，研制出喂入量在 12 千克 / 秒及以上、实现多参数在线检测与智能调控系统实用化且控制精度 ≥ 95% 的大型智能谷物联合收获机；行数 4 行及以上、籽粒直收破碎率 ≤ 4%、含杂率 ≤ 1% 的玉米籽粒收获机；行数 4 行及以上、采净率大于 95%、采棉头核心部件全部实现国产化的大型智能采棉机；喂入量在 4~6 千克 / 秒、宿根破头率 ≤ 15%、损失率 ≤ 5% 的切段式甘蔗收获机；喂入及切割系统配有探测与系统保护功能、具有自动刃磨及定刀自动定位功能的大型自走式饲料收获机；收获损伤率 ≤ 5%、漏掘率 ≤ 2%、具有自动对行与掘深监控功能的大型自走式薯类收获机等，并能全部实现产品的批量化生产。

到 2035 年，我国力争实现农业全程全面机械化。针对联合收获机行业存在的主要问题，通过实施主机产品创新、关键零部件发展、产品可靠性提升、公共服务平台建设、农机农艺融合等五大专项行动，实现提升农机装备制造能力和促进现代农业发展的战略目标。针对国产农机装备产品可靠性不高的突出问题，可进一步采取如下措施。

（1）建立健全农机装备可靠性环境试验测试体系，推进试验验证技术在农机装备设计与制造中的应用。按照自愿性认证和强制性认证相结合的原则，建立和完善农机装备产品认证检测体系，对涉及人身安全的农机装备产品依法开展强制性认证；推进环境试验、加速寿命试验、设备可维修性测试等关键可靠性试验验证技术在农机装备产品研发设计中的应用；推进农机装备工艺一致性以及性能指标保持技术在产品制造过程中的应用；强化可靠性基础数据信息管理，以云计算、大数据、物联网等新一代信息技术为支撑，构建面向农机装备跨地域、跨气候的环境适用性和寿命可靠性基础数据平台以及在役农机装备产品售后维修数据平台，不断提升认证结果的公信力。

（2）加快质量技术基础平台的建设，开发针对农机装备发动机和变速箱等零部件的性能检测认证平台。结合全国农机装备产业集群的分布情况，加大检验检测机构的整合和重组力度，统筹考虑科研院所、高校和农机装备制造企业的检验检测资源，按照市场化原则优化资源配置，逐步发展区域性综合农机装备检验检测认证机构，提高检测的有效性和便利性；提升面向农机装备元器件、零部件、功能部件及整机的计量技术支撑能力以及针对设备可靠性、环境适应性、安全性等的试验测试和鉴定能力，为农机装备产品提供面向环境耐用性和设备可靠性的鉴定测试验证试验、可靠性加速试验等检验检测服务，推进农机装备产品检测工作，逐步建立起以环境适应性、设备可靠性以及可维修性等质量指标为约束的市场机制，促使农机装备制造业产品质量水平的整体提升。

（3）建设智能工厂和数字化车间，提高农机装备产品的生产效率和可靠性。以"互联网＋"技术为支撑，在农机装备制造行业推广先进的质量管理技术和方法，集成先进的制造技术和信息技术，鼓励农机装备制造企业开展可靠性控制和监督活动，提高农机装备产品的生产效率和质量，缩短产品的生产周期；对农机装备制造企业的产品设计、生产和控制实现从上到下的智能化整合，实现灵活的规模化生产；建设现代化农机装备智能工厂，有效提高产品的制造精度和稳定性。

4.4.5.3　联合收获机产业与技术发展总体路线图

结合联合收获机产业与技术发展的总体思路，绘制联合收获机产业与技术发展的总体路线图，如图4-12所示。

图4-12　联合收获机产业与技术发展总体路线图

4.5　小微型农机产业与技术发展路线图制定

4.5.1　小微型农机产业关键技术

我国小微型农机除了具有功率小、轻量化等特征外，主要用于满足丘陵地区的作业要求，因此，其关键技术的突破需针对丘陵山区复杂的地势特征以及所种植的具体农作物，且需具备如下关键技术。

4.5.1.1 适宜丘陵山区的谷物收获智能清选技术

目前，国内智能清选技术的发展还处于起步阶段，虽然我国在风机速度调控技术、清选筛自平衡技术方面取得了一定的研究成果，但与国外发达经济体相比还存在较大差距，针对丘陵山区主要油料作物的轻简高效收获技术缺乏。目前，国内油菜、花生等油料作物收获装备的研发主要聚焦于适用平原地区的分段与联合收获机上，而适用于丘陵山地小田块、坡地以及黏重土壤的收获装备研发较少。

4.5.1.2 基于WMCM、VR体感遥控技术的丘陵山区复杂地形区域自主作业技术

目前，国内现有的基于北斗导航的无人驾驶拖拉机或作业装备在丘陵山区进行作业时，因地势复杂、公网信号差且干扰强，无法实现无人驾驶监控作业，因此，针对丘陵山区复杂地形区域自主作业技术的相关研究基本处于空白。此外，虽然在短距离区域遥控、中小马力动力无级变速、视觉避障与路径规划等相关技术方面取得了一定进展，但尚未达到产业化应用的水平。

4.5.1.3 大安全角、高功率密度、低排放、大扭矩发动机相关技术

现有在丘陵山区作业的农机装备的动力平台均依靠传统发动机，当设备进行长时间的斜坡作业时会导致润滑不足、供油不稳、机体发热等问题；另外，传统发动机的电池能量密度小，不适宜丘陵山区小体积、大扭矩的作业要求，故目前国内尚未有对大安全角、高功率密度、低排放、大扭矩发动机相关技术的研究。

4.5.1.4 丘陵山区绿色耕整地技术

目前已有耕整地农机装备的尺寸和配套动力较大，适宜丘陵山区作业的节能振动深松、立式旋耕分层施肥、有机肥与化肥混合深施等绿色耕整地技术研究较少。

此外，现阶段农业工程领域的专家纷纷将小微型农机的研究重心从机械设备本身转向农业机器人，开始研究机器视觉、人工智能等技术，力图解决农业机器人的智能化问题，且目前已在自动导航、视觉辨识定位等方面获得了较为成熟的解决方案。从目前的研究现状来看，农业机器人能够代替部分传统人工作业且工作效率较高，对于作业环境较为艰苦、体力劳动量大且单调重复的工作，如喷洒农药、收割及分选作物等，有望由农业机器人来完成，以解放出大量的人力资源。但总体而言，目前智能系统的发展还不够完善，很多任务仍无法由农业机器人单独完成；而且即使农业机器人

具备了相对较高的智能化水平，能够单独完成某种任务，由于其制造成本过高、开发难度极大，往往难以投入实际应用。

4.5.2 小微型农机产业与技术目前领先的国家和地区

对于发达经济体而言（如美国、意大利及德国），其土地资源丰富，作物基本种植在平原地区，因此对于小微型农机的研究涉及较少；而日本在地理环境上与我国的南方地区相似，均以丘陵山区为主，形成了典型的精耕细作型的"水稻小农业"，因此极其注重小微型农机的发展，农机装备多以中小型和精制型为主。

在日本，振兴丘陵山区农业生产、实现小微型农机的重点发展已经成为一项十分重要的课题。20世纪60年代初期，日本便开始使用小微型农机来代替大部分的手工劳动，极大地促进了农业产业的发展，中小型农机的产品质量不断提高、产品性能持续改进，不断有技术更为先进的迭代产品出现。近年来，日本为应对农业从业人口老龄化、农业生产成本高等挑战，正大力发展小型无人化农机装备，小型无人机、无人驾驶农机和小型农用机器人等智能设备正逐渐代替传统的人力耕作，日本各大农机装备制造企业也纷纷顺应潮流，将无人化农业作为未来的发展趋势，加快推进拖拉机、挖掘机等农机装备的智能化和无人化。同时，日本是农业机器人研究最早以及市场发育最为成熟的国家之一，目前已研制出育苗机器人、扦插机器人、嫁接机器人、番茄采摘机器人、葡萄采摘机器人、黄瓜采摘机器人、农药喷洒机器人、施肥机器人和移栽机器人等多种农业生产机器人，在市场应用方面位居世界前列。2017年，久保田公司发售了一款在人工监视下可进行无人驾驶作业的拖拉机，并且计划后续推出新款小型无人驾驶拖拉机、插秧机和联合收获机；此外，目前日本农机装备制造企业还在研发新型智能插秧机、可远程操作的小型挖掘机等，其中插秧机可通过安装在车轮上的传感器来瞬时检测田地内土壤的深度及肥沃程度，从而在插秧的同时进行适量肥料的播撒；小型挖掘机的操作人员只需佩戴防风镜形状的显示器，就能借助3D影像对设备进行远程驾驶，这种无人挖掘机可以在山间开垦及木材运输等领域发挥作用。

4.5.3 中国小微型农机产业与技术研究开发水平

我国幅员辽阔，地理形势复杂，横跨热带与北温带，位于丘陵山区的田地在开荒之初就是依照地形而建，因此形成了田地多块、小块与高低不一的特征。若想将这些小块田地规整为一大块，并建设配套的水渠和耕道，其工作量将十分巨大，对小微型农机的需求量极大。同时，近年来我国家庭农场的数量稳步增长，发展质量日益提升，已成为农民收入的重要增长点，是现代农业的主要经营方式。家庭农场是以家庭成员作为主要劳动力，以家庭经营作为基本活动单元，从事农业的规模化、标准化与集约化生产。由于家庭农场经营规模较小、农户经济实力较弱，小微型农机自然成了大多数家庭农场的首选机型，因此，小微型农机在我国一直占据着重要地位。

现阶段，我国在小微型农机的研发、设计、生产、销售及服务等方面均建立了一套较为完善的体系，小微型农机的生产总量及销售使用总量呈持续增长的态势，其在农田作业中的利用率也一再升高，具有实用价值高、受众群体基数大的特点。由于小微型农机的生产成本及使用难度较低，农民具有相应的支付能力，且产品能够满足其使用要求，因此得到了很大程度的发展与应用。

然而，我国小微型农机的品类不齐全，且存在结构简单、技术落后、功能单一的问题，对于某些地区的农作物尚不能实现机械化的播种及收获，极大地制约了小微型农机的发展进程，也阻碍了产品的推广应用。因此，未来应继续大力开展小微型农机的技术研发工作，将各地区所需的设备类型尽快补齐；并且重视小微型农机的功能集成化设计，着力研发小型耕整地、秸秆处理、播种施肥、植保作业相关的复合型机械装备，使小微型农机具有多功能的特点，以此提高作业效率。

4.5.4　小微型农机产业与技术发展的制约因素

4.5.4.1　小微型农机不受政策重视

在目前的农业机械化发展历程中，相比于大型农机装备，小微型农机的发展仍然不能得到足够的重视，原因之一是政府对于小微型农机的定位不够准确，认为其没有大型农机装备的生产效率高，支持小微型农机的推广对提高农业生产效益、促进农业机械化发展的效果可能不是特别显著，因此更愿意将目光投向见效明显的大型农机装备。有些政府认为，小微型农机的价格相对便宜，即使不进行补贴，农民也支付得起，有些地方甚至将小微型农机从补贴项目中去除；而事实上，针对丘陵山区而言，小微型农机正是农业生产的主力军，一旦缺少了政策上的支持，将对该地区的农业生产产生极大的负担，不利于丘陵山区的农业机械化发展。

4.5.4.2　农机单一性与农艺多样性之间产生冲突

受农作物品种差异、农艺差异、土壤差异等因素的影响，适用多品种小批量的小微型农机装备研发与生产成本较高。传统小农经济的农业生产主要以人力与畜力为主，具有较高的灵活性与适应性，因此形成了纷繁复杂的丘陵山区耕作制度和种植模式，主要包括连作、轮作、间作、混作、单作、套作等，但却在一定程度上制约了农业机械化的有效发展，主要原因是：农机作业不同于人力劳作，其结构参数一经确定就不能随农艺的变化而改变；且农作物的种植行距、株距不固定以及成熟期不一致均会增加机械化作业的难度，间接提高了小微型农机的设计制造成本，也影响了机械化作业的效益和效果。再者，传统农业精耕细作的要求也给农业机械化带来了难度，原因是现阶段小微型农机难以在兼顾效率的同时实现精细作业。

4.5.4.3 小微型农机使用方法未得到普及

小微型农机之所以备受农户青睐，其根本原因是农机价格便宜、操作相对简单。然而，现阶段依然有很多农户无法熟练地操作小微型农机，可见小微型农机使用方法的推广工作仍未得到完全落实，一旦农户感到小微型农机的可使用性较差，就会质疑产品的功能与质量，严重影响小微型农机日后的推广与销售。

4.5.5 小微型农机产业与技术发展路线图

总的来说，小微型农机在丘陵山区农业生产中的使用产生了可观的效益，也满足了国家"用先进实用的农机装备促进农业现代化发展"的要求。因此，国家应充分重视小微型农机的发展，加大对其的购置补贴和研发推广力度，以此推进丘陵山区的农业机械化发展，同时也可为我国全面实现农业机械化与现代化奠定坚实基础。为此，设计小微型农机产业与技术发展的具体路线如下。

4.5.5.1 产业发展路线

（1）建立更完善的发展机制。我国的新农村建设发展战略已经开始全面实施，在以农业现代化为目标的发展过程中，农业机械化迎来了新局面。为此，政府部门要充分重视小微型农机在丘陵山区中的应用，将发展小微型农机纳入新农村建设发展规划并制定科学有效的发展机制，使小微型农机产业在有目标、有策略、有手段的发展过程中，形成以党政部门主抓、职能部门指导、农民群众为实施主体的长效发展机制；实现小微型农机对丘陵山区的全覆盖，有效提高丘陵山区农业机械化比例，逐步实现丘陵山区的农业现代化建设。

（2）不断构建与小微型农机产业发展相适应的服务体系。在推动丘陵山区小微型农机普及的过程中，还应当构建有效的服务体系，具体包括农机知识宣传、农机应用推广和农机社会化服务。各农机推广站应充分发挥自身职能，加大对农业机械化发展政策的宣传，及时为农民普及新型农机装备的使用方法，强化农机装备制造领域新技术的学习；帮助农民选择适合丘陵山区的农机装备，指导农民挑选安全、可靠、质量有保障的农机装备；在农村建立农机技术示范点，手把手教会农民农机的使用规范和养护流程。通过上述手段，减少农民因对农机装备掌握的信息不足而产生的各种问题，有效提高小微型农机的利用率，降低农机损耗。同时，通过对新技术与新知识的不断学习，农民将持续提高对小微型农机的使用水平，田地产值将持续增长，农业生产经济效益将获得有效提升。

（3）完善小微型农机补贴机制。随着农业现代化的快速发展，我国越来越重视农机装备的推广与应用工作，在这一过程中，上级政府部门若想更好地提升基层小微型农机装备的推广与应用成效，就必须充分重视小微型农机补贴制度的构建与完善，进一步加大补贴力度及政策支持力度。当前，基层小微型农机装备的推广工作面临着一系列困境，由于大部分农户在农业生产过程中不愿投入过多的资金，对于农机装备的购置欲望并不强烈。加大政府补贴力度，能够充分激发广大农户对小微型农机的购买欲望，同时还可通过设立补贴款项的方式提高农户的购机热情，起到良好的刺激消费的效果。需要指出的是，在这一过程中，政府必须做好对各项补贴资金的监管工作，确保每项资金用之于民，在改善基层小微型农机装备推广与应用效果的同时，促进农业生产效益的提升。

（4）发展休闲农业。休闲农业是现代农业的新型产业形态以及现代旅游的新型消费业态，能够为小微型农机产业发展带来新的利润增长点。未来应围绕农业生产过程、农民劳动生活和农村风情风貌，遵循乡村自身发展规律，因地制宜科学编制发展规划，调整产业结构，将农机装备制造产业与休闲农业产业相融合，打造生产标准化、经营集约化、服务规范化、功能多样化的休闲农业产业带和产业群，进一步推动小微型农机产业的发展。

4.5.5.2 技术发展路线

（1）因地制宜进行小微型农机开发。围绕丘陵山区的农业生产过程，切实开发与本地实际需求相符的小微型农机装备，加大对其的开发力度，使农机装备向智能化方向发展，更好地助力乡村振兴。针对山区打药难度大、笨重机械难以进山的问题，加大农业植保无人机的开发和推广力度，将其与整地机和智能穴播机等智慧农机相结合，开发山地遥控式拖拉机等新型农机装备，改变传统的人扛、牛耕的作业模式，确保农机装备性能的稳定性，做好设备防侧滑和防倾覆方面的设计，不断提升小微型农机的使用舒适性；确保收获机和播种机之间相互配套，尽快实现丘陵山区作业机械化，最大程度发挥小微型农机轻便、安全、便于操作的优势。

（2）重视功能集成化设计。小微型农机具有作业灵活、适应性强的特点，但同时也存在着结构简单、技术落后、功能单一的问题，因此应重视小微型农机的功能集成化设计，使小微型农机具有秸秆处理、播种施肥、植保作业等复合型功能，以此不断提高丘陵山区农业作业效率，并在一定程度上降低农户的设备购置成本。此外，在完善小微型农机产品功能的基础上，还必须聚焦产品质量的提升，减少农机作业过程中的故障问题，从而延长小微型农机在农忙时节的实际作业时间，保证小微型农机良好的利用率。最后，要加强小微型农机产品的通用性，降低设备故障维修的难度以及替换零件的采购难度，保证设备的维修速度与质量，减少设备维修过程的时间消耗，保证小微型农机的有效作业时间。

（3）努力提升小微型农机的能源利用率。现阶段所使用的小微型农机，其动力系统多为结构简单的柴油机，这些发动机的应用将产生能源消耗量大、能源利用率低、噪声大、排气污染严重等问题。因此，小微型农机产业的发展必须重视能源利用率的提升，即在设计过程中需将节能减排和优化驾驶体验两方面放在更加重要的位置，积极引进性能优良、能耗更低的先进发动机技术，并保证机械动力与整体传动结构更加配套，从而达到降低能耗的目的。一些技术较为成熟的农机装备制造企业还可考虑研发制造以电动技术和混动技术为动力的新能源农机装备，使小微型农机具有更为充足的动力和更低的使用成本，从源头上消除小微型农机能源利用率低的问题，为农民提供更好的使用体验。

随着经济的迅猛发展，当前各行业竞争如火如荼，在农机装备制造产业竞争格局中，我国小微型农机的发展已处于世界领先位置，未来引导小微型农机产业向绿色环保、成本压缩、性能提升方面发展是势在必行。小微型农机产业的发展势必带动我国农机装备产业整体发展水平的提升，通过农机装备制造领域核心关键技术的突破，为产业内企业带来良好的物质收益，由此促进未来行业内新一轮的技术创新，形成农机装备产业良性循环的发展格局。为此，我国各农机装备制造企业应着眼当下、放眼未来，努力打好行业内关键技术基础，根据市场需求趋势，适时调整发展规划，优化农机装备产业链价值链，不断推动我国农业机械化全程全面高质量发展。

参考文献

［1］蔡鸿毅，程诗月，刘合光．农业节水灌溉国别经验对比分析［J］．世界农业，2017（12）：4–10.

［2］曹芳芳，黄东，朱俊峰，等．小麦收获损失及其主要影响因素——基于1135户小麦种植户的实证分析［J］．中国农村观察，2018（2）：75–87.

［3］陈桂芬，李静，陈航，等．大数据时代人工智能技术在农业领域的研究进展［J］．吉林农业大学学报，2018，40（4）：502–510.

［4］陈兴，马朋，刘芳，等．大数据分析在物联网环境下大田农作物精准灌溉的研究与应用［J］．农业科技与信息，2020（11）：62–66.

［5］付佳，安增龙．基于农业物联网技术的智慧农业研究进展［J］．现代农业科技，2020（5）：232–233，235.

［6］龚明川，周昭程，季宜龙．浅谈农业精确灌溉技术与设施［J］．广东农机，2001（1）：15–17.

［7］郭奉凯．浅谈人工智能在农业自动灌溉中的应用［J］．现代农业，2020（12）：78.

［8］韩文霆，张立元，牛亚晓，等．无人机遥感技术在精量灌溉中应用的研究进展［J］．农业机械学报，2020，51（2）：1–14.

［9］李博文．基于物联网的农业灌溉控制管理系统设计与实现［D］．郑州：战略支援部队信息工程大学，2019.

［10］李德旺，许春雨，宋建成．现代农业智能灌溉技术的研究现状与展望［J］．江苏农业科学，2017，45（17）：27–31.

［11］李建启，李瑞麟．轮式拖拉机类别分析［J］．拖拉机与农用运输车，2020，47（6）：5–9.

［12］李瑾，郭美荣，冯献．农业物联网产业发展分析与政策建议［J］．科技导报，2018，36（11）：45–53.

［13］李静．智慧农业视角下无线通信技术在灌溉中的应用［J］．智能城市，2021，7（5）：17–18.

［14］李丽琴．试析人工智能技术在现代农业生产中的应用［J］．农业技术与装备，2019（8）：28–29.

［15］廖佐毅，张庐陵，廖章一，等．浅析我国农业节水灌溉技术研究及进展［J］．南方农机，2021，52（7）：84–86.

［16］刘海燕，王光谦，魏加华，等．基于物联网与云计算的灌区信息管理系统研究［J］．应用基础与工程科学学报，2013，21（2）：195–202.

［17］刘双印，黄建德，黄子涛，等．农业人工智能的现状与应用综述［J］．现代农业装备，2019，40（6）：7–13.

［18］刘月华．动力换挡拖拉机市场分析［EB/OL］．http://news.nongji360.com/report/ view/550,

2021-08-19.

[19] 柳琪. 从全国会看拖拉机和联合收获机细分行业发展趋势 [J]. 当代农机, 2020 (12): 26-29.

[20] 宋永嘉, 刘宾, 魏暄云, 等. 大数据时代无线传感技术在精准农业中的应用进展 [J]. 江苏农业科学, 2021, 49 (8): 31-37.

[21] 王联春, 刘振群, 于旭东. 3S 技术在农田灌排渠道选线中的应用 [J]. 中国农学通报, 2014, 30 (11): 140-144.

[22] 王望来, 陈梓晖. 浅析农业智能灌溉技术 [J]. 木工机床, 2020 (4): 17-19.

[23] 王韦韦, 陈黎卿, 杨洋, 等. 农业机械底盘技术研究现状与展望 [J]. 农业机械学报, 2021, 52 (8): 1-15.

[24] 王烨峰, 戴润华, 宋希贤. 基于大数据的智慧农业水利数据价值提升探析 [J]. 现代农业科技, 2020 (22): 139-141.

[25] 吴清分. 近期国外拖拉机的技术发展新动向 [J]. 拖拉机与农用运输车, 2017, 44 (1): 8-12.

[26] 谢斌, 武仲斌, 毛恩荣. 农业拖拉机关键技术发展现状与展望 [J]. 农业机械学报, 2018, 49 (8): 1-17.

[27] 谢晓晖, 陈锋平. 大数据信息化系统推动农业供给端改革 [J]. 福建农机, 2017 (3): 39-41.

[28] 尹武, 赵辰, 张晋娜. 农业种植养殖传感器产业发展分析 [J]. 现代农业科技, 2020 (2): 253-254.

[29] 张冰慧. 智能物联网技术在现代农业发展中的应用 [J]. 农业工程技术, 2020, 40 (21): 31-32.

[30] 张永太. 论拖拉机存在的问题 [J]. 农民致富之友, 2017 (4): 221.

[31] 赵敏鹏. 自动控制技术在农业机械设计及发展中的应用 [J]. 农业工程, 2017, 7 (6): 37-39.

[32] 赵剡水, 杨为民. 农业拖拉机技术发展观察 [J]. 农业机械学报, 2010, 41 (6): 42-48.

第 5 章

促进产业与技术发展的政策建议

农业机械化是实现农业现代化的必由之路，美国、欧洲诸国以及日本、韩国在农机装备的发展道路上都走在了国际最前沿，对标美欧日韩在农机装备产业发展中所采用的做法，提出促进我国农机装备产业与技术发展的对策和建议如下。

5.1　加大政策支持投入

稳定实施农机购置补贴政策，充分发挥政策实施的导向作用，着力稳定点、扩范围、优服务、强监管、提效能，持续提升政策实施精准化、规范化、便利化水平。积极推进"农机购置补贴＋贷款贴息""农机购置补贴＋融资租赁承租补助"，不断加大农民购机用机支持力度。关注长江十年禁渔，加大对转产渔民购置使用机械的支持力度，在充分满足转产渔民对机械化的需求上精准对接。支持农机服务主体开展深松深耕、机播机收和生产托管服务，持续加大东北黑土地保护性耕作秸秆覆盖免（少）耕播种作业补助力度。落实设施农业用地、新型农业经营主体建设用地、农业生产用地、税费减免等相关政策，支持集体经济组织、农机社会化服务组织等主体以各种形式开展机库棚、机耕道、烘干机塔等基础条件建设。积极开展高标准农田建设，推进创新农机金融保险服务，探索将权属清晰的大型农机装备纳入农村资产抵押担保融资范围，鼓励政府性融资担保机构提供相应担保增信，提高农业信贷担保规模，鼓励开展农机保险。

5.2　推动农机科技创新

紧盯农业产业发展需求，分区域、分产业、分种类、分环节全面摸清农业机械短板，组织制定技术装备需求目录，引导科研院所和农机企业等向农业机械补短板聚焦用力。联合有关部门和优势领军企业分级谋划农机装备研发创新重点项目。科学布局和建设"现代农机装备""设施农业工程"学科群重点实验室、全程机械化科研基地，为农机农业融合研究创造条件。推动产学研深度融合，支持开展智能农机装备、农业机器人等重点项目研究。鼓励地方打造农机产业链发展高地和农机装备创新联盟、基地。完善优化农机试验鉴定大纲和标准体系，推动提升农机装备适用性、安全性和可靠性。创新国际交流模式，以农业服务贸易为抓手，带动农机优势产能"走出去"，支持农机企业和产品"走出去、引进来"。

5.2.1　加强关键核心短板技术攻关

针对农机装备行业关键共性技术研究较弱、农机装备企业创新能力不足等问题，推动基础前沿、关键共性技术协同研究，主要包括应用基础研究，粮食、经济作物和饲草料薄弱环节技术研发，健康设施养殖工程，区域、水果蔬菜饲草料与畜禽水产机械化技术体系集成研究示范，农村生活废弃物处理与综合利用 7 个方面。系统地解决当前和今后一个时期我国农机装备产业的薄弱环节，提高农机装备的科技含量，加速推进农业现代化进程，促进农业可持续发展和农民增收。

组织对高效节能农用发动机、大马力用转向驱动桥、大马力动力换挡和无级变速器、高端电控液压元器件、智能传感器、大型高效化复合型农机具等核心部件短板开展技术攻关，稳步提升高端农机装备关键技术和核心部件自主可控发展水平。进一步整合创新资源，加快建立以龙头企业为主体、以市场为导向、产学研推用深度融合的协同创新体系和利益共享机制。

加强产学研协同，聚焦基础前沿和关键共性技术，协同农机装备制造骨干企业和重点科研院所搭建国家层面的农机装备创新平台和行业技术创新联盟，依托农机装备龙头企业和涉农专业的高校、研究机构等科研单位加快建设高水平制造业创新中心、协同创新中心、国家重点实验室等高端创新平台。重点建设一批国际竞争力强、富有特色、集中配套的农机装备产业集群，加大专利知识产权的保护力度，严厉惩处农机装备质量违法和假冒品牌行为。支持组建创新联合体申报农机重大研发项目，推动科技成果转化，解决"有农机、有设计、无制造"的难题，以重点项目建设推进农机装备产业基础能力高级化。

5.2.2　提升农机装备智能化水平

以"信息感知、定量决策、智能控制、精准投入、个性服务"的智能农机为目标，重点围绕市场规模大、竞争优势强的农业动力装备、大田作业装备、经济作物生产装备产业链，密切跟踪国内外产业发展需求和趋势，精准梳理我国农机装备领域在大田规模化种植、设施农业、果园和畜禽水产养殖等领域的短板弱项，组织产业链上下游企业开展智能农机装备传感器、农机导航、精准作业和运维管理等方面的协同攻关，有计划有步骤地开展新型高效动力换挡拖拉机、智能采摘机器人、高速播种移栽机械、精量植保机械、高效能收获机械等重点装备对标赶超研制，研发一批填补国内空白的高端农机装备产品。鼓励加快农机装备自主可控步伐，加大政策支持力度，落实重大技术装备进口设备税收政策。推动传统农机的智能转型，积极研究北斗导航、工业互联网、人工智能、5G、大数据等信息和通信技术，提升农机装备的数据化、智能化、无人化水平，推动农业全过程无人作业。

5.2.3　促进农机产品服务化转型

遵循先进制造业与现代服务业深度融合的发展趋势，促进物联网、大数据、移动互联网、智能控制、卫星定位等信息技术的服务组件在农机制造和作业上的应用，实现智能化、绿色化、服务化转型；建设大田作物精准耕作、智慧养殖、园艺作物智能化生产等数字农业示范基地，推进智能农机与智慧农业、云农场建设等融合发展。推进"互联网＋农机作业"模式，加快推广应用农机作业监测、维修诊断、远程调度等信息化服务平台。

支持优势企业对接重点用户，形成研发生产与推广应用互促机制，提升智能制造水平和质量管控能力，探索开展个性化定制、网络精准营销、在线支持服务等新型商业模式。建立健全现代农机流通体系和售后服务网络，创新现代农机服务模式。编制高端农机装备技术路线图，引导智能高效农机装备加快发展。实现数据信息互联共享，提高农机作业质量与服务效率，降低交易、作业与监督成本。

5.2.4　扶持企业"走出去"，提高国际市场综合竞争力

当前，世界许多发展中国家需要中小型农机来提升农机化水平，而欧美公司产量不足，同时，大型智能化农机市场已逐渐兴起，并展现出了十分可观的市场前景，中

国农机装备产业迎来了很大的国际市场机遇。为此，中国农机装备产业需要打破长期依赖进口、受制于人的格局，探寻合理解决问题的有效途径，增强农机装备产品前端研发与后端服务的意识，从多方面提升中国农机产业的国际市场竞争力。其中，积极拓展"一带一路"沿线国家市场具备巨大潜力，但拓展市场的难度较大，如印度企业已占据非洲国家大部分 80 马力拖拉机市场；虽然部分中国农机装备产品出口到东南亚国家，但因不适应当地自然条件和农艺要求退出市场。

鉴于上述现象，应从更高水平上贯彻"引进来"和"走出去"战略，促进农机与产业的高质量发展，加快破解目前农机装备高端产品不多、农机农艺融合不够、低端产品产能过剩、产品质量亟待提高等问题，缓解农机装备有效供给不足的矛盾。结合"一带一路"倡议，引导更多具有竞争力的农机制造企业或产品"走出去"；加强国际交流与合作，促使更多农机制造领域亟需的专业人才及先进适用技术和产品"引进来"；鼓励相关机构和企业参与国际标准制定与修订，推动检测结果国际互认。加强农机产业计量测试技术研究，支撑技术创新。建议支持企业通过海外并购、投资建厂、建立海外研发中心等方式，整合国外先进资源进行技术攻关，提升农机装备核心技术、关键部件的研发能力。通过政府相关部门验证后，给予一定的智力与财力支持。

一是要为企业"走出去"提供对内和对外的智力支持。建议加大对涉农业工程学科高校的建设力度，对内重视研究成果与人才培养，增强中国农机装备产业国际竞争力；对外利用知识与人才输出，刺激中国农机装备产品出口，如江苏大学为赞比亚农业部、教育部、省市农业部门提供了多期农机骨干技术培训，并为学员在德元机械（赞比亚）有限公司（CAMCO）等提供实习机会，同时安排来华留学生在德元机械（赞比亚）有限公司的供应商悦达智能农业装备有限公司、沃得农机、雷沃重工等实践，推荐来华留学毕业生在德元集团非洲分公司就业，增强了中国农机在赞比亚的出口量。

二是要为企业"走出去"获取更多海外融资支持。建议中资银行加强与境外银行的联动机制，通过内保外贷、海外直贷等业务模式帮助企业直接获取更多境外低成本资金，同时为企业的境外子公司解决资金问题制定更多的融资方案，为终端客户购买中国品牌农机出台金融服务方案，帮助企业实现"走出去"目标。

5.3　加强先进适用农机装备与机械化技术推广

坚持以农户需求为导向，实施面向全国的现代农机装备与技术示范推广项目，大力推动各类新型绿色高效机械装备和技术示范推广，加快推动农机农艺相融合，引导优势农机企业、产业联盟直接对接新型农业经营主体，建立"企业 + 合作社 + 基地"的农机产品研发、生产、推广新模式。加强农机研发和农机补贴的政策协同，促进农机补贴向高端农机、智能农机倾斜，对于首台套农机初期应用给予额外补助，提高补贴的精准性。积极推荐符合条件的农机装备申报国家首台套保险，优先将自主创新的农机装备列入重点推广应用新技术新产品目录。坚持以国内大循环为主体、国内国际双循环发展相结合，发挥农机装备国际（产能）合作联盟等平台作用，积极组织企业参加国际行业重点展会和"一带一路"建设，培育打造具有国际影响力的农机品牌。组织企业赴国内农业大省、重点对口援建地区开展市场对接推广活动，提升农机装备国内市场占有率和行业竞争力。

5.3.1　加强绿色高效新机具新技术示范推广

围绕农业结构调整，加快果菜茶、牧草、现代种业、畜牧水产、设施农业和农产品初加工等产业的农机装备和技术发展，推进农业生产全面机械化。加强薄弱环节农业机械化技术创新研究和农机装备的研发、推广与应用，攻克制约农业机械化全程全面高质高效发展的技术难题。稳定实施农机购置补贴政策，对购买国内外农机产品一视同仁，最大限度发挥政策效益，大力支持保护性耕作、秸秆还田离田、精量播种、精准施药、高效施肥、水肥一体化、节水灌溉、残膜回收利用、饲草料高效收获加工、病死畜禽无害化处理及畜禽粪污资源化利用等绿色高效机械装备和技术的示范推广。加大农机新产品补贴试点力度，支持大马力、高性能和特色、复式农机新装备示范推广。鼓励金融机构针对权属清晰的大型农机装备开展抵押贷款，鼓励有条件的地方探索对购买大型农机装备贷款进行贴息。积极推进农机报废更新，加快淘汰老旧农机装备，促进新机具新技术推广应用。积极发展农用航空，规范和促进植保无人机推广应用。

5.3.2　推动智慧农业示范应用

促进物联网、大数据、移动互联网、智能控制、卫星定位等信息技术在农机装备和农机作业上的应用。编制高端农机装备技术路线图，引导智能高效农机装备加快发展。支持优势企业对接重点用户，形成研发生产与推广应用相互促进机制，实现智能化、绿色化、服务化转型。建设大田作物精准耕作、智慧养殖、园艺作物智能化生产等数字农业示范基地，推进智能农机与智慧农业、云农场建设等融合发展。推进"互联网＋农机作业"，加快推广应用农机作业监测、维修诊断、远程调度等信息化服务平台，实现数据信息互联共享，提高农机作业质量与效率。

5.3.3　提高农业机械化技术推广能力

强化农业机械化技术推广机构的能力建设，加大新技术试验验证力度。推行政府购买服务，鼓励农机科研推广人员与农机生产企业、新型农业经营主体开展技术合作，支持农机生产企业、科研教学单位、农机服务组织等广泛参与技术推广。运用现代信息技术，创新"田间日"等体验式、参与式推广新方式，切实提升农业机械化技术推广效果。提高农机公益性试验鉴定能力，加快新型农机产品检测鉴定，充分发挥农机试验鉴定的评价推广作用。

5.4　加快推动农机装备产业高质量发展

5.4.1　完善农机装备协同创新体系

瞄准农业机械化需求，加快推进农机装备创新，研发适合我国国情、农民需要、先进适用的各类农机装备，既要发展适应多种形式适度规模经营的大中型农机，也要发展适应小农生产、丘陵山区作业的小型农机以及适应特色作物生产、特产养殖需要的高效专用农机。加强顶层设计与动态评估，建立健全部门协调联动、覆盖关联产业的协同创新机制，增强科研院所原始创新能力，完善以企业为主体、以市场为导向的农机装备创新体系，支持农机产业链上下游企业协同，攻克基础材料、基础工艺、电子信息等"卡脖子"问题。部署新一代智能农机装备科研项目，支持产学研推用深度融合，推进农机装备创新中心、产业技术创新联盟建设，协同开展基础前沿、关键共性技术研究，促进种养加、粮经饲全程全面机械化创新发展。鼓励企业开展高端农机装备工程化验证，加强与新型农业经营主体对接，探索建立"企业＋合作社＋基地"的农机产品研发、生产、推广新模式，持续提升创新能力。孵化培育一批技术水平高、成长潜力大的农机高新技术企业，促进农机装备领域高新技术产业发展。

5.4.2　面向价值链高端业务培植全产业链能力

重点扶持和培育资源与技术质量优势明显的大中型整机企业和"专、精、特、新"突出的零部件企业。通过政策引导，鼓励优势资源向优势企业集聚，重点培育一批具有较强国际竞争力的大型企业和企业集团，形成一批专业化协作强、配套能力高的产业集群，提高产业集中度和专业化分工协作水平。重点扶持高新技术或新型农机装备制造企业、服务组织，强化主体责任，改变当前"小、散、弱"的产业生态，引导农机装备与农艺的融合；逐步构建起以大型企业为龙头、中小企业相配套、凸显产业规模效益的农机装备产业体系。

加大政府财税政策落实与资金支持力度，支持中国农机装备制造企业实施技术创新和生产技术改造，实现行业的转型升级。目前产业化项目的扶持资金比例一般为15%，建议增加至30%，同时延长建设周期。针对企业购置先进研发及试制试验设备、扩建厂房等方面产生的大额固定资产投入，给予40%~50%的财政资金支持。同时，优化农机购置补贴政策，提高补贴的精准性和指向性，如加大对高端农机装备产品和专业农机服务组织的直接补贴力度并加以考核；探索以远程监控技术为手段的农机作业补贴；将秸秆离田还田、农田残膜回收、畜禽粪污处理等绿色环保农机作业纳入购机补贴范围；建立健全农机更新报废制度，加快淘汰老旧农机；修订技术规范，将"宜机化"纳入品种审定、农艺推广以及农田基本建设的评价体系。

5.4.3　优化农机装备产业布局

我国区域差异大，种植制度、产业特点、技术选择、装备需求各不相同，亟须优化农机装备产业布局，制定新形势下的《全国农业机械化区划及装备布局》，分类指导，梯度推进。

结合农业农村部实施三轮优势农产品区域产业带布局已取得的成果，针对一些农产品生产集中度已达80%以上以及各产业带种植制度复杂多变、经营规模小、技术装备难适应的特点，划分适合我国国情的农业机械化区域，进而为农机装备产业布局提供导向。根据不同区域的实际特征，探索适合的农机装备技术发展规律和轨迹，提出农机装备产业发展的方向、途径、重点、步骤和措施，整合不同区域农机装备制造产业的比较优势，选择适宜的农机装备系统解决方案，分类梯度发展，促进跨区域的企业间协同研发与制造。

5.4.4 全面提升农机装备质量可靠性

针对自主品牌农机可靠性不高等问题，积极推广与应用先进质量管理体系和方法，鼓励农机装备制造企业建设智能工厂和智能车间，推动产品设计、生产和服务全过程的智能化，提高规模化制造的一致性和稳定性。推动农机整机及关键功能部件第三方评价和认证平台建设，建立健全可靠性试验测试体系，提升农机装备元器件、零部件、功能部件及整机的计量技术支撑能力和可靠性、环境适应性、安全性等试验测试和鉴定能力。加强现代农机产业标准体系建设，实现动力机械与配套农具、主机与配件的标准化、系列化和通用化开发生产。支持制定高于国家标准、行业标准的企业标准、团体标准，支持行业组织牵头修订（制定）完善精准农业、智能农业和绿色环保农机装备发展的地方标准。发挥农业机械试验鉴定的评价作用，促进农机装备适用性、安全性和可靠性提升。

5.4.5 持续推进农机装备工程化攻关

以确保国家粮食安全、提高农业装备机械化水平为目标，构建安全和可持续性的农机装备工程化体系，结合我国农业生产过程中的共性与个性需求，排查与诊断农机装备产业链中的薄弱环节，研究先进适用、节能环保、安全可靠的农机化新技术、新机具，提高农机装备工程转化能力，提升我国农机装备质量，扩大农机的服务领域。

借助大工业技术解决农机装备产业中现存的关键技术难题，如农机装备中的关键零部件，尤其是与水、土和作物接触的部件以及农机底盘和机架材料等，可参照工程机械、矿山机械、汽车和航空航天等大工业材料的研发进行定向研发，为国产农机装备的轻量化和可靠性提高奠定基础；如农机装备中的基础零部件（基础液压零部件和高强度传动带），可依据农机装备的工作原理和测控需求，优化定型农机装备所用的温度、压力、流量、转速、扭矩、力矩等传感器，专门研发耕深、谷物产量、谷物损失、作物病虫害检测以及变量施药控制器等农机装备专用传感器；攻克农用发动机和HST、PST、CVT、大马力转向驱动桥等底盘关键技术；解决农机装备的制造装配工艺问题，专门研发涉及农机农艺配合的作业工艺。

5.5 着力推进主要农作物生产全程机械化

5.5.1 加快补齐全程机械化生产短板

聚焦薄弱环节，加大试验示范和服务支持力度，着力提升双季稻地区的水稻机械化种植、长江中下游地区的油菜机械化种植收获以及马铃薯、花生、棉花、苜蓿主产区的机械化采收水平。加快高效植保、产地烘干、秸秆处理等环节与耕种收环节机械化集成配套，探索具有区域特点的主要农作物生产全程机械化解决方案。大力发展甘蔗生产全程机械化，打造特色农产品优势区样板。按规定对新型农业经营主体开展深耕深松、机播机收等生产服务给予补助，大力推进产前产中产后全程机械化。

5.5.2 协同构建高效机械化生产体系

加快选育、推广适于机械化作业、轻简化栽培的品种。将适应机械化作为农作物品种审定、耕作制度变革、产后加工工艺改进、农田基本建设等工作的重要目标，促使良种、良法、良地、良机配套，为全程机械化作业、规模化生产创造条件。支持推进现代农业产业技术体系、科技创新联盟、协同创新中心等平台建设，充分发挥现代农业产业园、农业科技园区、返乡创业园的科技支撑引领作用，提高农业机械化科技创新能力，加强产学研推用联合攻关，推动品种栽培装备等多学科、产前产中产后各环节协同联动，加快主要农作物生产全程机械化技术集成与示范。实施主要农作物生产全程机械化推进行动，率先在粮食生产功能区、重要农产品生产保护区、特色农产品优势区、国家现代农业示范区创建一批整体推进示范县（场），引导有条件的省份、市县和垦区整建制率先基本实现主要农作物生产全程机械化。

5.6 积极发展农机社会化服务

5.6.1 发展农机社会化服务组织

培育壮大农机大户、农机专业户以及农机合作社、农机作业公司等新型农机服务组织，支持农机服务组织开展多种形式的适度规模经营，鼓励家庭农场、农业企业等新型农业经营主体从事农机作业服务。落实农机服务金融支持政策，引导金融机构加大对农机企业和新型农机服务组织的信贷投放，灵活开发各类信贷产品和提供个性化融资方案；在合规审慎的前提下，按规定程序开展面向家庭农场、农机合作社、农业企业等新型农业经营主体的农机融资租赁业务和信贷担保服务。鼓励发展农机保险，加强业务指导，鼓励有条件的农机大省选择重点农机品种支持开展农机保险。农机融资租赁服务按规定适用增值税优惠政策，允许租赁农机等设备的实际使用人按规定享受农机购置补贴。农业机械耕作服务按规定适用增值税免征政策。

5.6.2 推进农机服务机制创新

鼓励农机服务主体通过跨区作业、订单作业、农业生产托管等多种形式开展高效便捷的农机作业服务，促进小农户与现代农业发展有机衔接。对于促进农业绿色发展的农机服务，积极推进按规定通过政府购买服务方式提供。鼓励农机服务主体与家庭农场、种植大户、普通农户及农业企业组建农业生产联合体，实现机具共享、互利共赢。支持农机服务主体及农村集体经济组织按规划建设集中育秧、农机具存放以及农产品产地储藏、烘干、分等分级等设施和区域农机维修中心。推动农机服务业态创新，建设一批"全程机械化+综合农事"服务中心，为周边农户提供全程机械作业、农资统购、技术培训、信息咨询、农产品销售对接等"一站式"综合服务。继续落实有关规定，免收跨区作业的联合收割机、运输联合收割机和插秧机车辆通行费。

5.7 持续改善农机作业基础条件

5.7.1 提高农机作业便利程度

加强高标准农田建设、农村土地综合整治等方面制度、标准、规范和实施细则的制修订，进一步明确田间道路、田块长度宽度与平整度等"宜机化"要求，加强建设监理和验收评价。统筹中央和地方各类相关资金及社会资本积极开展高标准农田建设，推动农田地块小并大、短并长、陡变平、弯变直和互联互通，切实改善农机通行和作业条件，提高农机适应性。重点支持丘陵山区开展农田"宜机化"改造，扩展大中型农机运用空间，加快补齐丘陵山区农业机械化基础条件薄弱的短板。

5.7.2　改善农机作业配套设施条件

落实设施农用地、新型农业经营主体建设用地、农业生产用电等相关政策，支持农机合作社等农机服务组织生产条件建设。加强县级统筹规划，合理布局农机具存放和维修、农作物育秧育苗以及农产品产地烘干和初加工等农机作业服务配套设施。在年度建设用地指标中优先安排农机合作社等新型农业经营主体用地，并按规定减免相关税费。有条件的地区可以将晒场、烘干、机具库棚等配套设施纳入高标准农田建设范围。鼓励有条件的地区建设区域农机安全应急救援中心，提高农机安全监理执法、快速救援、机具抢修和跨区作业实时监测调度能力。

5.8　加强人才队伍支撑

坚持"服务发展、人才有限、以用为本、创新机制、高端引领、整体开发"的基本原则，把"人才强机"作为农业机械化全程全面和高质量发展的重大战略。围绕提升科技创新能力，增强农机装备研发制造供应链产业链自主可控水平，引导和推动高等院校、科研院所、优势领军企业以及行业协会、学会等各相关方发挥自身优势，全方位培养、发现、引进创新型、应用型、复合型及领军型农机科研人才。围绕提升公益服务能力，大力开展技术推广、试验鉴定专业技术人员的培训和再教育，建设素质过硬、作风扎实、结构合理、充满活力、开拓创新的农机公益服务人才队伍。围绕提升执法监管能力，加强农机安全监管执法人员教育培训，积极发展乡村安全监理管理员或协管员队伍，切实筑牢农机安全生产监管防线。

5.8.1　健全新型农业工程人才培养体系

为推动我国农业机械和农机装备产业升级，围绕农机装备领域"缺研发人才、缺制造工艺人才、缺检修维护人才"的瓶颈问题，建议加大农机院校建设投入，协同教育部加强农业工程一级学科建设，推动农业工程相关学科设置的优化调整，博士招生指标向农机专业适当倾斜。制定中国特色农业工程类专业认证标准。引导高校积极设置相关专业，培养创新型、应用型、复合型农业机械化人才。支持高等院校招收农业工程类专业学生，扩大硕士、博士研究生培养规模。加大卓越农林人才、卓越工程师教育培养计划对农机人才的支持力度，引导相关高校面向农业机械化、农机装备产业转型升级开展新工科研究与实践，构建产学合作协同育人项目实施体系。鼓励农机人才国际交流合作，支持农机专业人才出国留学、联合培养，积极引进国际农机装备高端人才。推动实施产教融合、校企合作，支持优势农机企业与学校共建共享工程创新基地、实践基地、实训基地。发挥好现代农机装备职业教育集团作用。

5.8.2 注重农机实用型人才培养

实施新型职业农民培育工程，加大对农机大户、农机合作社带头人的扶持力度。大力遴选和培养农机生产及使用一线"土专家"，弘扬工匠精神，充分发挥基层实用人才在推动技术进步和机械化生产中的重要作用。通过购买服务、项目支持等方式，支持农机生产企业、农机合作社培养农机操作、维修等实用技能型人才。加强基层农机推广人员岗位技能培养和知识更新，鼓励大中专毕业生、退伍军人、科技人员等返乡下乡创办领办新型农机服务组织，打造一支懂农业、爱农村、爱农民的一线农机人才队伍。加强农机领域企业家、高端人才、专业技术和技能人才的培养，提升农机人才服务产业发展能力和人才供给能力。完善乡土人才职称评价制度，加强农机手、农机修理工的培训，促进农机装备领域产学研融合发展。

5.9 加强组织领导

各级农机化主管部门要把规划实施列入重要议事日程，做好各省农业机械化发展规划，制定具体措施，明确实施要求，组织调动全系统力量，确保规划任务落到实处。要全面贯彻落实涉及农机装备制造方面的相关国家政策，充分发挥国家和省级农业机械化发展协调推进机制的作用，统筹协调农业机械化发展。积极争取各级党委政府的重视支持和社会各界的关注，把大力发展农业机械化作为推进农业农村现代化、实施乡村振兴战略的重要措施，推动农业机械化向全程全面高质高效升级。

5.9.1 健全组织实施机制

建立由农业农村部、工业和信息化部牵头的国家农业机械化发展协调推进机制，统筹协调农业机械化和农机装备产业发展工作，认真梳理和解决突出问题，审议有关政策、重大工程专项和重点工作安排，加强战略谋划和工作指导，破除发展中的障碍。重大问题及时向国务院报告。

5.9.2　强化地方政府责任

各省级人民政府要认真研究实施乡村振兴战略对农机装备的需求，充分认识加快推进农业机械化和农机装备产业转型升级的重要性、紧迫性，将其作为推进农业农村现代化的重要内容，纳入本地区经济社会发展规划和议事日程，结合实际制定实施意见。深入贯彻落实《中华人民共和国农业机械化促进法》等法律法规，完善粮食安全省长责任制等政府目标考核中的农业机械化内容，建立协同推进机制，落实部门责任，加强经费保障，形成工作合力。

5.9.3　促进政府与市场良性互动

充分尊重农民意愿，从根本上依靠市场力量和农民的创造性，及时发现和总结推广典型做法，因地制宜推进农业机械化发展。更好地发挥政府在推进农业机械化中的引导作用，重点在公共服务等方面提供支持，为市场创造更多发展空间。深入推进农机装备产业和农业机械化管理领域简政放权、放管结合，优化服务改革，推进政务信息公开，加强规划政策引导，优化鉴定推广服务，保障农机安全生产，切实调动各类市场主体的积极性、主动性和创造性。充分发挥行业协会在行业自律、信息交流、教育培训等方面的作用，服务引导行业转型升级。加强舆论引导，推介典型经验，宣传表彰先进，努力营造加快推进农业机械化和农机装备产业转型升级的良好氛围。

5.10　切实加强农机安全管理

5.10.1　严格落实安全监管责任

深入学习贯彻习近平总书记关于安全生产重要论述，树牢安全发展理念，坚持管行业必须管安全、管业务必须管安全、管生产经营必须管安全，建立健全农业农村主管部门、农机监理机构、农业综合执法机构和行政审批机构分工负责的农机安全生产责任制。严格履行安全监管职责，依法核发拖拉机和联合收割机牌证，做好驾驶人培训和考试管理，严格农机安全技术检验。强化安全检查和隐患排查，加强重要节假日、重要农时和重要活动等关键时点的安全生产督导检查，严查严处违法违规行为。建立手扶变型运输机等只有运输功能、无农田作业功能的拖拉机退出机制，加快推进变型拖拉机清零。切实加强安全生产监管执法，有效遏制农机较大以上安全事故。

5.10.2 不断提升安全监管能力

深化"平安农机"创建活动，将创建工作纳入政府安全生产考核内容，优化创建方案，完善选拔推荐机制，每年推出一批全国"平安农机"示范市和示范县。深入开展全国"安全生产月""安全宣传咨询日"和安全宣传"五进"活动，创新宣传形式、丰富宣传内容，提升安全宣传效果。常态化组织农机事故应急演练，加强事故原因分析，完善预防措施，规范农机事故处理认定。加大农机安全监管和应急救援经费投入，更新升级基层农机安全监管装备，推进农机安全监管信息化建设和农机安全监管数据全国系统内实时共享。加强农机安全监管队伍建设，组织开展岗位知识和技能培训，实现岗位练兵常态化，推行专业岗位持证上岗，培养造就高素质农机安全监管队伍。突出加强乡村农机安全监管力量建设，推进农机安全"网格化"管理。

5.10.3 推进驾驶培训制度改革

贯彻国务院"放管服"改革要求，落实全国人大常委会关于修改《中华人民共和国道路交通安全法》的决定，做好农机驾驶培训机构由"资格管理"向"监督管理"的转换。进一步拓宽培训渠道，鼓励农机教学、生产、推广、社会化服务等机构发挥优势开展驾驶培训业务，解决农民学机难、学机不方便的问题。完善拖拉机和联合收割机相关培训制度规范，优化培训内容、创新培训方式，强化驾驶培训工作事中事后监管，提高培训质量、严把考试关口，确保农机手全面掌握安全生产知识和驾驶操作技能。